新时代背景下高校人事管理体系研究

杨洪文 著

湘潭大学出版社
XIANGTAN UNIVERSITY PRESS

图书在版编目（CIP）数据

新时代背景下高校人事管理体系研究 / 杨洪文著
. -- 湘潭 : 湘潭大学出版社, 2023.6
ISBN 978-7-5687-1229-3

Ⅰ. ①新… Ⅱ. ①杨… Ⅲ. ①高等学校一人事管理一中国 Ⅳ. ①G647.23

中国国家版本馆 CIP 数据核字（2023）第 160547 号

新时代背景下高校人事管理体系研究

XINSHIDAI BEIJING XIA GAOXIAO RENSHI GUANLI TIXI YANJIU

杨洪文 著

责任编辑：丁立松
封面设计：郑　思
出版发行：湘潭大学出版社
社　　址：湖南省湘潭大学工程训练大楼
电　　话：0731-58298960 0731-58298966（传真）
邮　　编：411105
网　　址：http://press.xtu.edu.cn/
印　　刷：长沙市鑫宇印务有限公司
经　　销：湖南省新华书店
开　　本：787 mm×1092 mm 1/16
印　　张：11
字　　数：223 千字
版　　次：2023 年 6 月第 1 版
印　　次：2023 年 6 月第 1 次印刷
书　　号：ISBN 978-7-5687-1229-3
定　　价：49.80 元

前言

FOREWORD

高校是我国教育事业的重要组成部分，在国家科技建设和人才培养中扮演着至关重要的角色。随着高校规模的扩大和教育的改革深化，高校人事管理愈发重要，因为优秀的教学和科研人员才能推动高校发展，提高教育教学质量、科研水平和社会服务能力。因此，建立完善的高校人事管理体系成为提高高校人才培养和科学研究水平的必要举措。高校人事管理体系的建立与完善是我国高校管理体制改革中的一项重要内容，多年来，我国高校人事管理以国家行政管理为主，高校人事自由度不高，聘任机制不灵活，不适应高校人才选拔要求。而随着高等教育不断深化改革，人才引进的方向、范围、标准发生了变化，高校人力资源的市场化、专业化程度不断提高，高校对人才的需求与市场需求越来越接近。为适应这种需求，放宽人才引进的限制，创造良好的人才引进和使用环境成为高校面临的重要任务。同时，随着高校内部管理模式的转变，需要更加完善的适合高校特点的人才管理模式。以传统的行政式管理为主的高校管理模式，其自由度、灵活度和竞争力都不足，不能满足高校的发展要求。而人才管理是高校内部最关键的一个环节，人才优劣将直接影响高校科技水平、教学质量和各项指标的排名。因此，高校人事管理体系的建立与完善，有利于推进高校管理模式的转变，为高校人才培养与科学研究提供更加有效的支持。提高高校教育教学和科学研究水平，与高校人才质量和数量有着密切的关系。高校人事管理体系的建立与完善，有助于建立更加科学合理的人才激励机制，发挥人才的创新能力和潜能；建立完善的高校人事管理体系，吸引更多优秀人才进入高校，同时留住高校内部的人才。高校人事管理体系的建立与完善，能够优化高校管理流程，提高高校管理水平和效率；高校人事管理体系的建立与完善，有利于促进高校培养高质量的人才。只有在高水平的人才管理体系下，高校才能培养出高质量的人才，为国家和社会提供更多的人才资源，实现高等教育的持续发展。总之，高校人事管理体系的建立和完善对于推进高校管理体制改革，提高高校人才质量，优化高校内部管理体系，提高教育教学水平和科学研究质量都有着重要作用。高校应根据实际情况，结合市场需求和国家政策要求，建立科学合理、灵活创新的高校人事管理体系，满足高校发展所需。

本书共有九个章节，第一章是对相关概念和理论基础进行介绍；第二章是对高校人事管理体系研究意义和现状进行阐述；第三章从公平性层面探讨高校人事管理公平性追求、高校人事管理公平性不到位的负面影响、高校人事管理公平性不到位的具体表现和原因分析等内容；第四章从激励性层面探讨高校人事管理激励性追求、高校人事管理体系激励性不足的表现、高校人事管理体系激励性不足的原因等内容；第五章从服务性层面探讨高校人事管理服务性追求、高校人事管理服务性对岗位设置的要求、高校人事管理服务性对人职匹配的要求等内容；第六章从风险性层面探讨高校人事管理风险性研究的必要性、高校人事管理风险性具体表现、高校人事管理风险性表现的原因分析等内容；第七章从效率性层面探讨高校人事管理效率性追求、高校人事管理效率性方面存在的误区、高校人事管理效率性提升的思想支撑等内容；第八章从高校人事管理体系向人力资源管理转型入手探讨转型必要性、转型现状、存在问题与原因分析等内容；第九章分别从公平性、激励性、服务性、效率性、人力资源管理转型等方面探讨构建策略。

目录
CONTENTS

第一章

相关概念和理论基础

第一节　相关概念解析

一、企业人事管理

企业人事管理是指一种系统化的管理方法，旨在优化企业的人力资源利用和管理，以达到组织的战略目标。人事管理涉及招聘、培训、绩效评估、激励、福利、劳动关系等方面，是企业管理中不可或缺的一部分。第一，人事管理的重点是招聘和选拔。通过有效的招聘和选拔，企业能够吸引到高素质的人才，为企业发展提供有力支撑。人才招聘和选拔的流程包括：岗位分析、招聘计划制定、招聘渠道选择、应聘者筛选、面试和测评、录用和报到等环节。第二，人事管理还包括培训和发展。企业应不断提升员工的技能和知识水平，以增强员工的绩效和竞争力。培训可以通过内部培训、外部培训、职业发展规划等方式进行。同时，企业也需要关注员工的职业发展，为员工提供发展机会，使其能够在企业内部实现个人职业目标。第三，人事管理还包括绩效评估和激励。绩效评估是指通过考核和评估，评价员工在工作中的表现和贡献。激励是指企业通过奖励和鼓励，激发员工的工作积极性和创造性。绩效评估和激励是企业管理中非常重要的一部分，能够有效提高员工的工作积极性和绩效。第四，人事管理还包括福利和待遇。企业需要为员工提供合理的薪酬、福利和待遇，以满足员工的基本需求，提高员工的工作满意度。福利和待遇的范围包括：薪资、社会保险、带薪休假、员工旅游、节日福利等。第五，人事管理还包括劳动关系。企业需要与员工建立良好的劳动关系，维护员工的权益和利益，促进员工和企业之间建立和谐关系。劳动关系涉及员工的工作环境、工作条件、工作时间、工作安全等方面。

二、高校人事管理

高校人事管理是指高校对教职工的招聘、录用、教育培训、薪酬福利、考核评价、晋升与调动、退休、离职等相关事务的管理。高校人事管理是高校管理的重要组成部分，其目的是保证高校的人力资源能够充分发挥作用，促进高校教育教学和科研工作的顺利开展，提高高校的综合竞争力。高校人事管理的内容包括以下几个方面：1.招聘与录用。高校在进行教职工招聘时需要按照招聘程序，公平、公正地选拔最优秀的人才。录用程序需遵循国家和地方的相关法律法规和高校的规章制度，对教职工进行身份审查、资格审查和面试等环节。2.教育培训。高校人事管理需要对教职工进行教育培训，提高教职工的教育教学和科研水平。培训内容包括教育教学方法、课程设置、科研技能、学科知识等方面。3.薪酬福利。高校人事管理需要科学合理地制定教职工的薪酬福利政策，保证教职工的工资待遇和福利水平。同时，高校人事管理需要及时调整薪酬福利政策，以适应不同时期的社会环境和经济形势。4.考核评价。高校人事管理需要对教职工进行定期的考核评价，以评估教职工的工作表现和工作质量，为教职工晋升和调动提供参考。5.晋升与调动。高校人事管理需要根据教职工的工作表现和能力水平，进行晋升和调动。晋升和调动的程序需要遵循相关规定，保证公平、公正、透明。6.退休、离职。高校人事管理需要对教职工的退休、离职进行管理。高校需制定退休、离职政策，保障教职工的权益，同时也需要对教职工的离职资料进行管理和交接。

三、人力资源与人力资源管理

人力资源是指一个组织或企业所拥有的人员，包括管理人员、专业技术人员、普通员工等。人力资源是企业的重要资产，也是企业发展的关键因素之一。人力资源管理是对企业员工进行规划、招聘、培训、激励、评估和离职等方面的管理活动。它的目的是使人力资源得到最大程度的利用，从而推动企业的发展和壮大。人力资源管理的主要功能包括：1.人力资源规划。根据企业的战略目标和发展计划，合理规划企业的人力资源需求，确保企业拥有足够的人力资源支持业务发展。2.招聘与选拔。根据企业的需求，制定招聘计划，进行招聘和选拔工作，确保招聘的人才符合企业要求。3.培训与发展。为员工提供培训和发展机会，提高员工的专业素质和技能水平，满足企业的业务需求。4.绩效评估与激励。对员工的工作表现进行评估，根据评估结果进行激励管理，提高员工的工作积极性和创造性。5.福利与保障。为员工提供福利和保障，包括社会保险、住房补贴、医疗保险等，提高员工的生活质量和幸福感。6.离职管理。对员工的离职进行管理，包括离职手续处理、员工流失分析等，避免员工流失对企业造成影响。

四、以人为本

以人为本是指在社会经济、政治、文化等方面，将人的需要、权利、尊严和利益置于最高位置的思想理念。它强调应以人为中心，为了实现人类的幸福和全面发展而努力。以人为本的思想起源于古希腊哲学，但在当代更多的是指人类在社会发展中的地位和作用。它不仅是一种思想理念，更是一种价值观和行动指导。以人为本的思想具有以下特点：1.人的尊严和利益应是社会发展的最终目的。人类应被视为社会和经济发展的核心，而不只是生产力和消费者。2.社会和政治制度应以人为中心。政治制度应通过保障人权和自由，为人们创造发展的机会和环境。社会制度应鼓励人们发挥个人潜力，促进社会公正和平等。3.以人为本的思想强调社会的可持续性。只有在保护自然环境和促进经济发展的基础上，才能实现人类的长期幸福和发展。4.以人为本的思想鼓励人们参与到社会和政治生活中。这种思想认为，人们应成为生活的主人，参与到公共事务的决策中。5.以人为本的思想强调教育和文化的重要性。教育和文化是促进人类全面发展的重要途径。只有通过教育和文化，才能培养出具有创新和发展能力的人才。

五、效率优先

效率优先是一种管理思想，旨在通过提高组织效率，实现更高的生产率和利润率。这种思想强调高效率的工作方式和管理方法，以确保组织在激烈的市场竞争中获得优势。在这种管理模式下，组织致力于实现最大化的效率，最小化的浪费和成本，并优化资源的利用。效率优先的思想起源于科学管理运动，旨在通过标准化工作流程，简化管理结构，提高员工的生产效率。这种管理方法在工业革命时期发挥了重要作用，以帮助组织实现规模化生产和最大化利润。随着时间的推移，效率优先的思想逐渐扩展到其他领域，如服务业和技术行业。许多组织已经将效率优先的原则融入管理策略，以提高管理效率。效率优先的管理方法强调以下几个主要原则：1.标准化。通过标准化工作流程，可以确保每个阶段都是高效的，并避免重复工作和错误。2.优化资源。组织将资源分配到最需要的地方，以确保最大限度地利用。3.简化管理结构。通过简化管理结构和减少层级，组织可以减少决策的时间，并提高生产力。4.培训员工。培训员工以提高技能和知识，以更好地履行工作职责。5.利用技术。利用现代技术，如自动化和数字化，可以提高生产效率，并减少时间和成本。效率优先的管理方法可以带来许多好处，包括：1.提高生产力。通过优化工作流程，组织可以提高生产效率，并实现更高的生产力。2.降低成本。通过最大化资源利用和减少浪费，组织可以降低成本，并提高利润率。3.提高员工满意度。通过培训员工和提供良好的工作条件，组织可以提高员工满意度，并减少员工流失率。4.提高客户满意度。通过提高生产效率和提高产品质量，组织可以提高客户满意度，并增加客户忠诚度。5.反应迅速。在快速变化的市场中，组织可以随时做出反应，以适应市场需求。

第二节　理论基础

一、公平理论

公平理论是一种哲学思想，主张平等和公正的原则，在社会政治和经济领域中得到实践和应用。公平理论认为，每个人都应有平等的机会和权利，不受出身、财富、地位、种族、性别等因素的限制。公平理论追求的是一种公正的社会秩序，让每个人都能够在平等的条件下发挥自己的潜力。公平理论的起源可以追溯到古代哲学，如亚里士多德提出的“公正即平等”和柏拉图的“每个人都应该得到他应得的东西”。但公平理论在近代得到了更为广泛的关注和发展。其中，约翰·罗尔斯的公平理论被认为是最具有代表性的思想之一。罗尔斯认为，公平的社会秩序应建立在一个“原初地位”上，即在没有任何先天条件的情况下，每个人都应被视为平等的。这种原则称为“差异原则”，即只有在不损害最不幸者的情况下，社会中的差异才是合理的。公平理论还包括一些其他的原则和观点，例如“自由主义平等主义”和“机会平等主义”。自由主义平等主义认为，每个人都应拥有平等的个人自由权利和自主权，而这种自由权利和自主权应受到法律和制度的保护。机会平等主义认为，每个人都应有平等的机会去追求自己的梦想和利益，而这种机会平等应得到社会制度和政策的支持和保障。公平理论在现代社会中具有广泛的应用和影响。它为政治和社会领袖提供了指导和准则，以构建一个公正平等的社会秩序。此外，公平理论还促进了社会公正和经济公正的实践，调动了人们的积极性和创造力，促进了全球和平发展。因此，公平理论是一个非常重要的哲学思想，对于推动社会进步和人类文明的发展具有重要的意义和作用。

二、激励理论

激励理论是一种基于人类动机和行为的理论，旨在解释人们为什么会付出努力，以及如何增强他们的表现。这个理论的核心是，人们会被外部或内部的激励所驱动，以实现他们的目标和满足他们的需求。激励理论的研究始于20世纪初，主要是由心理学家和管理学家提出，主要探讨人类动机的各个方面，如需求层次、期望理论、认知评价理论等，并提出了一系列激励措施，以鼓励员工付出更多的努力。在激励理论中，人们的需求是一个重要的因素。马斯洛的需求层次理论认为，人有一系列的需求，从最基本的生理需求到更高层次的自我实现需求。在工作场所中，管理者可以通过提供满足这些需求的条件，以激励员工。例如，提供具有挑战性的工作任务，以满足员工的成就需求；提供良好的工作环境和福利待遇，以满足员工的安全和社交需求。另一个重要的概念是期望理论，它认为员工的表现受到他们对结果的期望和奖励的价值的影响。如果员工相信努力会产生一定的结果，并且这些结果是有价值的，那么他们就会更加努力地工作。因此，管理者应提供明确的目标和奖励，以激励员工付出更多的努力。除了这些理论之外，认知评价理论也是激励理论中的一个重要概念。它认为员工的行为和表现是由他们对自己能力的评价所决定的。如果员工相信自己能够完成任务并取得成功，那么他们就会更有动力地工作。因此，管理者应提供培训和发展机会，以帮助员工提高技能和能力。综上所述，激励理论是一种很有价值的工具，可以帮助管理者激励员工，提高他们的表现和满意度。通过满足员工的需求、提供明确的目标和奖励，以及提供培训和发展机会，管理者可以增强员工的动力和效率，从而提高组织的绩效。

三、新公共服务理论

新公共服务理论是一种关注公共服务效率、价值和质量的理论。它强调了公共服务的创新、多元化和协同作用，以满足不同利益群体的需求。新公共服务理论的核心是公共服务的用户导向。这意味着公共服务的目标不应仅仅是提供服务，而是要满足用户的需求和期望。因此，新公共服务理论强调用户参与和反馈的重要性。用户的参与可以帮助公共服务机构了解用户需求和期望，以提供更好的服务。用户的反馈也可以帮助公共服务机构了解服务的质量和效果，以便改进和创新。新公共服务理论还注重公共服务的多元化。这意味着公共服务不应仅仅关注传统的服务领域，而应开拓新的服务领域，以满足不同利益群体的需求。例如，公共服务可以关注环境保护、文化活动、社区建设等领域，以提供更丰富的服务。新公共服务理论还强调协同作用。这意味着公共服务机构应与其他机构、社区组织、企业等建立合作关系，以提供更好的服务。例如，公共服务机构可以与社区组织合作，以提供更贴近社区的服务。新公共服务理论的实践在全球范围内得到了广泛应用。例如，欧盟在新公共服务理论的指导下，开展了一系列公共服务创新项目，以提高公共服务的效率和质量。新公共服务理论是一种关注公共服务效率、价值和质量的理论。它强调了用户导向、多元化和协同作用的重要性，以满足不同利益群体的需求，目前在全球范围内得到了广泛应用，并取得了一定的成效。

四、马克思自由个性理论

马克思自由个性理论是马克思主义哲学中的一个重要理论，对于了解人类自由意志和个性发展有着重要的意义。马克思自由个性理论的核心思想是，人的个性发展是一个自由的过程，而这个过程受到社会制度和历史发展的影响。马克思自由个性理论认为人的本质是自由的，人的自由意志是不可剥夺的。人的个性发展是一个自由的过程，它需要个体自主地选择自己的生活方式和价值观念。同时，马克思也认为，人的自由并不是纯粹的自由，而是受到社会制度和历史发展的影响。马克思自由个性理论认为社会制度对于个性的发展具有重要的影响。社会制度的不同导致产生不同的个性发展方式和价值观念。例如，在资本主义社会中，个体的自由意志受到很大的限制，人们的个性发展往往是被迫适应资本主义的利益要求和价值观念。而在社会主义社会中，个体的自由意志得到了更多保障，人们的个性发展更加自由和多样化。马克思自由个性理论认为历史发展对于个性的发展也具有极其重要的影响。历史的发展产生了不同的文化背景和价值观念，这些文化背景和价值观念对于个性的发展也会产生深远的影响。例如，在不同的历史时期，人们的生活方式、思想观念和价值观念都发生了变化，这些变化会对个性的发展产生影响。总之，马克思自由个性理论为我们提供了一个全面的理解人类自由意志和个性发展的视角。它强调了个性发展的自由性和多样性，同时也认识到社会制度和历史发展对于个性发展的影响。这一理论为我们认识人类自由意志和个性发展提供了重要的思想启示。

五、风险管理理论

风险管理是一项涉及各种企业活动的综合性管理活动，旨在识别、评估和控制可能对企业目标实现产生不利影响的风险。风险管理理论是指在风险管理活动中，系统性地分析、研究和解决风险问题的理论体系。风险管理理论的核心思想是风险识别、评估和控制。识别潜在的风险源，包括内部风险和外部风险是风险管理理论的重要内容。内部风险是指企业内部因素产生的风险，如管理不善、员工犯错等；外部风险是指企业外部因素产生的风险，如市场变化、政策调整等。要评估风险的严重程度和可能产生的影响，以确定应采取哪些控制措施。还要采取一系列控制措施，如转移风险、减轻风险、避免风险和接受风险等，以降低风险对企业目标的影响。风险管理理论主要包括四个方面的内容：一是风险识别和评估理论，包括风险识别方法、风险评估模型和风险度量指标等；二是风险控制理论，包括风险控制策略、风险控制技术和风险控制工具等；三是风险传导理论，包括风险传导路径、风险传导机制和风险溢出效应等；四是风险管理绩效评估理论，包括风险管理绩效评估方法、绩效评估指标和绩效评估标准等。风险管理理论的应用范围非常广泛，包括金融、保险、企业管理、工程项目管理、环境保护、公共卫生等领域。在金融领域，风险管理理论被广泛应用于股票、债券、期货等金融产品的风险管理；在企业管理领域，风险管理理论被广泛应用于战略规划、财务管理、人力资源管理等方面；在工程项目管理领域，风险管理理论被广泛应用于大型工程项目的风险管理。风险管理理论是一项重要的管理理论，对于企业的生存和发展具有重要意义。通过运用风险管理理论，企业可以更加有效地识别、评估和控制风险，从而降低风险对企业的影响，提高企业的绩效和竞争力。

第二章

高校人事管理体系研究意义和研究现状

第一节　研究意义

一、国家经济发展需要大量创新人才

随着国家经济的快速发展，创新成为推动经济发展的重要力量。在这种情况下，高校人事管理也面临着更高的挑战和需求。因此，研究如何培养和管理大量的创新人才，对于高校人事管理具有非常重要的意义。创新人才是推动国家经济发展的重要力量。在现代社会中，创新已经成为经济增长的主要动力。只有不断地推出新的技术、新的产品和新的服务，才能够不断地满足市场的需求，从而促进经济的发展。因此，高校需要培养大量的创新人才，以满足市场对于创新的需求。创新人才是提高高校竞争力的重要因素。在当今高校中，竞争非常激烈。国内外的高校都在争夺优秀的学生和教师资源，以提升学术声誉和社会地位。在这种情况下，高校需要大量的创新人才，以提高自身的竞争力。只有拥有足够的创新人才，才能够在学术、科研和教学等方面取得更多的成果，从而提升高校的声誉和地位。创新人才是实现高校发展战略的关键。随着国家经济的快速发展，高校也需要不断地调整发展战略，以适应新的形势和需求。只有拥有足够的创新人才，才能够推出新的学科、新的课程和新的教育模式，从而实现高校的发展战略。综上所述，研究如何培养和管理大量的创新人才，对于高校人事管理具有非常重要的意义。只有拥有足够的创新人才，才能够推动国家经济的快速发展，提高高校的竞争力和实现高校的发展战略，同时也能够推动社会的进步。因此，高校人事管理需要重视创新人才的培养和管理，以适应新的发展形势和需求。

二、高校承担培养创新人才的重任

高校作为国家培养人才的重要场所，肩负着培养创新人才的重要责任，而这也是高校人事管理研究的重要意义所在。首先，高校人事管理需要针对创新人才的特点进行优化。创新人才往往具有较高的创造性、创新性和探索精神，因此，高校人事管理需要在选拔、培养和评价方面进行相应的优化。例如，在选拔方面，可以通过增加创新能力测试等方式，更好地发现具有创新潜力的人才；在培养方面，要注重培养学生的创新能力和创新意识，提供更加开放的学术环境和实践机会；在评价方面，要更加注重学生的创新成果和能力，而非仅仅看重学术成绩和排名。其次，高校人事管理需要营造良好的创新氛围。创新人才需要一个充满创新、激励和支持的环境进行创新活动。高校人事管理应在这方面加大投入，例如，建立创新创业基地、组织创新竞赛、邀请成功创业者分享经验等，营造一个鼓励创新的氛围。再次，高校人事管理需要提供多样化的培养方式。创新人才往往需要不同于传统教育的培养方式进行创新活动。高校人事管理需要提供多样化的培养方式，如提供实践机会、组织学生参加创新项目、提供创业导师等，以满足不同学生的创新需求。最后，高校人事管理需要注重培养创新领头雁。创新人才不仅要有创新思维和能力，还要有领导力和执行力，才能将创新变成实际成果。因此，高校人事管理应注重培养创新领头雁，提供相应的培训和支持，帮助学生成为创新团队的领军人物。

三、高校培养创新教师的必要性

高校教师是高等教育的核心，他们的教学质量、科研能力和专业素养直接影响学生的学习效果和未来发展。因此，高校培养创新教师已成为高等教育的重要任务之一。为此，高校需要进行相关的人事管理研究，以促进教师创新能力的培养和提高教学水平。高校培养创新教师的必要性在于，教师在教育教学中扮演着重要的角色。教师不仅要掌握专业知识和技能，还应具备创新思维和实践能力，以满足不断变化的教育需求。培养创新教师，既有利于提高教学质量，又有利于改进教学方法和教学内容，进而提高学生的学习效果，培养学生的创新能力。高校人事管理研究对于培养创新教师至关重要。高校人事管理应从教师聘任、晋升、评价等方面入手，为教师提供更加公正、有效的激励机制和培训机会，以提高教师的创新能力和教学水平。同时，人事管理还需要加强对教师的考核和监督，以确保教师的教学质量和专业素养。高校培养创新教师需要改变传统的教育模式，促进教师自主学习和探究。高校需要搭建良好的教育教学环境，为教师提供多样化的学习资源和培训机会，同时也要鼓励教师在教学实践中进行创新探索和实践，不断提高教学质量和教学效果。

第二节　研究现状

一、高校整体管理体系的研究

高校整体管理体系是指高校内部完整的管理机制和管理流程，包括组织架构、人员配置、制度规范、事务流程、职责分工等方面。研究现状主要体现在以下几个方面：一是理论研究方面。在理论研究方面，高校整体管理体系的研究已经形成了一定的理论框架和理论体系。研究者通过对高校管理体系的内部结构、运行机制和管理流程进行分析，构建了高校整体管理体系的理论模型和理论框架，为高校管理体系的实践应用提供了理论支持和指导。二是实践应用方面。在实践应用方面，高校整体管理体系的研究已经逐渐转向实践应用，研究者通过对高校管理体系的实践案例和经验进行总结，提出了一系列具有实践价值的管理策略和方法，如高校组织架构的优化、高校人员配置的合理化、高校制度规范的完善、高校事务流程的优化等。三是创新研究方面。在创新研究方面，高校整体管理体系的研究已经开始涉及新的研究领域和新的研究方法。研究者通过对高校管理体系的创新性研究，提出了一系列具有前瞻性和创新性的研究思路和方法，如高校管理体系的数字化转型、高校管理体系的系统动力学建模、高校管理体系的网络化研究等。总的来说，高校整体管理体系的研究已经形成了一定的理论框架和实践经验，并且在不断地创新和拓展。未来，需要进一步深化高校整体管理体系的研究，探索更加前沿的研究领域和研究方法，为高校管理体系的优化和提升提供更加科学、准确和有效的理论支持和实践指导。

二、高校现行人事管理体系研究

高校现行人事管理体系是一种组织管理体系，主要目的是落实高校的人才管理政策，确保人才流动和人才培养顺畅进行。在过去的几十年中，高校人事管理体系已经发生了很大的变化，这些变化主要反映在以下几个方面：一是高校人事管理体系的目标不再仅仅是为了招聘和管理人才，而是更加注重人才培养和发展。高校已经意识到，人才是高校最宝贵的资源，因此，需要建立一套完善的人才培养和发展计划，为学生和教师提供更好的职业发展机会。二是高校人事管理体系的管理方式也发生了很大的变化。以往，高校的人事管理主要是由各个学院或系负责，这样容易导致管理不统一和信息不畅通。现在，高校已经建立了一套校级层面的人事管理体系，以确保管理的效率和质量。三是高校人事管理体系的法规也得到了进一步完善。随着高校规模不断扩大，人才流动的复杂性也越来越高，高校需要建立一套完善的法规来规范人事管理的各个方面，包括招聘、评聘、升迁、薪酬等方面。四是高校人事管理体系的信息化程度不断提高。随着科技的发展，高校已经开始使用各种信息化技术来管理人事信息，如使用人事管理系统、电子签名等技术，以提高管理的效率和质量。综上所述，高校现行人事管理体系已经发生了很大的变化，这些变化主要体现在目标、管理方式、法规和信息化程度等方面。这些变化可以帮助高校更好地管理人才，提高教学和科研质量，推动高校的快速发展。

三、以人为本的高校人事管理体系研究

高校人事管理体系是高校内部最重要的管理内容之一，它直接关系到学校教育教学质量和人才队伍建设。以人为本的高校人事管理体系是当前高校管理改革的重点，其核心是以人为本，注重员工的工作环境和个人发展，提升工作效率和员工满意度。目前，我国高校人事管理体系比较完善，采用的主要方式包括公开招聘、评聘制度、职称晋升、奖励机制等。其中，公开招聘是高校人才引进的主要途径，它通过公平公正的选拔程序，吸引了大量高素质人才加入高校。评聘制度是高校的一项核心制度，它明确了教职工的职责和权利，有利于激发教职工的潜能和创造性。职称晋升和奖励机制是激励教职工的重要手段，能够有效地激发教职工的工作热情和积极性，提升高校的整体竞争力。然而，当前高校人事管理体系存在一些问题，如职称评聘过程不公平、奖励机制不完善等。为此，高校需要进一步完善人事管理机制，注重实施以人为本的管理理念，强化员工的职业发展规划和培训，提高员工的专业素养和工作能力。同时，高校还需要加强对员工的人文关怀，提高员工的工作满意度和归属感，进一步提高高校的整体竞争力和核心竞争力。

第三章

高校人事管理体系公平性探讨

第一节　高校人事管理公平性追求

一、公平的内涵和表现

公平一直是人类追求的重要目标，随着人类文明向前发展，对于公平性的追求愈演愈烈，与此同时，关于公平的研究和探讨也没有中断过，究竟什么是公平直到现在依然是众说纷纭，但公平的内质是不会改变的，公正平等始终是其核心所在。在古罗马时期，法学家乌尔比安对公平作出了定义，即“公平乃是使每个人获得应得的东西的永恒不变的意志”，从中可以看出，公平是一种上升到精神意志层面的内容。随着时代发展，不断有学者从不同角度进行深入研究，如政治学、经济学、伦理学、法学、教育学等是重要入手点，并且获得了不同角度的定义。比如在政治意义上，公平指的是“一个国家的所有公民应拥有平等的政治地位和社会地位”；在经济意义上，公平指的是每个公民在参与经济活动过程中能够获得同等机会获取社会资源，并且竞争也是平等的，制定的所有竞争规则对所有人产生同等效用；在伦理学意义上，公平指的是人与人、人与社会之间所享有的社会基本价值是平等的。比如自由、机会、财富、自尊、荣誉等；在法学意义上，公平指的是所有公民在法律面前具有平等地位，需要同等遵守规则以及获取竞争机会；在教育学意义上，公平指的是所有公民享有平等的受教育权。

通过以上不同学科视角下的公平定义，对公平内涵及其表现有了相应理解，进而作出以下总结：一是特定的群体范围。论及公平时必然涉及范围，这是确保公平效能切实发挥作用的重要前提。一般来说，国家是常规意义上最大的范围，在实际情况中，不同国家之间因为多种因素影响而存在较多差异，如果忽视差异而盲目讨论公平，就会出现很多不兼容性。除了国家之外，家庭、社团等也可成为讨论公平的相应范围，只有放到特定的群体范围中，才能对涉及公平的相关制度、措施、行为、做法等进行讨论，比如政治公平性对应的范围是某个国家，讨论的具体内容均需上升到国家层次；教育公平性对应的是全体受教育者，需放到教育领域中进行研究讨论。二是具有明确的指向。政治学、经济学、伦理学、法学、教育学等成为研究公平性的重要入手点，不同学科视野内存在不同的公平定义，但均存在一个明确的所指，意思是讨论公平时必须立足于具体事务或活动基础上，不能一味空谈。在具体事务和活动中，讨论公平时往往涉及资源、财富等分配问题，也会涉及规章、制度等约束性内容，后者能够为分配问题提供解决出口，在一定程度上决定分配的平等程度，如果制度层面存在不合理性，最终分配结果也难以公正和合理。三是具有合理目的性。指的是公平要有一定目的性，但是追求目的不能陷入为了公平而公平的误区中，那样会脱离实际情况，造成公平价值被削弱。每个人的利益和需求得到实现是追求公平的重要目标，包括精神需求和物质需求，无论哪种需求，不能采用静态眼光进行审视，不能只着眼于当下讨论公平，而是要着眼于长远发展，在更长时空维度内确保每个人都处于向上的、积极的变化和发展中，进而为实现人的全面发展提供坚实基础。

通过以上分析，对公平的内涵进一步理解和认知，认识到公平是人们对于某一社会群体内所有成员之间利益关系的反映、度量和评价，而在公平性目标下，维持公平要做到完善各项保障措施，使得不同社会阶层和社会成员之间在分配社会资源和财富时能够达到理想的平等比例。实现这一目标后，社会阶层和社会成员之间的利益关系就能得到良好协调，使得社会向更加和谐的方向发展，也为每个成员获得全面发展提供支撑。在对公平内涵解读的过程中，了解“公平观”和“公平感”两个概念也是至关重要的。公平观指的是人们对公平所有看法和观点的总汇，能够解答“什么是公平的”这一问题。公平观是一种价值观，与其他价值观一样具有价值认知和价值评价功能，能够对具体行为和举措作出相应评价。在人类社会发展中，公平始终是人们追求的一种价值目标，而在漫长的追求过程中逐步积淀对于公平价值的各种看法和观点，而后构成具有价值观功能的价值追求，这是公平观与价值观具有同一性的重要基础。但是公平观又不能完全等同于价值观，两者是存在区别的。不同的人所具有的公平观既有相同之处也有不同之处，而同一个人在不同时期、不同境遇中表现出不同的公平观，之所以出现这种情况，原因在于存在支配公平观的更为根源性的内容。其中价值观在这一过程中发挥着重要作用，在一定程度上决定了人们看待公平的观点和看法。因此，“公平观是一种价值观”这一说法是成立的，意味着公平观只是价值观的个别形式，并且受到其他价值观的影响。人们的公平观存在差异，有的时候还会截然相反，从这一点出发可以对公平观作出划分，分为有进步、合理公平观和不进步、不合理公平观，前者能够对公平性问题进行直观反映和评价，有利于帮助人们更公正地评价公平性，进而形成一定衡量标准，对人们的行为方式产生持续性指导作用，并塑造能够满足多数人公平性诉求的社会环境；后者则起到反作用，对于构建和谐社会产生不利影响。以上内容是建立在明确区分进步与不进步、合理与不合理的基础上，而在实际情况中，需要人们依据相应标准来判断公平观的进步性和合理性。首先是发展性原则。这里的发展包括人的发展和社会发展两方面内容。社会发展包括多个层次，经济发展是重要基础，是生产力提升的关键，当生产力达到相应高度，社会发展就向综合发展和可持续发展升华，表现为经济、政治、文化、道德等领域实现协调共进，为人与自然的互利共生创造良好条件。人的发展指的是人得到自由而全面发展，想要实现这一目标，需要将社会发展与人的发展紧密结合，使得社会发展成果真正落实到每个人的发展进程中。依据这一原则，判断社会发展是否不断向前、是否能为人的发展提供良好基础，判断结果越积极，则意味着整个社会传达出的公平观在进步性和合理性程度上越突出。其次是历史性原则。公平观具有历史性特征，指的是不同历史时期的人们具有不同公平观，比如在奴隶社会中，奴隶制度被人们认为是公平的，而到了资本主义社会中，之前的奴隶制度、封建制度等均是不公平的，必须被废除，才能建立符合资产阶级公平观的相关制度。公平观在不断发生变化，存在因地而变、因人而异的情况。不同群体之间公平观存在差异的根本原因在于他们所处的社会地位是不同的，地位不同，价值观就会不同，对于公平的看法和观点也会产生不同。在当今时代，经济全球化、信息网络化是重要发展趋势，人们的价值观、人生观等在这样的趋势下发生了显著变化，对于公平的看法和观点也在发生变化，因此，公平问题想要得到良好解决，需要革新方式方法，确保与新形势相契合。正因为如此，在评价一种公平观的进步性和合理性时，要避免主观臆断，不可忽视时代因素，还要放在具体的历史背景中以更加客观的态度进行考察分析，而后再进行纵向比较做出评价。最后是差别性原则。在对公平进行评价时，不能认为没有差别就是公平，也不能认为有差别就是不公平，因为公平的提出是建立在差别基础上，如果差别消失，公平也会从根本上消失。马克思在对平等权利进行论述时指出，平等权利的存在建立在使用同一尺度进行衡量的基础上，但如果权利主体存在“不同等”现象，那么衡量尺度也要做出调整，而这并不意味着权利主体不平等，只是在平等视野下从特定方面进行对待和衡量。美国著名哲学大师罗尔斯提出了公平“三原则”：一是每个人有获得最广泛的、与他人相同的自由的平等权利；二是地位、职位、利益的获得机会应对所有人开放；三是起始状况不同时，处于不利地位者的利益应通过“补偿利益”的方法来保证。从中看出这一公平观渗透着“孰先孰后”内涵，认为保障人们的平等自由是体现公平的首要任务，而后通过机会均等让人们进行公平竞争，对于起始性不平等问题，支持通过“补偿利益”来应对。平等自由权利具有水平性特征，覆盖所有公民，而机会均等和“补偿利益”则具有垂直性特征，受到差别的影响，将差别限制在合理范围内就意味着达到了公平，这样的公平就是进步的、合理的。

公平感与公平观密切关联，公平观是认知层面不断积累后形成的观念，而公平感指的是对公平进行评价时产生的心理感受。这种心理感受具有主观性，与客观公平既具有一致性也具有不对称性，因此，完全以公平感来判断公平问题属性是不科学的。实际上，公平感包括公平感和不公平感两项内容，其中公平感出现在客观公平事实与主观心理预期相契合的状态下，不公平感出现在客观公平事实与主观心理预期不吻合的状态下。在契合与不吻合状态之间存在一定区间，该区间就是公平感和不公平感强度差异的变化区间。此处重点对不公平感进行说明。不公平感是人类普遍存在的一种情感，源于生活中的各种不公平现象。从个体、社会和文化多个层面，不公平感可分为生理和社会的不平等、权利和资源的不平等。在具体情境中，使用不公平感常常强调人的个人主观感受，所以不公平感不仅是思维的现象，而且是感性的经验。本文将探讨不公平感存在的三种情况。首先，竞争意识与不公平感存在的情况。在竞争激烈的社会中，人们会因为竞争而产生不公平感。在社会中，竞争是一种无法避免的现象。但是，竞争过程中有赢家，有输家，还有未加入游戏者，这三者的利益是相互矛盾的。因此，在竞争中，很可能出现不公平的情况。如果没有赢得比赛，那么他们就会认为这是不公平的。当然，人们对于什么是公平或不公平有着不同的看法，但超出规则体系所许可的行为，一定会引起人们不公平的感觉。不公平感只有在竞争中才能产生，并且在可能的情况下，规则的设置应尽可能地为所有参与者提供平等的机会，以减小不公平感的产生。其次，通过精神、文化和社会的支持可以减少不公平感。由于社会经济的差异和不公平现象的存在，不同人受到的待遇和社会的认可不同。因此，像穷人、女性和移民等一些被歧视的群体，他们很容易感受到不公平的现象。这种不公平感一直存在于人们心中，让他们感到很不公平。这时就需要有支持，通过支持，这些人可以减少不公平感的产生。例如，有关组织可以为打算成为专业人士的贫困学生提供奖学金和教育支持，这种支持可以为他们在社会中立足提供帮助。同时，人们可以借助参加活动，如集体旅游、户外运动、健身竞赛等建立社交，这种社交和精神上的支持可以让人们感到不孤独和平衡，随之而来的是，人们的不公平感也会减少。最后，工作环境和组织的透明度会影响不公平感。在一个不透明的环境中，人们很容易产生不公平感，因为他们感觉到自己没有得到一样东西，或者觉得别人比自己赚得了更多的利益。在一个不透明度的环境中，管理者不能保证所有人的利益受到保护。人们往往无法看到自己工作的回报，这容易让人感到不公平。在工作环境中，组织的透明度很重要，因为它可以使人们更清楚地知道自己的工作和所得的回报。如果公司的目标对员工都是开放和透明的，那么员工就可以感到在一个公平的环境中工作。在组织中，不公平感的出现是一种不可避免的情况。人们在生活和工作中面临不同的不公平问题，可以尝试寻找解决方案来减少不公平感的影响。个人可以寻找精神、文化、社会等方面的支持，组织可以借助透明度、公平、公开竞争的原则，帮助员工减少不公平感的体验。在现代社会竞争中，我们需要透明度、公平和支持的力量，以减少不公平感的出现，并创造更加平等、更加良好的生活和工作环境。

二、科学发展观下的公平性

随着经济不断发展，公平问题逐渐严峻起来，从之前的潜在存在发展为明显彰示，这一过程是不断积累的结果。在这一局面下，社会利益协调成为一项不可忽视的挑战，如果不能良好处理，容易造成社会结构变得混乱，导致社会心态变得消极，成为社会矛盾产生与激化的重要因素。党的十六届三中全会召开，对我国改革开放取得的成绩和经验教训进行了深刻总结，并且始终站在利国利民立场上审视发展思路和战略，最终提出了“坚持以人为本，树立全面、协调、可持续的发展观”。这是科学发展观的核心所在，对社会发展诸多问题进行了解答，为国家发展指明了道路，懂得为谁发展，明确怎样发展。全面建设小康社会是一项大工程，需要经历多个阶段才能逐步达成，而科学发展观在这一过程中具备重要指导意义，对于社会生产力提升具有重要推动作用，能够让广大人民群众更好地共享改革开放和经济繁荣取得的成果。

科学发展观能够改变人们的思维与思路，其中公平是重要方面，表现为公正、平等。秉持科学发展观理解公平内涵可从多个角度进行，首先是经济学家和社会学家眼中，公平含义可以划分为“作为手段的公平”和“作为结果的公平”两类。作为手段的公平又可称为过程的公平，主要是从政策和环境两个层面进行分析，比如当全体社会成员能够在相关政策支持和保障下实现地位平等、机会平等时，意味着这些政策具有充足的公平属性，突出表现为政策实施过程价值得到彰显。地位平等讨论的是社会成员权利不受种族、性别、出身等影响；机会平等讨论的是社会成员在竞争过程中拥有平等的竞争条件和机会，比如受教育机会、就业机会、居住生存机会、参与公共事务机会等均属于这一范畴；环境平等讨论的是社会成员在任何环境中都要得到平等对待，不能存在歧视现象，种族、性别等不能成为歧视因素。由此可知，手段的公平对于实现社会公平具有重要意义，并且能够促进社会发展达到更高的水平，比如当社会中充斥着各种黑暗负面现象，如暗箱操作、权钱交易等，必然会对社会公平造成冲击，经济活动效率也难以达到令人满意的程度。市场竞争只有在公平公正“游戏规则”下才能得到良好保障，不仅实现了竞争公平目标，还能实现效率提升目标。如果市场竞争被人情网、关系网等强烈干扰，市场自发调节功能就会弱化，那些不正当权力就会更加肆无忌惮，引发各个行业的黑箱作业现象，进而为贪污腐败提供土壤。社会不公平产生的影响是深远的，而效率是其中之一。结果的公平又称为目标的公平。在社会现实中，人们对于目标公平有着很深信念，其中社会财富分配结果是否公平是重要方面。普通人在判断社会财富分配结果是否公平时主要从两个角度进行，一个是合理性，另一个是合情性，前者对法律法规提出要求，后者对道德道义提出要求。

其次是考察社会公平时从静态和动态两个角度进行。在静态视角中，社会公平是对社会成员是否享有平等地位的衡量，而社会地位多种多样，包括经济地位、政治地位、文化地位、人格地位等，其中经济地位平等指的是社会成员在社会生产中具有相同的地位和权利，比如平等地就业和工作、平等地参与劳动、平等地获得工资收入、平等地获取晋升等；政治地位平等指的是属于本国的公民拥有同等的政治地位和政治权利，比如每个公民能够平等地参政议政、选举与被选举等。另一个重要体现是“法律面前人人平等”，意思是每个公民都要在法律允许范围内活动，如果超出范围，无论天资、才能、出身、种族、信仰、性别、文化、财富等处于何种水平都要受到法律的惩罚；文化地位平等指的是每个社会成员拥有享受文化教育的权利。接受文化教育，内在素质才能得到提升，进而在社会发展中拥有更多机会，因此，确保文化地位公平十分重要，是实现阶层跨越、避免阶层固化的重要手段，当切实得到保障后，社会公平才能得到有效调节；人格地位平等指的是每个社会成员的人格要得到尊重和保护，不能受到经济、政治、文化地位的影响，当无故受到人格侮辱后，有权利进行维护。在动态视角中，社会公平主要表现在三个方面，分别是条件、机会和结果，其中条件公平指的是人们参与到社会活动中时，自身所具有的素质水平、社会地位等成为影响社会活动过程的重要因素，并影响社会活动的最终结果。社会条件公平意味着社会成员参与社会活动的基础是一致的、相同的，而自身条件属于可变性因素，不能归属于社会条件公平范畴。条件和结果具有紧密关联，条件能够作用于社会活动的开端，从而影响社会活动的终端，也就是结果。如果撇开条件不予分析，那些后续结果也难以得到了解；机会平等指的是人们在参与社会活动时获得的机会是平等的，表现为社会机会向所有人开放，每个人都可平等选择。

社会公平是社会主义的本质要求，是建设现代市场经济的重要切入点。在这一过程中，倡导公平理念和规则首当其冲，只有这样才能有力增强社会经济发展活力，进而为社会更好整合提供支撑，切实实现和谐社会构建目标，促进社会全面协调发展。一方面，社会公平一直是人们追求的理想目标，它是指一个社会中每个人都有平等的机会和权利，不受经济、社会地位、人种、性别、年龄等方面的歧视和不公对待。这不仅是一个社会通过实现公平保障公民的基本权利和利益，还是一个社会繁荣和人类进步的保障。公平是社会价值观的核心之一。在一个公平的社会中，个人的经济基础、社会地位、性别、种族等因素不会影响人们在社会中的地位和机会，每个人都可得到平等的待遇和机会。这种平等不仅是一种道德原则，还是一种普遍的人权，因为所有人都应享受基本的权利和权利的平等。实现社会公平，需要社会全体成员共同努力，包括政府、企业、社会团体和个人。政府应制定有效的政策和法规，纠正社会中存在的不公平现象。企业也要做到公平，提供平等的工作机会和待遇，不歧视任何人。社会团体需要发挥作用，维护与社会公正原则相一致的利益。每个人都需要尊重自己和他人的权利和尊严。实现社会公平不仅是道德的追求，更是一种政治和经济需要。在一个公平的社会中，每个公民都是有价值和贡献的，而且各种人才和资源可以得以充分利用，从而推动社会和科技的进步，提高人类的生活质量。因此，社会公平也是促进社会和谐、促进经济发展和促进人类文明进步的基础和前提。然而，在现实中，社会上仍存在许多不公平现象，如经济贫富差距、社会歧视、教育不公、卫生保健不公等问题。这些问题的存在不仅导致人类的利益受到损害，而且威胁到社会的稳定和长期发展。社会公平是人类追求的一种理想，也是一种现实目标。它不仅是道德的要求，更是一种政治和经济需要。实现社会公平需要每个人共同努力，政府和非政府机构合作，共同推进社会改革和进步。只有这样，社会才能实现大家共同追求的社会公平。科学发展观下的公平主要着眼社会关系构造，以达到社会平衡、和谐稳定为目标，而当实现这些目标，社会政治合法性问题也能得到解决，为社会构建更先进、更符合实际情况的价值准则打下基础。因此，公平能够成为制度合法性的重要保障，有公平才能有秩序，才能推动依法治国。首先，科学发展观视人的全面而自由发展为内在价值。人的全面而自由发展是人的权利。人类的进步不仅仅是经济上的繁荣，还需要实现人的全面发展。个人的内在潜能充分地发挥，社会才能发展。自由是人的天赋。每个人都应享有自由的权利，应自由地表达自己的意见，自由地追求自己的兴趣和爱好，自由地做出自己的选择。这种自由应得到保护和尊重，以实现人的全面发展。全面发展是指人的身心全面发展。身体和心灵的健康是全面发展的重要组成部分，人的身体健康和心理健康是相辅相成的，一个人的身体健康和心理健康都决定了生活和工作成果。同时，心灵的成长和修养也需要通过学习、实践和体验逐渐实现。人们应有自由的机会去探索，去学习，去追求。人的全面发展也意味着得到公平的机会，以实现自我价值的最大化。当每个人都可以得到公平的机会时，人类社会就能够最大程度地发挥所有的潜力。公平的机会可以帮助人们充分发挥潜力，提高技能和素质，进而取得成就。在新世纪的背景下，我们应加深对科学发展观的理解，落实科学发展观，使人的全面而自由发展成为社会发展的核心价值。社会公平是指社会资源、机会和权利在全体社会成员中间平等分配的原则。在一个充满活力和机会的社会中，每个人都有机会获取渴望的东西，不会因为背景、性别、种族、信仰、国籍或经济地位而受到不公正的待遇。社会公平是一个重要的目标，因为它有助于缩小不同个体之间的差距，促进经济稳定和社会繁荣，提高社会的公正性和公义性。社会公平对于一个社会的经济繁荣至关重要。缺乏资源公平分配的社会往往存在资源浪费，这种浪费很容易导致生产率的下降。相反，一个完全公平的社会可以提供更好的投资环境，带来更高的社会效益。一个实现社会公平的社会可以吸纳更多的投资，提供更多的工作机会以及更多的自由，让每个人自由地表达自己的创造力。这样的社会中，每个人都有潜力，他们需要的只是机会、资源和支持。社会公平可以帮助解决社会的不公正性和不平等性。在一个不公平的社会中，富足的人会变得更富有，而贫穷的人会变得更贫穷。这样的社会会阻碍创新，孕育出不满和封闭的人际关系，以及纷争与冲突。而在一个充满机会和平等的社会中，每个人都有更多自由表达的机会，从而获得更多的满足感和成就感。这样的社会创造了一个充满生机、创造力和活力的环境，使每个人都能够实现自我发展。社会公平对于民主和公共意识的提高也十分关键。在一个实现公平的社会中，每个人都有机会参与公共生活，表达自己的意见并得到重视，促进政治民主繁荣，公共意识和参与也将更容易实现。为了实现真正的社会公平，我们需要落实具体措施，支持弱势群体，增加资源投入，改进教育系统，等等。在这个过程中，特别是确保在分配资源和机会时不受基于身份的歧视的影响，消除以性别、种族或宗教为基础的歧视，从而切实维护社会公正与裁判公正。社会公平是一个广泛而重要的目标。它包括整体社会和个人的利益，有助于推进社会的发展和进步。实现社会公正需要所有人的参与和努力，需要我们保持敏锐和明确的目标感，并全面落实各种政策和措施，从而创造一个信任、平等和充满机会的社会。其次，科学发展观立足于当代社会特征，对社会主义公平内涵和外延给予了新的界定。伴随着我国改革开放的不断推进，我国迅速从农业社会转向了工业社会，进而成为信息化社会。在这个过程中，不同的发展阶段，对公平的诠释也是有所变化的。科学发展观正是在这样的变革背景下应运而生，它立足于当代社会特征，对社会主义公平内涵和外延给予了新的界定。此处将重点探讨科学发展观对社会主义公平的新界定。科学发展观对公平的诠释进行了新的界定，即在公平的基础上强调内在的协调与平衡。传统意义上的公平主要强调平等，即一切人都应拥有同等的机会和资源。而科学发展观提出了“协调发展”理念，强调发展需要满足多方面的需求和利益，并度量和平衡发展的各个因素之间的关系。例如，发展的经济因素与生态因素、城乡发展等各个因素之间都需要协调平衡，才能使得社会公平得到更好实现。科学发展观提出了一个全面的公平概念，即公平不仅仅是关于机会和资源的分配，还应包括社会保障、公共服务、文化、环境、法制等方面的问题。这些因素都是影响公平的因素，只有综合考虑这些因素，才能够真正实现社会公平。其中，公共服务是一项很重要的方面，它要求国家对教育、卫生、文化等公共服务事业实行全面覆盖，普及服务。科学发展观对公平的实现提出了“综合策略”理念。综合策略，即加强国家对公平问题的治理力度，通过加强政策的整合和协调，推出一系列的政策和措施，以实现社会公平。例如，政府要采取科学的劳动力和人才政策，在城乡之间、不同行业之间、各类人群之间建立平等的机会和制度，保障落后地区和人群的发展机会，以实现公平。科学发展观给了我们关于社会主义公平内涵和外延新的界定。在科学发展观的指引下，培育积极向上、健康稳定的社会文化，实现社会公平，让更多人受益于发展的成果，才能促进我国持续稳定发展。

三、高校人事管理公平性诉求

（一）程序公平诉求

高校人事管理程序是一项非常重要的工作，它关系到高校管理的公正性、透明性和稳定性。因此，高校人事管理程序必须具有公平性，以下进行详细阐述：一是岗位审核程序公平。岗位审核程序是保障高校招聘公平的一个重要步骤。高校在招聘过程中需要严格遵循岗位审核程序，对申请人的相关条件进行审核，确保职位的申请人符合高校招聘要求。岗位审核程序要明确详细的审核要求，避免任意性和不公正性，包括学历、工作经验、职称等内容，确保符合要求的申请人都能得到招聘的机会；二是公示程序公平。公示程序是体现高校人事管理程序公平的又一环节。每一项招聘职位公示必须与岗位审核程序相结合，严格按照审核结果进行公示。公示的内容应详细，涵盖高校招聘的职位名称、薪酬待遇、岗位要求、申请材料、评选程序等重要信息。同时，公示的过程应公开透明，应在招聘机构或相关机构官网、公告栏等公开场所公示，保证全民知晓。而且所有人有权在公示期内反馈招聘信息的有关内容，监督高校的招聘过程，确保招聘流程的透明化、公开化；三是面试程序公平。面试程序是人员选拔的重要环节。高校的面试过程应遵守程序、明确标准、公平公正，采取专业评审人员的协同评定方式，确保评价结果准确、公正。同时，面试评审组要遵循公平公正的原则，评定标准明确，评审标准和权重均衡，保证形成公正的评价结果；四是录用程序公平。通过多步骤的程序、公示和面试程序，针对人才招聘确定录用的岗位应严格按照程序进行，不得任意作弊。包括签发录用通知书、组织征询意见等重要程序，都要依照程序明确要求，确保招聘程序的公平性。同时，在招聘结束后，高校应公开公示招聘结果，供社会公众监督和管理部门审查。这样，所有人都能够以公正、透明的心态接受高校的招聘结果。综上所述，高校人事管理程序的公平性，涉及学校管理的公正性、透明性和稳定性。针对上述几点，我们应深入思考，并加强对招聘过程的严格管理。只有这样，才能保证高校的管理水平得到提升，建设一个人才荟萃、公正公开的高校。

（二）人格公平诉求

随着高校人才竞争越来越激烈，人事管理越来越关键，人格公平就成为高校人事管理人不可或缺的素养之一。人格公平是指在高校人事管理中，对待每位员工不偏不倚，公开、公平、公正地处理每一件事情，使员工感到被平等对待，以此保证高校人事管理的公正度和透明度。以下是高校人事管理人格公平的具体表现：一是员工招聘公正。高校人事管理人应保持公正的心态，不可因个人偏见或个人关系而给优秀的申请者设置障碍或不公评价。同时，应根据申请者的经验、教育背景、技能水平等客观条件评价他们的实力，而不是只看其面貌或性别因素进行区分；二是公正评价员工的能力和表现。管理人员应参考这些员工与工作相关的实际信息，如员工的绩效奖金、目标达成情况和匿名人事评估得分等，这有助于公正地评判员工应获得的工作评价和奖励。应积极关注员工的工作表现，并在需要时提供培训和支持，以帮助员工更好地完成工作任务；三是公平对待员工的福利待遇。高校人事管理中要公平对待员工的福利待遇，比如管理人员应根据员工的表现制定动态的福利计划，并确保这些福利计划富有公正性和透明性。高校人事管理人应对员工的基本福利和福利行业标准有深入了解，以确保所有员工获得合理的福利待遇。四是公平处理员工的问题和纠纷。管理人员在处理员工问题或纠纷时，应以事实为基础，建立透明的规程和程序，并确保所有员工都知道这些规程和程序，并合理地执行这些规程，不要产生非均衡的结果或负面影响；五是建立开放的通信渠道。高校人事管理人应建立不同部门的沟通桥梁和平台，以便于员工和上司之间建立更加深入的信任和理解。这样做的目的是确保员工能够直接向管理人员反馈问题，并得到公平和公正的回应，以解决问题和提高员工的工作效率；六是聆听员工的声音。高校人事管理人在员工的表现和反馈中得到指导，这将有助于他们实现公平和公开的管理。管理人员应积极倾听员工的想法和建议，将他们的意见吸纳进管理过程中，并将这些意见进行调整，以提高员工的参与和积极性，帮助员工获得提高和发展。总之，在高校人事管理过程中，人格公平是不可或缺的一种能力。管理人员应通过员工招聘、公正评价、公平处理问题和纠纷、建立开放的通信渠道和聆听员工的声音等方法，体现人格公平的精神与能力。使求职者和员工感到平等对待，进而建立公平与公开的高校人事管理制度。

（三）分配公平诉求

高校人事管理中分配公平是指，在人员招聘、晋升、奖惩、待遇设置等方面，应坚持公平原则，不偏袒任何一方，不歧视任何人群。具体表现如下：一是公开、公正的招聘机制。高校在招聘工作中，应制定公开、公正的招聘机制，遵循公平、公正、竞争的原则。招聘公告要及时发布，包括招聘条件、岗位职责、工作年限、薪资待遇等明确的招聘信息，并且不应有不当限制条件，如性别、年龄、籍贯等。在面试环节，招聘委员会要按照预先公布的评分标准，对所有应聘者进行公平、公正的评定，确保评选出最适合的人才；二是公正的晋升机制。高校应建立公正的晋升机制，实行分类评价，确保各个层级的评价标准相同，评价结果公正客观。在晋升过程中，应着重发掘人才，重视人才的素质和能力，公平公正地评估每个人的工作业绩、专业技能、管理能力等因素，使具备晋升条件的有机会参与评选，避免权力、关系等因素影响晋升的结果；三是公平的奖惩机制。高校应建立公平的奖惩机制，将奖励和惩罚作为促进工作积极性、提高工作效率的手段，切实发挥奖励和惩罚的积极作用。在奖惩方面，应充分考虑教学、科研、管理等方面的实绩，实行量化、绩效化的奖惩制度，避免主观臆断、标准不公等问题出现；四是公平的薪酬待遇设置。高校应建立公平的薪酬待遇设置机制，将薪酬与工作成效挂钩。对工作岗位进行细致的分类，对不同岗位的薪酬水平进行区分，制定合理的薪酬福利政策，使薪酬待遇和工作量成正比，避免因性别、文化水平、地域等因素造成的薪酬歧视；五是公正的考核评估。高校应建立公正的考核评估机制，通过定期考核和评估，全面客观地评价员工的绩效、能力和素质。考核评估应着重以工作成果和贡献为主要依据，绝不将关系、权力作为考核依据，避免利益主义等问题的出现。总之，高校人事管理中的分配公平，不仅仅是一种管理机制或制度，更是一种严格遵守公平、公正、竞争原则的精神信仰，是高校人才队伍建设的坚实保障。

第二节　高校人事管理公平性不到位的负面影响

一、挫伤员工的工作积极性，减少工作“投入”

高校作为重要的知识传播和人才培养的场所，其人事管理应具有公平性和激励性，不应存在不公平的现象。然而，在实际工作中，高校人事管理普遍存在不公平的问题，这种不公平会严重挫伤员工的工作积极性，以下从几个方面分别进行阐述。首先，晋升机制不公平，这是高校人事管理中常见的问题之一。有些高校在晋升职称或晋升薪资上存在明显的不公平现象，这主要是由于学校内部存在的关系网和权力色彩导致的。如果员工表现出色、业绩突出，但由于没有“背景”，无法得到相应的晋升机会，这必然让员工感到失落和挫败，进而影响工作积极性。其次，薪资不公平也是高校人事管理中的一个突出问题。很多高校并没有按照员工的工作表现和市场行情制定薪资标准，而是采取一些不公平的标准，比如“老年人优先”“学历优先”，等等。这种薪资分配方式不仅忽视了员工的工作表现，也忽略了市场行情，影响了员工的工作积极性。如果员工发现自己的工作表现很好，但是薪资却不如一些没有出色表现的同事，就容易产生不满和挫败情绪，进而削弱工作热情和积极性。再次，晋升和薪资的不公平也会导致员工之间的竞争与猜忌。如果员工发现晋升和薪资的机会并非只与个人的工作表现相关，而是与人际关系等非工作因素有关，那么员工之间的竞争就会更加激烈，猜忌的情绪也会自然而然地产生。这样的氛围不利于员工工作合作和协调，严重挫伤他们的工作积极性。最后，高校人事管理中的歧视问题也会给员工带来极大的挫败感。在一些高校，对于某种性别、种族或身体状况的员工，存在一些歧视或不平等的现象。比如，女性员工往往面临工作与家庭之间的平衡难题，得不到应有的照顾和支持，必然会产生挫败和失望感。综上所述，高校人事管理中的不公平问题会严重挫伤员工的工作积极性。因此，高校应注重完善公平的人事管理体系，制定科学合理的晋升机制和薪资标准，建立公正的评估体系，避免受到内部的关系网和权力色彩的影响。只有确保人事管理的公平性，员工才能得到照顾和支持，增强工作动力，提高工作效率，从而推动高校更好地发展。

二、降低工作效率，增加“结果”报酬

随着社会的不断发展和经济的快速增长，高等教育越来越受到重视。高校的人才培养和科研工作一直是一个国家发展的重要领域。而人事管理就成为高校的一个重要环节。然而，由于种种因素的影响，高校人事管理中出现了不公平的现象。这些不公平的现象对高校的教育教学和科研工作产生了严重的影响，降低了工作效率。高校人事管理中的不公平会产生诸多负面影响：首先，权力垄断现象。很多高校人事管理中存在权力垄断现象，常常是由一些权势巨大的人掌控人事管理权。这些人通常是老师、主任或部门负责人等高层管理人员。这些人可以独断专行，对员工的评价、晋升和薪资等方面有很大的掌控权。这样就会导致一些优秀的员工因为得罪了这些权势人士而无法晋升或得到公正的评价。其次，缺乏公平的评价机制。高校人事管理中评价机制不公平，往往导致一些员工的努力被忽视，甚至被剥夺相应的奖励和福利。有的高校部门的评价机制往往只是依靠一些简单的统计数据和流程确定员工的评价和晋升，而忽视了员工的实际工作能力和实际贡献。这种评价机制是机械的而不是人性化的，这样就会导致一些员工因为没有得到同等评价而感到不公平和失望。

三、破坏人际关系，不利于建立文明校园

随着高校招生规模的扩大，我国高校人才的需求量增长迅猛，高校人事管理也日益受到人们的关注。然而，很多高校的人事管理存在明显的不公平现象，这不仅

会破坏人际关系，还不利于文明校园建设。高校人事管理的不公平主要源于两个方面：一是腐败行为。一些管理者在选人用人过程中，往往忽视人才的学术水平和实力，更多看重个人谋取私利的关系，甚至出售职位，送礼行贿，这些都是造成高校人事管理不公的直接原因。二是制度失调。一些高校的管理制度出现了问题，比如评选晋升时不遵从专业评价而违背事实，申请岗位的条件模糊不清，点击率和项目成果多少成为衡量能力优劣的主要标准，这种制度性的问题也为不公带来便利。高校人事管理不公往往会带来以下严重的消极影响：一是破坏人际关系。当一个人受到的待遇差距过大时，就会导致自尊心受到打击，造成心理负荷，激化人际关系矛盾，甚至使人们产生怨气。二是不利于文明校园建设。在一个不公正的环境中，教职工往往会感到自己不受待见，工作不受尊重，工作的积极性、创造性等方面会大幅度下降，甚至出现工作效率低下的问题，从而给产业方向、科学研究领域的发展带来很大损失。这也在无形中阻碍了文明校园的建设。

四、有损校园环境，不利于和谐校园建设

近年来，高校人事管理不公平渐成热点话题。由于各校人事管理制度不同，往往导致各类不公平的问题，如校内招聘、晋升评审、薪资待遇等。这种不公平现象严重损害了高校的管理信誉，甚至对师生产生负面影响。首先，不公平的人事管理制度对高校师生造成了极大的伤害。在校内招聘方面，许多高校给予某些人员特权，不合理地占用了招聘的机会和位置，减少了其他人员的机会。在晋升评审方面，由于基层组织的工作重点和要求不同，导致各职务的晋升难度差别极大，这样一来，具有良好工作态度、业绩出色的员工往往无法得到重用。此外，未能给予员工发挥潜能的空间和发展机会，让员工产生怨气和不满，不利于和谐校园建设。其次，不公平的人事管理制度对高校的教学、科研和学生管理方面也产生了负面影响。教师晋升和职称评定一直与论文等硬件指标挂钩，评职之路充满了压力和竞争，教师往往过度强调论文指标，忽略教书育人的重要性，导致教学质量下降。在学生管理方面，学生的考试成绩和名次等是高校重要的毕业审核条件，导致学生为了前途和命运过于追求分数，这样对于整个学生群体发展非常不利。最后，不公平的人事管理制度严重影响了高校师生的心理健康。如果人事管理制度不公平，就会导致人际关系紧绷，并形成一种“各自为政”的局面。这样就会让高校的师生心里感到极度焦虑和不安，甚至出现问题。总之，高校人事管理不公平严重破坏了高校内部的稳定和谐。为了避免出现类似问题，需要制订相关政策措施，加强对人事管理的监管力度，压实责任，切实维护师生的合法权益。同时，也要通过教育引导，加强人员素质和职业道德建设，增强员工的自我认知和实际执行力，进而实现和谐高校、共赢发展。

第三节 高校人事管理公平性不到位的具体表现和原因分析

一、高校人事管理公平性不到位的具体表现

（一）人才引进不平等

近年来，高校人才流失问题一直是高校面临的难题之一。人才流失可能会导致高校教学和研究工作的不稳定，甚至可能导致学校的整体实力下降。为了吸引优秀的人才加盟，高校在人才引进方面做出了大量的努力。然而，由于高校人事管理的不公平，导致一些人才被忽视或不平等地对待，从而加剧了人才流失的问题。在高校人事管理中，存在许多不公平的因素。其中最常见的是利益关系。在一些高校中，学术成果的作者通常是学术委员会成员，而人事评定中涉及晋升和评职称等重要事项也是由学术委员会成员决定的。此时，一些学术委员会成员就会利用自己的权力帮助自己学术团队成员完成职称升级和晋升，而对其他团队成员不屑一顾。这种利益关系导致教师职称和晋升缺乏公正性和公平性，给人才带来很大的不信任感。另外，招聘方式也存在不公平因素。有些高校招聘某种特定领域的人才时，采用由某个团队推荐的方式，这往往让他们的内部成员有更好的平台，而外部的候选人需要面临更多的困难，从而使他们的职业前景陷入不利境地。这种做法不仅导致人才的不平等对待，而且也会限制高校人才的多元化，不利于人才的流动和交流。此外，高校人才管理中存在烦琐的程序和文件审核等也是人才引进的重要障碍之一。高校人才引进中的异地人才，他们会遇到各种不同的事情需要解决，如子女教育、配偶工作、办理公寓等问题。然而，许多高校的人事管理体制并不完善，出现办理手续烦琐、审核时间过长的问题，这给引进人才带来了很大的不便。还应看到，高校的薪酬体系也是导致人才引进不平等的一个重要原因。在一些高校中，学者的薪酬通常取决于他们的学术成果，而其他因素，如教学质量、服务能力等往往被忽视。这种做法可能导致优秀的教师被忽略，而其他表现较差的教师则没有得到任何惩罚。这将引起学者之间的不满和不公意识，进而不愿意加入这样的高校。综上所述，高校人才引进不平等是高校人事管理体制中存在的一个严重问题。高校在招聘、评定、薪酬等方面应加强制度建设，提高人才流动的公正性和透明度，吸引更多优秀的人才为高校发展做出贡献。只有创造了一个更加公平、透明的人才引进环境，学校才能有效地留住优秀人才，从而更好地满足学校对高素质人才的需求。

（二）评奖、评优不平等

高校人事管理不公平是指在高校工作人员聘任、晋升或者评奖评优等方面存在不公平的现象。由于人事管理不公平而导致的评奖评优不平等现象有很多，下面进行详细分析。首先，校内职称评定不公平。在高校里，职称是一个很重要的指标，职称的高低关系到教师的职称、薪资待遇等。然而，在职称评定方面，存在很多不公平的情况。如有些人升职过程中“门槛压得很低”，升到正高教授也就两三年，而另外一些人靠自身努力可能一辈子都升不上来。其次，年度评优不公平。每年高校的评优评奖工作都极为重要，是高校评估员工工作质量和成效的重要方法，评奖评优能够激励老师更好地工作。然而，在评优评奖的过程中，也存在很多不公平。如有些评奖评优的指标不科学，评委的评选方式不合理，评奖评优过程中有些意见居于优势地位而影响评委的决策等，这些因素影响了不少老师的评奖评优结果。再次，招聘录用不公平。在招聘方面也存在很大的不公平。有些高校的招聘流程不严谨，人才选拔的标准不科学，面试过程中的视角过于狭窄等一系列因素，导致很多优秀的应聘者没有成功地通过面试。最后，福利待遇不公平。在福利待遇方面，也存在很大的不公平。高校教师的待遇不一，有些高校给予的福利待遇非常优渥，有些高校的福利待遇相对较低。这是因为不同高校的内部规定不一，有些高校的财力更加充沛，自然可以更好地照顾到教师的利益。综上所述，高校人事管理不公平导致评奖评优不平等现象出现，进而影响高校的正常运作。因此，我们应加强对高校人事管理的监督，建立合理科学的评奖评优制度，严格遵守招聘和录用人才的程序和标准，使高校的人事管理既能够起到激励教师的作用，又能够保证评奖评优的权威性和公平性，最终为高校的发展做出贡献。

（三）人员考核不平等

随着高等教育的快速发展和大规模扩张，高校人事管理成为一个备受关注的话题。然而，由于制度设计和管理执行上的不足，高校人事管理普遍存在不公平的问题，这种不公平在人员考核方面表现得尤为明显。以我国高校为例，探讨高校人事管理不公平的具体表现及其影响：一是岗位设置不标准，导致评价标准不公平。高校教师评价建立在岗位聘任的基础上，高校岗位一般按照国家高校工作制度的相关规定确定，但是在实际操作中，每个高校都有申请、审核、审批流程，对拟定的岗位进行加分或减分，从而造成同样岗位不同高校的待遇和评价标准存在不同。由于无法达到绝对统一，这类岗位设置不公平的问题也就如影随形，同样水平的教师在不同学校考核、晋升的难度自然也不同。二是考核指标单一，容易人为操作。高校的人事管理通常采取多指标、综合评价的方式，以更好地反映人才的全面素质和综合能力。但由于操作复杂、费时费力，一些高校为了简化流程，只采用少量指标甚至单一指标进行考核。比如，一些学校只把教学质量当成唯一的考核指标，而不考虑教师其他课外活动等绩效。这样不仅使得考核缺乏全面性，而且也便于一些人为操作，最终导致不公平的结果。三是考核标准和结果不透明，产生不合理现象。高校的评价规则以及评价结果往往缺乏透明度，私下有“暗箱操作”。这种情况主要是由于某些学校的考核标准不一，常常出现乱象，而学校对具体考核标准也不够透明化，缺乏公开性。更严重的是，高校部分领导层把接受“宴请”等外界加分行为视作“交际技巧”，而一些基层教师在提交履职材料时上报虚假内容以谋取加分。这些不正之风和不道德的行为严重损害了考核结果的公正性。四是考核结果不公，存在制度漏洞。高校人事考核的结果往往会对人才选拔和晋升产生决定性作用，这种结果的不公对人才选拔、人员调动、岗位晋升等方面造成严重损害。具体表现是，评审委员会中存在密集的人际关系网，评审过程不透明，有时把人际关系置于成绩之上，让不学无术的人得到升迁、晋升或高薪。此外，某些学校的素质教育先锋人、“三带”（带队、带班、带头）人等“关键”教师成为绩效考核优秀老师，却在很多学科中存在知识和素质方面的缺陷，然而得到更高的薪资、更高的职称。这些情况在高校中屡见不鲜，严重影响了学校的教育教学质量和教师工作积极性。通过以上几个方面分析，高校人事管理不公平对人员考核不平等造成严重影响，需要高校制定更为细致科学的考核制度，以更公正地评价人才，在新型人才培养与人才流动背景下，应采取更为广泛的社会参与方式，有效地解决现存问题。同时，加强高校人事管理制度的规范与透明化，打造一支优良的教师队伍，才能更好地推动高校的升级和发展。

（四）人员晋升不平等

高校人事管理是一个非常关键的领域，涉及范围广泛，包括教学、科研、文化建设等方面。然而，在实际的高校人事管理中，存在一些不公平的情况，导致人员晋升不平等现象。下面进行详细分析：一是评价标准不公平。在高校人事管理中，人员晋升往往是基于教学、科研、管理等方面的表现进行评判的。然而，由于各学院、系、部门之间存在较大的差异，评价标准也就存在差异。举例来说，某些学院注重课堂教学，而某些学院更注重科研论文的发表和项目的获批。这种情况下，教学出色的老师无法得到应有的重视，科研优秀的老师也可能无法得到公正的评价。二是评价过程不透明。在高校人事管理中，评价过程的透明度也是一个非常重要的方面。然而实际情况中，评价过程通常较为封闭，且没有定期或不定期的公示。这会导致一些老师不知道自己的工作表现究竟如何，也无从得知他人的表现情况，以及评价标准是否公正、合理。在这种情况下，评价过程的不透明往往给一些老师带来困惑和不满。三是管理层变动导致晋升不公。高校的管理层经常会发生变动，这也会对人事晋升带来影响。由于新领导接手之后需要了解每个老师的能力、表现和潜力，因此，在晋升中难免存在一些波动，有的老师因此而得益，而有的会受到影响。此外，新领导有自己独特的管理思路和风格，使之前的晋升标准、流程等发生变化，这也可能使得之前没能晋升的老师获得机会，反之，原本有机会的老师失去晋升的机会。四是担任教学任务过多。在高校人事管理中，教学任务通常是首要内容，在一些学院、系或是部门中，教学工作占据大部分时间和精力。因此，对于那些有意向参与科研或管理工作的老师来说，他们往往没有足够的时间和精力投入这方面工作，这样一来，他们就可能错过了科研或管理方面的机会，从而失去了晋升的机会。五是人际关系的影响。在实际的高校管理中，人际关系也是一个重要的考虑因素。有些老师在加入学院之前就已经有一些关系，他们借助这些关系获得了一些保护和支持，从而能够获得更好的评价。反之，那些没有关系的老师，即使在各个方面都表现出色，也无法获得应有的评价。总体来说，高校人事管理的不公平，导致人员晋升的不平等现象。这种现象影响大学的整体建设，影响学校的声誉和整体形象。因此，需要加强对高校人事管理的监督和改进，实现公正、合理、透明的人事管理制度。只有这样，才能更好地激发老师的工作积极性，真正满足学校的需求，实现高校的全面发展。

二、高校人事管理公平性不到位的原因分析

（一）观念层面原因

高校人事管理不公平现象，在观念层面主要有以下三点原因：一是对“能力”的理解和界定不同。高校人事管理中，对“能力”的理解和界定存在差异，这往往导致人事管理的不公平。有些学校倾向于看重学术成果，认为科研水平是评定能力的主要标准，而忽视了教学质量和学生服务能力。有些学校则重视教学质量，认为教育教学能力是评定能力的主要标准，而忽视了科研水平和学生服务能力。这种不同的能力界定方式，导致不同职称岗位之间的薪酬待遇差异，也让那些兼具学术水平和教学实践能力却不能得到充分重视和奖励的优秀人才受到伤害。当前高校选拔人才，应充分体现多元化、综合化和开放化的人才观念，充分重视和挖掘多方面的人才优势，以免在日益激烈的人才竞争中掉队。二是对“平等”的认识和理解不足。高校人事管理中，对“平等”的认识和理解不足，这也是导致人才选拔不公平的一个重要原因。在一些高校中，存在“关系”“门第”“饭票”等不正之风，往往因为亲戚朋友关系而得到照顾。这种恶劣的现象，严重破坏了人才选拔的公正性和公平性，损害了高校的形象和声誉。要解决高校人才选拔中存在的不公平现象，必须坚持公

开、公正、公平和透明的人才选拔原则，推行全国统一的招聘标准，清理干部任命中的不正之风，严查违纪违法行为，建立健全惩罚机制，使选拔人才的过程更加阳光化、透明化。三是对“激励”机制认识不到位。高校人事管理中，激励机制的不完善也是导致不公平现象的重要原因。在很多高校中，职称晋升只是纯粹地按照实践和积分来衡量，而没有很好地反映人才的能力和贡献，这就导致在职务晋升上存在不良的竞争和不公平现象。要解决这个问题，必须建立完善、科学、合理、公正的人才激励机制和评价体系，强化人才的贡献和能力导向，确立对人才的重视，从而激励教师在教学实践、科研工作、社会服务等方面做出更有价值的事情。综上所述，高校人事管理的不公平现象涉及许多方面，包括思想观念、组织机制、制度设计等。当下的高校人才选拔工作，需要注重多方位、多维度的人才选拔，有效推进高校人事管理制度的变革创新，实现公平公正选拔，制定更有价值的人才资源策略。

（二）制度层面原因

从高等教育的主要目标和任务、高校组织管理的逻辑和特点、人事制度的功能和价值等多方面考量，导致高校人事管理不公平，制度层面的原因有以下三个方面：一是高校组织管理的逻辑和特点。高校作为国家培养高层次人才的主要机构，其组织管理机构必须要有一定的专业性、权威性和规范性，并且能够有效地适应高校学科特点、师生人口分布、社会关系和学术交流的需求。因此，高校的组织管理机构一般分为教育行政部门、学术机构、行政机构和辅助机构等。其中教育行政部门负责教育、管理、服务、监督等全面工作，是高等教育的主管机构；学术机构是教学科研的重要平台，是学术交流的主要场所；行政机构是高校行政服务的核心，负责学生管理、财务管理、后勤服务等工作；辅助机构是高校行政的重要支撑，包括图书馆、校园网络、教育设备与实验室等设施。这些机构之间的权责关系非常复杂，导致高校的人事管理制度也具有一定的复杂性。二是人事制度的功能和价值。高校人事管理制度是高校组织中最重要的制度之一，其目的在于管理高校的学术和行政人力资源，保障高校的招聘和选拔制度公平和公正，维护高校教师和行政人员的权益。因此，高校人事管理制度的功能和价值非常重要，包括：1.招聘和选拔制度公平公正。高校人事管理制度要求教师和行政人员拥有先进的专业知识、良好的师德素质、丰富的实践经验和较高的综合素质，对于招聘和选拔制度的公正性、科学性、程序性和规范性等方面有非常严格的要求。2.教师行政工资的管理。高校教师的薪资管理是高校人事管理制度的重要内容之一，通过对教师的薪资进行科学的评定和管理，可以促进教学和科研工作的质量得到提高，提高教师的积极性和创造力。3.教师职称评定的管理。职称评定是教师职业生涯的重要一环，也是高校人事管理制度的重要内容。通过职称评定，可以促进教师的教学和科研水平提高，激励教师的积极性和创造力，同时也可以保证教师的严肃性和专业性。4.教师绩效考核的管理。教师绩效考核是高校人事管理制度的重要组成部分，通过对教师的教学、科研、管理和社会服务等方面的工作进行量化评估，可以保证高校的教学质量和教学效率，并且激励教师的积极性和创造力。三是高等教育的主要目标和任务。高等教育的主要目标和任务是培养高素质的创新型人才，并为社会经济发展提供有力的智力支持。高等教育的主要任务是培养人才，因此，高等教育的人才培养质量是高等教育的生命线，也是人事管理制度的重要内容之一。高等教育的人才培养必须保证公正、公平、科学和客观，注重教学能力和科研能力的培养、充分发挥每个学生的潜能和才能、注重教师震慑力和影响力的发挥等方面。而高校人事管理制度是保障高等教育人才培养任务完成的重要手段之一，因此，必须充分尊重教职工的个体差异和发展特点，通过严格的程序建立公正、科学、公平、可预测性的选拔考核制度，避免一味追求公正而忽略了灵活性、创新性、发展性等因素。综上所述，高校人事管理制度不公平的原因是多方面的，包括高校组织管理的逻辑和特点、人事制度的功能和价值以及高等教育的主要目标和任务等因素。解决这些问题，需要全体教职工和管理人员的共同努力，同时也需要高校管理部门和政府相关部门提供更合理的管理方法和政策支持。

（三）表达渠道原因

作为高校人才资源的管理者，校方在人才招聘、晋升、评优等方面应全面、公正地考量每一位教师的实际表现和潜力。但在实际工作中，高校人事管理存在不公平的现象，这与渠道不畅通是密不可分的。从以下几个方面展开阐述：首先，高校人事管理中的评价标准存在不确定性。教育行业的综合性和复杂性，导致教师的工作评价比较复杂。因此，评价标准的不确定性对高校人事管理的不公平性有着重大的影响。评价标准不确定性主要表现在，教职工个人能力与绩效考核之间的关系不明确。有的学校更看重出版物或者科研课题的产生，而有的学校更看中教学成果，根据不同学校的要求，一些教师可能有不同工作重点。如果这些工作重点不属于教师擅长的领域，就会对教师职业发展产生不利的影响。其次，高校人事管理中的岗位设置不合理。岗位设置是人事管理不公平的重要因素之一。一些学校因为种种原因招收一些“冷门”专业，然而这些专业的岗位聘任是受限制的。当这些岗位聘任被限制时，很多教师的努力长期得不到正当回报。在高校人事管理中，应注意科研与教学两个方面的平衡，使所有教师都能找到自己适合的岗位。第三，高校人事管理中的信息不对称。信息不对称在高校人事管理中也是一个普遍存在的问题。有时候校方工作人员对于一些细节不太了解，尤其是关于招聘流程中的附加条件方面。另外，有时候教师的表现与评价标准不符，但由于人事处不知道或者难以调查，导致评价产生偏差。除此之外，还有一些校方工作人员内部存在利益关系，导致有些优秀的教师难以得到公平评价或者升职。最后，高校人事管理中的流程不完善。高校人事管理流程是否完善也是管理不公平的因素之一。校方应完善人事管理流程，确保在整个过程中，教师的权益受到保障。然而，在实际操作中，流程的不流畅也给教师带来一定的影响。学校在对教职工工作进行评价和岗位调整时，如果流程烦琐，岗位间的调配难以实现，可能导致高校人才资源配置不公平。综上所述，造成高校人事管理不公平，表达渠道不畅通的原因有多种，如评价标准存在不确定性、岗位设置不合理、信息不对称、流程不完善等因素，导致教师的努力难以得到正当对待。因此，高校人事管理应加强对评价标准的制订和实施，优化岗位设置，完善信息反馈机制，加快流程的审批和办理速度，以确保制度公平完善，使教职工的努力得到充分的肯定和回报。

（四）权力层面原因

随着我国高等教育的发展，高校人事管理成为一个热点话题。然而，由于很多高校人事管理存在不公平的问题，导致教师的表决和监督权利被剥夺，给高校管理和教学质量带来很多负面影响。权力层面的原因主要有以下几点：第一，管理者意向。在许多高校，教师的晋升和奖惩都受到管理者意向的影响。人际关系的差异往往掩盖了教师的实际能力和业绩，在晋升和奖惩中起着很大的作用。一个身居高位的领导者可能会利用自己的权力，通过掌握教师晋升和奖惩的权力，来维护自己的关系网络。这种情况下，教师往往无法获得公正的评价和审核。结果是教师能力、业绩不同，但评价却相同，缺乏差异化。第二，官僚主义。在许多高校，教师要想得到晋升和奖励就必须完成一些规定的任务，如科研成果、教学评估和学术活动等。这些任务表面上看来是为了追求高质量的教学和科研成果，但实际上这些任务往往被滥用和扭曲，成为维持关系的工具。这种情况下，教师就需要花费很多时间和精力完成一些琐碎的任务，而忽视了真正的教学和研究工作。第三，权力滥用。在一些高校里，权力机构经常滥用权力，以任意的方式干涉教师提名和评价过程。这些权力机构通常与高校的教学和研究工作并没有直接联系，但是却可以通过表决和监督影响教师的晋升和评价结果。这种情况下，教师会感到自己没有得到公正的评价和认可。总之，高校人事管理不公平的原因有很多，包括校园政治、官僚主义和权力滥用等，这些因素导致教师表决和监督权利被剥夺。为了保证高校人事管理的公平性和透明性，高校应建立一套完善的评价和审批机制，以消除不公平的因素。此外，对于权力滥用的问题，高校应加强相应的改革和监管，保障权力机构的公正和透明，确保教师的权益得到保障。只有这样，高校的教学和研究才能取得长足的进展，为我国未来发展打下坚实的基础。

第四章

高校人事管理体系激励性探讨

第一节　高校人事管理激励性追求

一、晋升激励

（一）晋升激励的重要性

晋升是现代职场中不可避免的一个环节，它不仅代表着个人的成长与发展，而且也是组织发展的重要一环。在一个组织中，如果晋升机制合理、严格，能够激励员工进一步挑战自我，获得更多成长机会，推动组织的长期发展。因此，晋升激励显得尤为重要。首先，晋升激励可以提高员工的积极性和工作热情。在职场中，晋升通常意味着更高的薪水、更高的职位、更广阔的前景等，这些都能够有效地激励员工以更高的热情和动力去工作、追求更好的表现，从而创造更多的业绩。在工作中，晋升往往能够带来各种实际利益和荣誉，从而在某种程度上满足了员工不同层次的需求，激发员工的热情与能力。其次，晋升激励还能够提高组织的生产力和效益，增进员工的归属感。长期以来，组织为了奖励员工的出色表现，对员工进行晋升。对于组织来说，员工的晋升带来了多样的人才和多样化的工作体验，让组织之内的人才更加认同组织价值和组织文化。此外，晋升激励还能够促进员工的成长和发展。在个人晋升的过程中，员工往往面临变化和挑战，更多新的角色和更多的工作职责，这将调动员工的学习能力、独立思考能力和团队协作能力等。晋升对于员工来说意味着一个成长的时期，更多的机会和挑战等待着他们去应对，在这个时期里，员工更容易学到组织经验和领导经验，以实现更高发展。最后，晋升激励对于组织发展来说是必然的。一个拥有良好晋升机制的组织，相较于其他组织，拥有更多积极向上的优质人才。这些优秀员工的加入，能够带来更多新鲜的想法和创新能力。这些员工的成长可以使组织更多样化与更富有弹性，更好地面对市场变化和业务挑战。总之，晋升激励对个人及组织发展都是至关重要的。更好的晋升机制，可以激发员工的工作动力，提高员工的专业技能和管理能力，让员工感受到组织的关怀和嘉奖，进而提升员工的工作动力和工作质量，促进组织更加强大。同时，晋升激励也让员工更容易获得职业满足感和事业上的满足，增加了员工对组织的归属感与凝聚力。

（二）高校人事管理做好晋升激励的必要性

在人才引进方面，高校一直是社会各界竞相争夺的重要领域，也是我国科技创新、人才培养中极其重要的组成部分。随着学科专业的不断丰富和多元化，高校人才引进的标准和要求也在不断地提高，高校管理部门在处理职称晋升和激励问题上扮演着重要的角色。因此，高校人事管理中做好晋升激励对于吸引和留住优秀人才、推动高校教育事业向前发展至关重要。首先，晋升带来的经济激励是吸引高素质人才的必要手段。对于大部分的高素质人才而言，渴望得到更好的待遇和合理的薪资水平，这对于个人的生活水平、职业生涯发展和家庭幸福都有着重要的影响。所以经济激励成为这些人才不可缺少的优势条件。同时，高校管理部门在制定某些奖励制度时，也需要考虑到各个阶层级别的差异性、对不同工作岗位和职业道路的需求等因素，以此形成一个既公正又合理的奖励制度，从而进一步激发人才的积极性和创造潜能。其次，晋升激励能够促进高校人才的职业发展。在高校中，优秀的人才是更愿意不断学习、实现发展，而适度的晋升激励正满足这种需求。为了进一步促进人才的职业发展，高校管理部门需要为这些人才创造一个能够实现自我提升的环境和机会。可以通过加强内部职业生涯规划和定制化培训计划，进一步提高人才的从业技能水平和管理能力，从而提升教学工作的质量和效率。最后，晋升激励能够提高高校管理部门的竞争力，在人才市场上增强高校的吸引力。高校管理部门需要深刻认识到，良好的管理制度和福利待遇是吸引优秀人才的核心竞争力，同时也是提升高校总体科研创新水平的重要保障。在现实中，高校管理部门需要对重点人才进行精准的激励，引导他们在学术研究和教学工作中积极探索，取得更多的科研成果和教学成果。这样不仅可以进一步提高高校的教育水平和综合实力，还可以吸引更多的人才加入高校事业中。综上所述，高校人事管理中晋升激励是推动学校事业发展的必要手段，也是促进学术人才成长和进步，留住优秀人才的必要手段。因此，高校管理部门应制定合理的激励奖励制度，加强高校人才职业发展，营造更加公平、公正、合理、健康的工作氛围，推动高校的知名度和声誉不断扩大，真正实现高校事业的全面发展。

二、薪酬激励

（一）薪酬激励的重要性

薪酬激励在现代企业管理中扮演着重要的角色。在企业运作中，薪酬激励可以提高员工的工作积极性，增加员工的工作效率，从而提高企业的竞争力和发展潜力。本部分将从以下四个方面分析薪酬激励的重要性。一是提高员工积极性和工作效率。薪酬激励是一种直接而有效的激励方式，通过给予员工较高的薪资和奖金，可以激发他们的工作热情和创造力，提高员工的工作积极性和工作效率。较高的薪资水平可以让员工感受到自己的价值和地位，激发工作动力，提高工作质量和效率，从而带动企业的生产效率和质量。二是提高员工的忠诚度。企业给予员工高水平的薪资和奖金，可以让员工感受到企业的关心和关注，产生对企业的归属感和忠诚度，从而降低员工的流失率，减少企业的用人成本。员工如果感受到企业的关心和支持，就会更加愿意为企业工作，提高企业的生产效率和创新能力。三是增强竞争力和发展潜力。企业通过给予员工较高的薪资和奖金，可以吸引优秀人才的加入，在专业技能、业务经验等诸多方面给予扶持，提高企业的技术水平和生产力水平，进而增强企业的竞争力和发展潜力。高薪水平也可以提高企业的品牌认同度，增强企业的信誉度和影响力。四是促进企业文化的建设和发展。薪酬激励不仅是一种直接的经济激励方式，也是企业文化的一部分，可以促进企业文化的建设和发展。企业通过合理的薪酬制度诱导员工遵守企业文化，建立员工的价值观和行为准则，从而形成一种积极健康的企业文化氛围，增强企业的凝聚力和向心力。薪酬激励在企业管理中扮演着一个极为重要的角色。企业应通过不断优化薪酬制度，为员工提供合理的薪资和奖金激励，提高员工的工作积极性和效率，从而实现企业的长远发展和经济效益的持续增长。

（二）高校人事管理做好薪酬管理的必要性

随着中国高等教育的快速发展，高校人才的现代化管理也变得越发重要。在高校人才管理中，薪酬管理是一个重要的方面，它涉及高校师资队伍的素质、数量、结构等，对高校人才的吸纳、留用、流动和发展都有着不可忽视的影响。高校师资队伍建设和管理中存在很多影响人才流动的因素，如地域、学科发展、机会、制度等因素。在这些因素中，薪酬待遇也是一个十分重要的因素。高校教师普遍有较高的学历、专业技能和丰富的教学经验，他们对薪酬待遇尤为敏感，一旦薪酬待遇较低或者未得到体现，他们就会考虑流动到其他高校或者离开教育行业。因此，高校薪酬管理的合理性和公正性，对于留住优秀人才、吸引外来人才以及高校的长远发展都至关重要。一是提高师资队伍的整体素质。高校人才的数量和素质是一个高校发展的重要因素。薪酬水平高的高校，往往可以吸引到更多的人才来学校任教。高质量的人才是学校实现发展的基础。因此，正常的薪酬体系设计能够促使教职员工提升教学水平和科研能力；同时，高校还可以通过薪酬激励制度吸引、留住优秀的人才，提高师资队伍的整体素质和水平，进而提升高校的学术声誉和影响力，增强高校竞争力。二是促进教学质量和学生评价。大学教育是以学生为中心，学生成长和发展的关键在于优质的教育资源和高水平、创新性的课堂教学。高校教育教学质量的高低取决于教职员工的教学水平。因此，薪酬管理的合理性可以激励教职员工提高自己的科研水平和教学能力，提高教学质量和效果，同时教师讲课质量还可以由学生来评价，合理的高校薪酬体系能够对学生的评价和学校的发展产生促进作用，对于提高学生的学习积极性和教学效果有着重要的作用。三是提高管理效率、科学决策和公正性。高校的薪酬管理也是人事管理的一项重要内容，合理和科学的薪酬管理可以提高管理员的管理效率，更好地实现管理目标和战略部署。同时，合理的薪酬管理可以使学校管理者做出更加科学的决策，从而更好地发挥高校的特长和优势，实现高质量的人才选拔和教育。四是增加教师的职业满足感和工作动力。工作的动力和满意度对高校教师的工作质量和教育教学效果有着不可忽视的影响。如果教职员工感到自己得到了应有的经济回报，自己的工作价值得到了充分认可，那么他们更能在工作中付出更多努力和精力，取得更好的成绩。薪酬优厚的高校，能够让教师感受到自己的职业价值和成就感，更好地实现个人和组织目标的双赢。

三、奖励与惩罚激励

（一）奖励与惩罚激励的重要性

奖励与惩罚激励是人类行为学中的两个重要概念。奖励与惩罚激励在个人生活、组织管理、教育教学等领域都起到极其重要的作用。首先是奖励的激励作用。一是能够提高工作积极性。不同的人在工作中有不同的动机，奖励在一定程度上可以提高工作积极性，促使员工更加努力地工作。二是能够激励创新。通过奖励激励，能够激发员工的创新潜能，进而更加热情、更加主动地工作。三是能够激励队伍士气。奖励激励可以促使全员参与，为团队增加凝聚力和向心力，提高团队的凝聚力和士气。奖励不仅能够让员工感到自己的努力得到认可，也可激励其他员工加倍努力工作。四是能够增加员工的忠诚度。合理的奖励可以增加员工的忠诚度，员工不仅能够在工作中体验到被重视的感觉，还能够在公司内部建立良好的口碑，从而增加职场生涯的稳定性。其次是惩罚的激励作用。一是能够提高工作效率。惩罚可以通过一定的威慑作用，使员工明确工作任务的重要性，提高劳动效率。在某些情况下，恰如其分的惩罚可能比奖励更具有激励性。二是能够防止失误。恰当的惩罚可以遏制员工的工作失误，让员工从失误中吸取教训，并帮助员工提高工作效率。同时也能够让员工意识到工作质量的重要性，提高质量标准。三是能够增强员工纪律性。通过惩罚员工的不良行为或错误决策，可以让员工明确公司的规章制度，并更好地遵守相关制度，增强员工的责任心和纪律性。总之，通过对员工进行奖励和惩罚，可以激励员工在工作中更加努力，提高工作效率和工作质量，也能够增强员工的责任心和纪律性。但是，在奖励和惩罚过程中，要注意相关程序的公正性和透明度，不应随意偏袒某些员工而影响团队的凝聚力和整体效益。

（二）高校人事管理做好奖励和惩罚激励的必要性

高校人事管理是高校管理的重要组成部分，是高校持续发展和稳定运作的保证。在高校人事管理工作中，奖励和惩罚激励是必不可少的手段，对于高校的发展和人才培养具有非常重要的作用。第一，奖励和惩罚激励是高校人才培养的必然需求。高校是培养人才的重要场所，要想实现持续发展和创新，必须吸引、激励、留住更多的人才。而奖励和惩罚激励是激发人才积极性、主动性、创造性的最好方式之一。在高校中，激励制度可以促进教师更加热爱工作，同时也可以吸引更多的优秀人才加入高校中，进一步提升高校的整体水平。对于学生来说，奖励制度可激励学生更加认真地学习，提升学习成绩，进而培养更多具有创新精神和实践能力的高质量人才，为国家和社会做出更多贡献。第二，奖励和惩罚激励是高校人事管理的有效手段。在高校人事管理中，奖励和惩罚是非常有效的手段，可以对员工和学生进行积极和消极激励，协同推动教师工作和学生发展。奖励制度可以让劳动者感到自己的辛勤工作得到了认可和尊重，从而增强工作的积极性。如通过奖励教学成果出色的教师，引导所有教师不断进步与创新，进一步提升教学质量。另外，惩罚制度也是非常必要的。高校是树立文明、规范、合理的工作方式的地方，必须对那些不尊重规则、不履行职责的员工和学生进行批评和处罚。如加强对违章者的教育和管理，提高学生的纪律性和自律性。只有通过有力的惩罚和正面奖励相结合，并且自始至终坚定不移地执行，才能够更有效地引导员工和学生不断成长。第三，奖励和惩罚激励对于高校稳定运作也是必要的。高校是一个严谨、科学、规范的机构，每个人都要遵守基本规则，遵循清晰的组织管理层级。只有这样，高校在人事管理工作中才能取得长足进步，进而推动高校的稳定发展。奖励、惩罚制度的建立实现了高校内部管理工作的规范化与标准化，减少了管理的不确定性、保持了高校系统的核心稳定性，为高校的未来建设和发展打下了坚实的基础。高校人事管理要实现良好发展，奖励和惩罚激励是必不可少的，对于决策者而言，应对这种管理方式提高认识，继续进行改进，使其更加符合高校的发展需要，推动高校的持续发展。高校必须始终保持管理上与时俱进，不断发掘潜力，制定合理的奖励和惩罚激励制度，使得人才在实践引领、技术创新、社会经济、文化建设等方面做出贡献，以更好地助推国家经济发展。

四、考核激励

（一）考核激励的重要性

考核激励是指为了提高员工绩效和工作效率，采用一系列评估、评价和奖惩等手段，刺激员工积极性和创造力的管理方法。在现代企业中，考核激励已经成为一种常见而重要的管理和激励手段，对于企业的发展和员工的发展都具有很大的推动作用。首先，考核激励可以提高员工的工作积极性。员工在工作中得到了公司的认可和激励，会产生成就感和荣誉感，从而更加热爱工作并且不断地提高自己的业绩水平。通过不断进步取得更大的荣誉成就，也可增加员工的自信心和满足感，从而更加积极地投入到工作中。其次，考核激励可以激发员工的创造力和创新能力。企业在考核过程中，通常注重员工的工作质量和业绩水平，对于员工提出的新的工作思路和方法也会给予相应的关注和奖励。通过这种方式，能够鼓励员工勇于创新，不断尝试新的工作方式和方法，提高组织创造力，并且让公司在市场竞争中获得优势。再次，考核激励可以加强员工的归属感。在考核过程中，企业通常给予员工公平的机会，让他们得到应有的认可和奖励。这种公正和公平，不仅能够激励员工继续拼搏，而且能够增强员工对企业的认同感和归属感，从而减少流失率，增加企业的稳定性和竞争力。最后，考核激励可以促进企业的发展。企业通过定期考核，能够及时发现员工存在的问题和不足，并针对性地采取措施加以改进。同时，通过对业绩出色的员工进行激励，还能够使企业的员工队伍越来越多地聚焦于业务核心，推动企业业务的创新和升级，从而进一步提升企业整体的竞争实力。考核激励在企业管理中占有重要的地位，它不仅能够提高员工的工作积极性和业绩表现，而且能够增强员工的归属感和企业文化建设，从而推动公司的持续发展。同时，随着现代企业管理不断发展，考核激励也在不断创新和完善，不断为企业和员工带来新的动力和机遇。

（二）高校人事管理做好考核激励的必要性

高校人事管理是指在高等学校里负责教职工的招聘、聘用、管理、奖惩、晋升、退出等一系列人事事务的部门或机构。在高校的日常管理中，考核激励是必不可少的一步，对于提高教职工的工作积极性和工作效率，以及推动高校不断发展具有重要的意义和作用。首先，考核激励能够提高教职工的工作积极性和工作效率。工作的积极性和效率往往与考核和激励相关联。高校实行考核制度，既是对教职工的激励，也是对教职工的约束。通过对工作进行考核，可以激励教职工更加努力地工作，提高工作质量和效率，促进教育教学的发展。其次，考核激励可以推动高校不断发展。一方面，高校的发展需要人才的支持，而考核激励机制是吸引人才的重要手段。只有吸引到优秀的人才，高校才有可能在日益激烈的竞争中立于不败之地。另一方面，通过考核激励，可以为高校发展打下坚实的人才基础，提高高校教育教学质量和水平，增强高校的核心竞争力。最后，考核激励可以构建公正、公平的人事管理体系。高校人才是一个竞争激烈的群体，为了使人才之间的竞争更加公平公正，考核激励就显得尤为重要。只有建立了公正、公平的人事管理体系，才能在高校教育教学中形成良好的氛围，吸引更多的优秀人才进入高校教育教学工作中。考核激励是高校人事管理必不可少的一步。高校应建立健全的考核激励机制，从而激发教职工的工作积极性和工作效率，推动高校的不断发展，构建公正、公平的人事管理体系，吸引更多的优秀人才加入高校教育教学领域，让高校教育教学更好地为社会服务。

五、培训激励

（一）培训激励的重要性

培训激励是指一个企业或组织根据员工学习和培训的成果，为其提供奖励或肯定的一种行为。这种方法可以有效地提高员工的工作积极性和工作效率，同时也能够激发员工的学习热情和创新意识。下面详细分析培训激励的重要性。首先，培训激励可以提高员工的素质和技能水平。现代经济已经进入知识经济时代，知识成为一种无形的财富，而拥有更高的素质和技能水平就可以为企业带来更多的价值。通过培训激励，员工可以更加积极地参与到企业的学习和培训中，从而提高自身的素质和技能水平。其次，培训激励可以提高员工的忠诚度和归属感。在现代经济中，人才的稀缺性日益凸显，招聘人才和留住人才的问题越来越让企业感到焦虑。通过培训激励，企业可以让员工感受到自己在企业中的价值，从而增强员工的忠诚度和归属感，进而减少员工的离职率和招聘成本。再次，培训激励可以提高员工的工作积极性和工作效率。在员工参加完培训之后，他们往往会产生一种自豪感和成就感，这种感觉可以激发他们更加热爱工作，进而提高工作积极性。同时，通过培训激励，员工的工作效率也会得到提高，因为他们可以更加熟练地应对工作中的问题和挑战，从而提高工作的质量和效率。最后，培训激励可以提高企业的竞争力和发展潜力。在不断变革的市场环境中，企业的核心竞争力往往源于员工的素质和技能。通过培训激励，员工的素质和技能能够得到提高，从而提高企业的核心竞争力和发展潜力。同时，通过培训激励，企业也可以吸收和培养更多的人才，为企业的长期发展奠定基础。综上所述，培训激励在现代企业管理中具有重要的地位和作用。作为一种有效的员工激励手段，培训激励可以提高员工的素质和技能水平，增强员工的忠诚度和归属感，提高员工的工作积极性和工作效率，同时也可以提高企业的竞争力和发展潜力。因此，企业需要重视培训激励工作，并在实践中不断完善和提高。

（二）高校人事管理做好培训激励的必要性

随着社会经济的不断发展，人才逐渐成为企业竞争中最重要的因素。同样，高校人才的培养与管理也越来越受到重视，而做好人才培训激励，也成为高校人事管理的重要一环。这不仅能够激发教职工的创新意识和工作积极性，提高工作效率，还能够帮助高校实现可持续发展。高校人事管理做好培训激励的必要性如下：一是提升教职工技能水平。随着科技的发展和知识的不断更新，要求教职工具备新的技能和知识，不断提高自身素质，以适应教育变革和发展的要求，从而更好地完成学校的教学任务。因此，高校应制定全面、系统的培训计划，加强教职工的职业技能培训，提高整体水平，让教师的知识储备和能力不断增长，从而更好地服务于学校和学生。二是提高教职工的工作质量。教职工的工作质量，直接关系到学校的教学质量和声誉。加强教职工的培训激励，可以提高教职工的工作积极性和创造力，让他们更加精密地制定教学计划，更加认真地备课和授课，从而提高学生的学习效果，让学生更好地掌握相关的知识和技能，为将来的工作和生活做好充分的准备。三是增强教职工的获得感和归属感。高校的教职工往往会产生一种获得感和荣誉感，这来源于学生的尊重和信任，也来源于学校的认可和奖励。然而，这种归属感和获得感，不是一蹴而就，需要学校通过培训激励的方式持续性地得以弥补，让他们感受到学校的关心与支持，了解院校的宣传教育并派遣教师实地考察，使得教职工更具归属感，进而更好地为学校服务。四是推进高校教育事业的可持续发展。高校是一个复杂而庞大的机构，要想推进高校教育事业的可持续发展，必须把人才培养和管理措施做好。如果培训和激励措施得到了有效展开，那么高校的教育事业就能不断提高质量，更好地服务于国家的需求。五是高校人事管理做好培训激励，既是高校的工作需要，又是国家发展的需要。高校应注重投入，加强培训激励，为教职工创造更宽广的学习机会、提供更好的发展平台、创建更优良的工作环境，让每一个教职工都能够体验到成就感及获得实际的回报，以更好地提升整个高校的实力和竞争力。

第二节　高校人事管理体系激励性不足的表现

近年来，各个高校在人事管理制度改革方面取得了很多成绩与进步，其中经济杠杆是重要应用手段，但也正因为这个原因，埋下了很多隐患和不足，比如很多高校管理者认为经济杠杆能够主导一切，潜移默化中忽视了管理理论研究和探讨，使得应用水平不断降低。国家政策对高校管理决策有着很大影响，依据国家政策制定决策是必要的，但国家政策往往是从宏观层面进行指导，具体实行中需要基于实际情况灵活应对，除了不断总结和利用相关经验外，还要引入科学激励理论作为指导思想。这使得高校人事管理激励机制受到更多因素的影响，也为一些问题的出现提供土壤。从目前情况看，高校人事管理激励机制深层次问题越来越凸显。高校与企业均要进行人事管理，但相较于企业，高校是一个特殊组织，很多方面表现出个性特征，因此，完全照搬企业人事管理模式是不可行的，可现实生活中却存在这种现象，使得高校人事管理激励性出现短板和不足。

一、依托经验选择激励机制

（一）激励机制缺乏心理需要分析

随着高等教育的不断发展和竞争的加剧，高校人事管理的重要性日益凸显。作为高校人才管理中的关键因素，激励机制在高校人事管理中发挥着重要的作用。然而，当前的高校人事管理激励机制往往忽视了心理需要的分析，对于激励机制的有效性产生了一定的影响。心理需要是指人在生理需求得到满足之后，对于主观心理状态和社会关系的需求。心理需要分为生命所需（物质和生理安全）、连续性和一致性需求（认知和自我充实）、心理成长需求（尊重和成就需求）三类。关于高校人事管理激励机制缺乏心理需要分析，主要存在以下两个方面的问题。第一，缺乏针对性的激励机制。当前的高校人事管理激励机制往往缺乏针对性，无法满足不同人员的不同心理需求。例如，在激励高校教师方面，往往只考虑到教学成果和科研成果，而忽视了教师的自我充实需求和尊重需求。这导致教师在教学和科研中投入过多的时间和精力，而缺乏对自身成长和发展的关注和重视。第二，忽视员工心理健康需求。当前的高校人事管理激励机制往往忽视员工的心理健康需求。如强制性激励措施、非理性激励措施等导致员工心理负担过重，影响员工生产效率和工作质量。而家庭福利、心理咨询等措施则能够满足员工心理健康的需求，提高员工对工作的积极性和主动性。想要完善高校人事管理激励机制，需要从以下几个方面加强心理需求分析。一是开展员工心理需求调查，深入了解员工的心理需求，为激励机制提供有力支撑。二是确立多元化激励机制，针对不同类别员工实施差异化激励措施，使激励机制更具针对性。三是完善员工保障制度，为员工心理健康提供有效的保障和支持。高校人事管理激励机制的发展需要深入分析员工的心理需求，从而为员工提供更加全面、多元化和有针对性的激励措施，提升高校人才的工作积极性和生产效率。同时，高校管理者也要始终保持人性化的管理理念，为员工提供一个愉悦的工作环境和成长空间。

（二）激励方案缺乏时效性

高校人才是高校的核心资产，高质量的人才是高校的重要保障，而如何留住和激励高校人才，成为每一个高校人事管理者需要面对的问题。无论是哪个行业包括高校在内，只有具有高度的竞争力，才能吸引和留住人才，因此，在高校人才管理中，如何制定符合高校特点、对人才具有吸引力的激励方案成为亟须考虑的问题。传统的人事管理模式在社会变革的时代已经不足以满足人才需求。高校激励方案的时效性问题在实际情况中普遍存在，具体表现在以下几个方面：第一，激励方式固化。当前，大部分高校实行的是固定的薪酬政策，即偏重于学科、职称和工龄，使得教职工的收入差距过于悬殊，不能完全体现教师能力和贡献，这在人才竞争日趋固化的时代，难以满足全体教师的期望和需求，而且难以吸引更多有实力的教师加入高校工作。第二，激励奖励缺乏差异性。高校激励奖励方式也难以满足如今教师多样化、专业化的需求。现阶段，奖励制度普遍采取“年度”的评选方式，这使得优秀教师的工作成果、学术贡献缺乏具体的时间上的评价，难以体现绩效激励，显然不能反映教师个性化的劳动贡献程度和专业特点，反而挫伤了教师的积极性和创新性。第三，激励措施缺乏科学性。高校人才激励方案需要建立在科学的人才管理理念、教育目标等基础上，对教职工进行科学的分类、测评，制定细致的激励机制。但现阶段大多数高校的激励措施较为单一、浅薄，没有涉及教职工工作生活的方方面面，在实际操作中也难以保证激励措施的切实可行性和实施效果。

二、激励机制偏向经济

高校人事管理的激励机制是指通过一系列手段激励和鼓励教职工积极工作、创新思维，提高工作效率和教学水平的制度。然而，当前高校人事管理激励机制存在一些问题，主要表现为偏向经济，忽视非物质激励、过度强调竞争等方面。以下从四个方面进行探讨。一是过分重视物质激励。当前高校在引用人才和留住人才方面，普遍采取高薪酬、高福利等物质手段，但忽视了非物质激励，如职业发展、工作环境、学术氛围等方面的作用。经济激励的一个显著问题是，一旦员工离开组织，很难保证他们继续维护组织的利益。对此，不能仅仅依赖经济激励，也要重视非经济激励。二是忽视了教学情感的作用。高校人事管理激励机制往往只关注学生评价或学术成果数据，而忽视了教师对学生的关注、了解学生的心理和感受。强调数量化管理，强调短期成绩，忽略了人性化，这样不利于教师适应学生“普及化、多样化”的教育需要，更不利于实现高校全面育人目标。优秀的教育不是“让学生懂，更要让他们认真思考和情感投入”，这需要更多地关注教学情感，建立良好的教育共同体。三是过度强调“评价与竞争”。在当前大学评估办法下，许多人把评价变成了一种生存竞争。建立良好的评价机制，必须依据以人为本的原则。过度强调“评价与竞争”，忽视了集体协作、宽容合作等科研和教学的基本道德价值。这样会影响一个高校学术文化的内在精神，进而削弱教师的工作积极性和课堂教学质量。四是不注重人才“再利用”。高校人才流失率很高，管理者应制定一些灵活的措施，保障教师在工作中个性得到展现和发挥，给予他们成长的空间。没有良好的管理激励制度，容易导致人才过度流失，切断人才间的交流。教育部门应认真考虑如何弥补这方面的不足，让每一个老师在高校中都拥有发展机会。综上所述，高校人事管理激励机制应注重财经管理和非财经管理，兼顾教学和非教学，重视集体和个人价值，不断完善、创新，以提高人才质量、促进发展为核心，提高高校管理水平。

三、激励手段较为单一

（一）没有体现分层激励

分层激励是一种激励机制，根据员工的等级和表现，给予不同的报酬和福利，以激励员工持续提高业绩。分层激励得到了许多企业的青睐，能够提高员工的积极性和参与度，进而提高企业的业绩。分层激励的基本原则是员工在公司的职位、等级和业绩上不断晋升。这种激励机制使员工有了持续进步的动力，而且给他们提供了更多的成长机会。这种激励机制能够让员工更清楚地了解自己的职业前景，进而增加对公司的归属感和忠诚度。分层激励的核心思想是根据员工的职位、等级和业绩进行分层，然后给予不同层次不同的奖励和酬金，使员工有目标、有动力，同时激发员工的积极性，提高业绩。这种激励机制通常包括以下层次：一是入门级。入门级员工通常是公司雇用的最低职位，他们的工作是非常基础和简单的，比如文件整理、数据录入等。针对这个层次的员工，可以给予低薪、弹性工作时间和工作纪律等方面的激励手段。二是中级。中级员工是指已在公司里工作一段时间，有一些基本经验的员工。他们的工作涉及一些中等难度的任务，比如客户服务、财务管理等。针对这个层次的员工，可以给予中等薪酬、晋升机会、福利制度等方面的激励手段。三是高级。高级员工是在公司里已经有一定经验、熟悉公司业务、有较强执行力的员工。他们的工作需要处理非常烦琐和复杂的业务，比如业务拓展、项目管理等。针对这个层次的员工，可以给予高薪、股权激励、晋升机会等方面的激励手段。四是领导型。领导型员工是公司核心领导团队、管理团队中的重要人物。他们有非常强的领导力、管理能力和创新思维，能够制定公司长远战略和目标。针对这个层次的员工，可以给予高薪、股权激励、高额福利等方面的激励手段。

高校人事管理激励手段是指通过各种手段激励员工的工作热情和积极性，提高工作效率和素质。然而，在目前情况下，高校人事管理激励手段并没有体现分层激励，这是比较大的问题。分层激励是指针对不同员工层次采取不同的激励方式和手段，既要匹配员工不同的需求，又要推动高校的整体发展。分层激励可以使不同层次员工的工作目标和工作能力得以匹配，从而提高员工满意度和工作绩效，促进高校的可持续发展。但是，目前高校人事管理激励手段缺少分层激励。一方面，高校人事管理分层激励方式单一化。高校人事管理是一个复杂的系统，包括人才引进和选拔、培训和发展、薪酬和福利等方面。其中，薪酬和福利是激励机制的重要组成部分，对于保持高校人才队伍的稳定和提高工作效率有着至关重要的作用。然而，目前大部分高校采取的薪酬和福利激励方式相对单一，大部分高校采取的薪酬和福利激励方式是分层次的，即依据教师职称设置不同的薪酬等级，职称越高，薪酬水平越高。这种激励方式的优点是简单、明确，易于实施管理。但缺点也很明显，仅仅以职称高低为标准，可能会忽略其他因素，如教学、科研、社会服务等绩效因素，导致人才流失。分层激励方式除了薪酬激励外，福利激励也是高校吸引和留住人才的重要方式。但大部分高校的福利激励方式过于单一，只有基本医保、公积金、养老保险等，缺乏多样的福利措施。此外，虽然有些高校提供了一些特别的福利待遇，但涉及面比较狭窄，与员工的需求有一定的差距。另外，还缺乏以绩效为核心的激励方式。除了薪酬和福利，绩效也是高校人事管理中的重要方面。尽管有些高校也采取了一些绩效考核措施，但大部分高校仍然存在过于死板的薪酬等级设置，缺乏以绩效为核心的激励机制。另一方面，高校人事管理分层激励中缺乏分层评价。高校人事管理是高等教育机构为了提高教师和员工积极性和工作效率而特别采用的一种激励手段。因为学校人才队伍中的人员结构复杂、职务层次多样，所以，在激励时一定要进行分层。当前的问题在于高校人事管理的分层激励缺乏分层评价。具体表现在以下几个方面：首先，高校人事管理缺乏明确的激励目标。因为高校人事管理中的激励往往是针对某些特定的职位或者是对某一群人进行激励，所以需要高校对于各种层级职务和人员进行详细的目标设定和评估，但是目前的高校人事管理很少涉及这一问题。缺乏目标的设定和评估会导致激励失效，许多员工不知道自己应做何种贡献以获得激励，也不知道如何评估自己的工作表现。其次，高校人事管理在分层激励上使用的手段较为单一。由于对不同层级的职位和人员进行详细的目标设定和评估的难度较大，高校人事管理往往只是采用较为简单的激励手段，如奖金、晋升等，并且对于奖励的力度和标准也缺乏明确的规定。这样一来，激励手段的单一和缺乏明确的规定，导致学校无法有效地激励各个层面的教职工，也会导致学校过分依赖奖励手段，进而忽略员工的团队协作能力和整体贡献。再次，高校人事管理的分层激励缺乏公开、透明的机制。在高校的日常管理中，尤其是在部门激励方面，往往存在权力寻租现象，这导致激励的公平性受到影响。如果在高校人事管理中不建立公正、透明的分层评价机制，就难以确保不同职位和人员在激励上的公平性和公正性，从而影响学校的整体发展。综上所述，解决高校人事管理分层激励缺乏分层评价的问题，需要学校在职务设定、目标设定和交流沟通等方面进行改善。学校可以建立分层评价机制，通过公正、透明的流程，对每个职位和人员的工作表现进行详细的评估，并调整激励力度，以促进学校持续发展。

（二）物质激励内容设计不够丰富

物质激励是指通过经济上的奖励或惩罚，引导员工行为的一种管理手段。它是组织管理中的重要组成部分，在企业的人力资源管理中占据重要地位。物质激励可以说是现代企业管理的一种必要手段，通过奖励个人或团队所创造的贡献，使其产生更高的工作热情和积极性。物质激励主要包括以下几个方面：一是工资福利。企业通常设置不同的薪资标准和福利待遇作为员工的收入来源，以提高员工的工作积极性和热情。二是奖金。企业对于员工在工作中表现突出，提出建议、创新等行为给予一定量的奖金，犒劳员工的努力和贡献。三是保险医疗。企业为员工提供保险和医疗救助，使员工安心工作，减轻负担，提高工作积极性。四是社会保障。企业按照国家规定为员工支付社会保险，减轻员工负担，使员工在工作中更加安心。物质激励的优点在于能够提高员工的工作积极性和工作热情，进而提高企业的工作效率和生产效益。同时，物质奖励能够使员工感受到企业对他们的关心和重视，更能感受到对自己能力的肯定和对未来发展的激励。物质激励也存在一些缺点，比如有些员工把工作当成谋取奖金的方式，而不是为了真正为企业做贡献。这样带来的结果往往是员工忽略其他与奖金无关的发展机会，造成人才浪费。此外，物质激励通常只是短期激励，员工只期望得到物质奖励，却忽视了工作内容是否真正反映出自己的价值。在长期的工作中，他们很难保持工作积极性和热情。总的来说，物质激励在现代企业管理中是一种非常重要的手段。对于企业来说，适当地采用物质激励可以提高员工的工作积极性，从而提升企业的竞争力和市场占有率。然而，企业也要清醒地认识到物质激励的缺点和局限性，寻求不同的激励方式，从多方面激励员工，以达到更好的效果。

高校人事管理中的物质激励是非常重要的一项工作，涉及高校教师的生活和工作情况，直接影响高校的发展和教学质量。但是，在实际操作中发现，高校人事管理的物质激励内容设计不够丰富，局限性较大，存在一些值得关注的问题。一是缺少差异化的激励措施。高校教师处于一个相对封闭的圈子，这个圈子里的人彼此都很熟悉，互相了解，一些表象性的激励手段难以起到应有效果。对此，高校人事管理必须重视差异化激励，即针对不同的教师制定不同的激励措施。在实际操作过程中，很多高校仍然采用传统的激励方式，如晋升、加薪和奖金等。这些经济补偿措施不能真正满足不同教师的实际需求，同时也无法带来很大的动力。二是缺少创新的激励方式。高校人事管理中的物质激励在形式上比较呆板，缺乏创新与特色，仅仅局限于以奖金、晋升、津贴、福利等物质激励方式来激励教师，缺乏深度和广度。物质激励的形式不够灵活，缺少想象力和创新性，导致效果不明显。要想提升激励效果，必须设计更多创新性激励方式，以适应新时代发展的需要。例如，一些高校尝试采用“员工股份制”“补贴个税”等方式，试图在激励机制上进行创新，以提升激励效果。三是缺少细分的激励策略。高校人事管理中的物质激励策略过于笼统化，缺少对不同等级的人员制定不同的激励策略。如果所有人都得到同样的奖励和补偿，必然会导致教师队伍的士气下降，影响工作效率。因此，在制定激励策略时，必须针对不同等级的人员制定不同的激励策略，以确保激励措施的针对性和有效性。高校人事管理中的物质激励策略需要更加细分和多元化，结合实际情况，为教师提供更加适宜的物质激励措施。只有这样，才能有效激励教师的积极性、改善教学质量，同时建立良好的员工激励机制。

（三）情感激励关注不够

情感激励是一种能够激发人们内在强大情感的方式，能够帮助人们克服不良情绪，激发积极情绪，增强个人力量和自信心。在面临挑战和艰难困境时，情感激励能够成为精神支撑，让我们拥有更强大的信念迎接挑战。情感激励有很多种形式，它可以来自朋友、家人的鼓励，也可以来自自我激励。例如，当我们感到疲惫或挫败时，可以用积极的自我语言激励自己，告诉自己“我可以做到”；或者可以寻求来自别人的话语支持和理解，他们的支持能够让我们信心倍增。通过情感激励，能够改变消极情绪，使心情更加愉悦和积极。这种正面的情感能够鼓舞我们的斗志并增强自信心，激励我们向前迈进。情感激励使我们的思维更加开放，创造性更加丰富，能够给我们带来全新的观点和经验，拓宽人生视野。情感激励还有助于增加人与人之间的情感联结。当我们接受别人的支持和激励时，我们会更加珍惜和感激他们。我们也可以通过鼓励和支持他人获得成就，共享他人的成功和快乐。情感激励是一种对我们的情感健康和生活改善产生积极影响的力量。在生活中，无论是面对挑战还是追求目标，我们都需要情感激励的力量，这种力量能够激发我们的内在潜力，让我们更加自信、积极地迈向未来。

高校人事管理是高校发展中至关重要的一环，它直接关系到高校人才队伍的建设和发展。在高校人事管理中，情感激励也是极其重要的一个方面，它能够激发教师的工作热情、凝聚人才队伍、提高工作效率，进而推动高校发展。然而，目前在高校人事管理中，情感激励存在关注不够的问题。首先，高校人事管理中存在功利主义倾向。高校人才的评价主要以学术成果、课题研究、科研项目等为主要衡量标准，而对于教师的情感激励并未给予充分关注。这导致很多教师将工作看作一个任务，工作中情感沟通难以延展，教师的工作积极性降低，导致工作效率下降，也给高校发展带来了一定的负面影响。其次，高校人事管理中存在机械化和标准化的问题。很多高校管理者将教师的情感激励想象成一种规定和程序，这些规定和程序通常不够灵活，缺乏针对个人特点和实际工作情况的定制化措施，教师难以感受到真正的被关注和被关心，从而无法发挥真正的激励效果。再次，高校人事管理中缺乏科学有效的策略。高校管理者往往不具备有效的情感管理策略，不能制定针对性的情感激励措施。对于教师的关怀、理解、支持、激励，多数时候仅停留在口头表达上，而缺少具体的行动和实施手段。这样的情感激励方式难以满足教师的需要，最终难以发挥有效的作用。

（四）注重个体激励，忽视团队激励

个体激励是企业管理中常用的一种手段。它通过激励个体员工努力工作，提高工作绩效，从而达成企业目标。个体激励以个人为核心，强调员工个体的积极性和主动性，即通过诱发员工的情感需求、任务需求、成长需求和自我实现需求，激发其积极性，进而提高团队工作的效率和整体绩效。个体激励可以采用多种模式，包括：货币激励、非货币激励、晋升晋级、知识技能提升、团队荣誉、社会地位提升、个人工作环境与素质提高等方式。其中的货币激励，即通过完善的薪酬体系，激励员工努力提高绩效，是最常见的一种方式。实施个体激励方案，需要根据不同职位、不同工作特征等情况，制定相应的激励方案。针对销售岗位，可以设立个人业绩考核，采用提成制度激励员工努力销售，实现销售增长；针对技术类岗位，可以设立技术人员技能证书，提供技术学习平台，提高技术人员的技能水平，促进岗位职业发展。个体激励不仅可以提高员工的工作动力和工作效率，也能够增强员工的归属感和团队合作意识。个体激励将员工个人发展与公司绩效相结合，员工的个人发展成为公司绩效增长的重要保障，员工也能从公司的发展中获得成长和收益。但是，个体激励也有一些问题和隐患。一方面，如果管理者没有设计好个体激励方案，可能导致员工不同程度地抱怨不平等的待遇制度，造成公司内部不和谐氛围；另一方面，如果过于强调个体激励，可能导致员工个体主义严重，无法真正融入团队中，阻碍公司的整体发展。团队激励也是组织管理中不可或缺的一环，它是指采取一系列的措施和方法，以激发团队成员的积极性和工作热情，从而提高团队整体

的工作效能和生产力，同时促进团队协作和凝聚力的不断增强。团队激励的基本原则是激发成员的自我激励，采取人性化管理方式，注重鼓励和表扬，营造和谐稳定的工作氛围。

在高等教育机构中，人事管理一直是一个重要的话题。而对于高校人事管理的实践，既有可圈可点的地方，也存在一些不足之处。其中最显著的一点就是，高校人事管理注重个体激励，忽视团队激励。这种现象的背后存在一系列的问题和挑战，需要我们认真思考和探讨。高校人事管理注重个体激励的原因之一是，高校教师具有高度的专业水平和学术成就，他们对自己的要求往往高于对组织的要求。因此，为了激发教师的工作热情和创造力，高校往往采取差异化的薪酬制度、绩效评价制度等手段，对优秀的个体进行激励。这种做法的好处在于，能够激发教师的自我动力和创新能力，促进其个人发展，提高教学质量和科研水平。但是，单纯注重个体激励也存在一些问题。一是个体竞争容易导致团队合作精神的欠缺。在高校中，教师之间往往存在密切的学术合作和交流关系，如果只注重个体激励而忽视团队合作，就很难形成良好的协作氛围，影响合作效率和成果。二是过分追求个体绩效，也容易导致工作量不平衡和心理压力过大。这对于大部分教师而言，可能会增加他们的工作负担和职业压力，从而损害身心健康和工作积极性。

四、原有人事管理制度的弊端尚未完全打破

（一）职称聘任存在误区

近年来，各大高校人事管理中，职称聘任成为一个备受关注的话题。职称聘任是高校人才评价的重要组成部分，但在实行过程中存在一些误区。以下从不同角度进行分析，以期为高校人事管理的改进提供一些参考。一是以职称聘任作为晋升的唯一标准。职称聘任是高校人才评价的重要组成部分，但将职称聘任作为晋升的唯一标准，容易导致忽略其他因素的影响。职称聘任要求的基本条件包括科研成果、教学水平、学术影响力等多个方面，但职称评定时往往只关注科研成果，忽略对其他方面的评价。同时，过度重视职称评审结果，导致教师对职称的追求过度，放松其他方面的素养和能力提升。二是评审标准缺乏灵活性。职称评审标准过于固定化，缺乏灵活性，容易使得评审结果失去本应具有的实际意义。在评审标准缺乏灵活性的情况下，像论文的收录情况、论文期刊的分区等因素就成为评定委员会的关注焦点，这不仅容易导致浮华的学术成果，同时限制了教师在教育教学中创造性的探索和活动。因此，职称评审标准需要具有一定的灵活性和公正性，应针对不同高校、不同领域设置不同的评审标准。三是评审时间过长。长时间的职称评审给教师带来焦虑。在部分地区高校，职称评审时间过长，浪费了许多的时间和资源。

因此，应制定合适的法规，简化职称评审流程，加快审核进度，使评审时间尽量缩短。高校人事管理中职称聘任存在误区，包括将职称评审作为唯一的评价标准、评审标准缺乏灵活性和评审时间过长等问题。高校人事部门应加强评审标准和流程的制定和实践，探索更好的评价体系，既能保证职称评审的公正性，也能提高学校师资队伍的整体素质。

（二）分配标准不科学

人才是高校发展的关键和核心。要让高校吸引和留住优秀人才，一个科学合理的人事管理制度必不可少。其中，分配标准是人事管理的关键内容之一，但在现实中，往往存在一些不科学的问题。一是大部分高校缺乏科学的评价体系。高校人才的评价应是基于科学的评价体系进行的，评价指标应符合高校的需要且能够客观反映人才贡献。然而，在大部分高校中，评价标准过于单一、简陋，往往只看重人才的学术成果和发表论文的数量，而忽略了人才的教学能力、实践经验、团队协作和社会服务等方面的贡献。二是分配标准不科学导致重利益、轻职业道德。在高校人事管理中，往往存在一些利益关系，如招生、科研课题、论文发表、学生评价等方面，这些方面往往与高校人才的分配利益有着直接的关联。因此，当分配标准不科学时，就容易出现重利益、轻职业道德的现象，而一些不道德的行为也会得到一定的分配利益，从而对高校的整体形象和发展产生影响。三是分配标准过于死板，难以适应实际需要。高校人才的贡献是非常丰富多彩的，而一个刻板的分配标准忽略了人才的属性和一些非常规的贡献，如参与重大课题、组织学术会议、推动学科交叉、拓展国际交流等方面的贡献。这些贡献虽然不能直接计算，但却是高校发展不可或缺的一部分，而一旦分配标准缺乏灵活性，就容易让这些贡献被忽略，影响高校整体的发展。四是分配标准偏向表面功夫，忽略品质和绩效。在高校人才管理中，往往存在一些表面化的现象，如招生人数、发表论文、获奖数量等，这些都是很容易表现出来的成绩和荣耀。然而，这些东西往往都是短期成就，无法真正反映人才的品质和工作绩效，真正的品质和绩效，是需要长期观察和评估的。因此，如果过于偏向表面成果，而忽略了品质和绩效，就会让高校人事管理出现严重的失衡。五是高校内部分配缺乏比较标准。为了保证高校内部的公平性和透明性，高校人员的分配标准需要有一个清晰的比较体系，使人才得到与其表现对等的收益。但在实际中，往往缺乏这样的比较标准，导致很难确定人才间的相对收益，从而引发内部压力和不公平现象。

（三）报酬不能真正与绩效挂钩

高校人事管理中，报酬不能真正与绩效挂钩的问题一直备受争议，这不仅仅反映在高校的教师薪酬上，也反映在行政管理人员的薪酬上。这个问题不但涉及高校内部的管理机制，也影响到高校对外的社会形象。首先，高校作为一个特殊的机构，管理模式有其独特性。在高等教育领域中，学术素质和学术水平一直是评价教师能力的重要指标。但是，高校的管理制度中未能完全将教师的绩效与薪酬挂钩，固定薪酬成为教师最大的保障。这无疑导致一些教师只求达到基本要求，而缺少进一步研究和创新的动力，从而降低了高校的学术质量和教学水平。其次，高校管理中将工资和福利分离，使得高校的报酬管理制度存在“一刀切”的情况。一方面，无论学科竞争力、绩效水准如何，教师和行政人员的薪酬基本上都是一样的，这不利于优秀的教师和行政人员得到适当的回报。另一方面，没有通过调整报酬激励教师和行政人员进一步提高工作绩效，这不利于高校管理的改进。再次，高校人事管理中缺少一个科学的考核评价体系，导致绩效与报酬脱节。无论是教师还是行政人员，考核评价都不能真正全面而科学地反映他们的绩效水平。一方面，高校管理中，教师的工作绩效往往被单一地归结为论文、竞赛成果等数量性表现，而很少关注教育教学等质量性指标的评价。这就使得高校教师对论文等的数量性指标放大，而忽视了教育教学实践的质量性表现，这不仅影响教师积极的工作状态，而且还会影响教育教学的质量。另一方面，高校管理中，行政管理人员的绩效评价往往相对模糊，没有一定的量化指标和客观性，工作内容存在很大的差异，很难设计出统一适用的考核方法。这就容易出现单位内部人情熟悉、互相包庇、公私不分的现象。最后，高校报酬管理制度的不完善也对高校的教育教学质量和学术水平带来负面影响。教师需要在教学和学术研究两个方面同时取得优秀的成果，但如果没有合理的激励措施，教师就不会全力以赴，失去了创新的动力，学术水平下降。综合来看，在高校管理中，薪酬与绩效不能真正挂钩是由机制上的问题引起的。既然这是系统问题，就需要制度创新和改革。高校人事管理制度的改革应着重从岗位、人员、工作年限、教学质量等方面，确定各项考核指标和权重，并制定科学合理的策略和对应的薪酬支出方案。这样，一方面，将教师和行政人员的报酬与个人的贡献和绩效紧密联系起来；另一方面，也给予他们充足的回报和激励，推动高校管理制度的改善。只有实现了绩效与报酬的真正挂钩，才能优化高校的学术氛围、提高高校教育教学质量，从而推动高校的不断发展。

五、激励机制不能取得预期效果

（一）教师重科研轻教学的现象越来越严重

高校中教师重科研轻教学的现象一直存在，且近年来越来越严重。这一现象出现的原因是多种多样的，其中一个重要原因是高校越来越重视科研成果，科研成果和学术水平成为评价高校的主要标准之一。如何提高科研水平就成为高校教师的重要任务，教学活动往往被放到次要位置。对于教师而言，重视科研的重要性不言而喻。科研能够提高他们的学术水平，也会带来美誉、奖金和升职的机会。但是，教师也应清醒地认识到他们的首要工作是教育。教师的使命是培养学生，为学生的未来发展作出贡献。教师应尽力提高自己的教学水平，使学生受益。科研和教学要相辅相成，科研成果的质量反映出一个教师的水平和努力程度。无论是普通课程还是专业课，学生掌握知识的主要途径都是课堂教学。对于学生来说，教师的教学水平直接影响他们的学习效果。因此，教师的职责是把知识传授给学生。教师应以学生为中心，为学生创造合适的学习环境，不断完善教学技能和方法，指导学生做研究和解决问题。对于大学而言，教学和科研持平，并不是一个正确的理念，因为，一所大学的使命在于培养有用的人才。这需要大学教师尽最大努力把学生的潜力发挥到极致，使他们具备适应复杂环境的能力。因此，大学的评价标准包括两个方面：一是科研成果的数量和质量；二是教学质量和教学效果。这样，大学就能更好地实现使命，为社会发展培养高质量人才。

（二）学术失范现象呈增长趋势

随着我国高等教育的普及和教育体制的改革，很多方面取得了不俗成绩，但也出现了一系列问题，其中学术失范是重要问题之一。学术失范是指在学术领域内出现的不当行为，如学术不端、造假、剽窃等，这种行为将对高校的声誉和学术水平产生严重的影响，甚至对社会进步和发展产生不良影响。一方面，高校中的学术失范现象是由于高校学术价值观的沦丧，有些人为了名利，不择手段地发表论文和申请项目，甚至采取捏造数据等学术不端行为，导致学术诚信受到极大的破坏。另一方面，科学研究的压力和竞争也让许多人失去了对学术研究道德的尊重，形成了“有成果即可”的平庸风气，使得一些不道德的行为变得普遍。学术失范现象的存在不仅严重损害了高校的学术信誉和声誉，也使得正当渠道得不到应有的认可，造成公平竞争的扭曲。例如，高校教师的评聘与奖励，以及纳税人资助的国家科研项目的审批和资助等，都应建立在正确的学术评价基础上。而学术失范现象破坏了这些评价体系的公正性，使实际应得奖励的人被排除在外，贪污腐败与科研萎靡达成了双重效应。这与高校人事管理激励机制不到位有着紧密联系，比如，很多高校人事管理激励机制没有融入严格的学术规范，不能对违反学术规范的行为实行有效惩罚，同时，采用的激励手段较为保守陈旧，对于高校工作人员的鼓励效果不佳，比如那些学术研究人员得不到应有的奖励和支持，这使得学术氛围变得恶劣，不利于学校声誉打造和维护。学术规范严格化的同时还要建立严格监管机制，这样才能更好督查、发现和打击各种形式的学术失范行为。

（三）人才流失较为严重

高校人才培养是我国高等教育的重要任务，而人才管理也是高校教育中至关重要的一环。在高校人才管理中，激励机制的设计和落实直接影响着高校人才的留存和发展。然而，当前我国高校人事管理激励机制不到位，导致人才流失严重。首先，高校人才的职称评定机制存在问题。职称评定是高校人才管理的重要方面，它直接影响着高校人才的职业发展和待遇。但是，在实际操作中，职称评定往往存在程序不规范、评价标准不统一等问题。这使得一些优秀的人才难以获得应有的职称评定，进而影响他们的晋升和薪资待遇，导致人才流失。其次，高校人才的薪酬待遇不合理。相对于其他行业，高校相当一部分人才的薪资待遇水平较低。再加上高校制度性的“公务员化”，光荣奖、津贴、补贴等红利不断地丧失，很多高素质的人才选择离开高校，选择其他领域或者比较稳定的企（事）业单位，进而加大了人才流失的情况。再者，高校的研究项目和成果的获得及奖励机制不健全。高校在科研方面有着巨大的优势资源，然而，在实际的推动过程中，不少研究人员感到艰难，因为一些项目申报以及获得成果奖励的机制问题，许多人才觉得没有必要花更多的时间和精力投入到科研工作中，导致人才创新的积极性极大降低。最后，高校在管理层面对于人才的关注不够。高校对于人才的关注主要有两方面：一是对于新到岗的引进人才的关注；二是对于已有高水平、有特色的高层次人才的关注。但是，在现实管理中，一部分引进人才过分强调“学术造诣”，而忽视实际教学能力的评估，致使有些人才进入学校后完全不能适应教学环境。二是高校过去过于侧重“重量级人才”的引进，忽略了中青年骨干人才的发展，因此，一部分人才在得不到发展机会的情况下另觅他途。综上所述，高校人事管理激励机制不到位导致人才流失较为严重。为了解决这些问题，高校应制定详细而具有约束力的人才管理制度，包括职称评定、薪酬待遇等相关政策，并加强对于人才的培养和关注，以此保障高校的教学和科研水平不断提高，更好地适应现代社会的发展需要。

第三节　高校人事管理体系激励性不足的原因

我国高等教育在发展过程中长期受到政府行为的影响，相关制度需要得到政府支持后才能切实制定和实行。在这样的大环境下，我国高校制度运行呈现以下特征：一是国家处于支配地位，这对高校自主性产生一定程度削弱，容易出现违背教育发展规律的现象；二是很多高校效仿企业做法规划制度，关于企业管理的研究更加丰富多样与深刻，相较而言，关于高校管理的研究较为薄弱。这造成高校人事管理体系存在多种问题，使得激励效果不尽如人意。

一、激励机制与大学组织的学术发展性质没有协调

高校人事管理激励机制与大学组织的学术发展性质之间的协调是一个重要问题。尽管高校制度和人事管理激励机制在经过多年改革和调整后已经取得了某些成果，但是仍然存在一些问题。一方面，高校人事管理激励机制的目的是优化学术队伍的组成，并提供一种有效的方式以激励优秀教师和研究人员。然而，在实践中，一些问题导致激励机制的不足。例如，教师的职称评定仍然以论文数量为标准，忽略了学术成果，这容易产生“论文产业链”和“套论文”的现象。此外，由于考核制度的流程烦琐、标准不统一、评价不客观、评审时间过长等方面的问题，所以许多教师不愿意参与评定，也难以得到公正的评定。另一方面，随着高校的规模和影响力不断扩大，要求学术研究创新以及学术研究的高质量和深度。然而，现实中，学者缺乏自主性，并受到行政审批、处置等制约，以及人事职称、学术等奖惩的限制。例如，学者需要频繁地参加会议、写报告、编写文件、申报项目等，这些行政性质的工作极大降低了学术研究的质量和效率，也无法提供足够的时间和精力用于研究。在解决这些问题之前，应明确高校人事管理激励机制的初衷和目标，为教师提供更多的资源和自由来探索和发展学术，为学术工作提供更多的空间，使研究者运用更自由的知识交流方式，灵活地使用科技资源、实验室设备等促进学术成果的贡献等。另外，鼓励教师参加学术组织、学术交流会议，拓展研究范围，加强专业素养，多角度地阐述学术观点和贡献学术成果。高校人事管理激励机制与大学组织的学术发展性质之间的协调是一项复杂而又持久的任务。在人才评价、考评体系、学术教育、科研资源等方案中，应尽力解决上述问题，提高教师的学术素质和工作效率，达到更高质量的学术成果。同时，鼓励学者在学术领域不断探索，展示研究成果，提升学术品质，推动学术研究的发展。

二、不能科学运用激励理论

（一）人才选择存在片面性

在高校人事管理中，人才选择是一个非常关键的环节，但在现实中存在某种程度上的片面性。从以下三个方面进行解释。首先，一些高校在招聘人才时，过于关注学术成就，忽略了个人对整个学校的贡献。这种做法有利于在学术研究方面得到一定的成果，但不能保证这些人才能够主动地融入高校集体，积极为学校发展作出贡献。因此，这种过于注重学术成就的人才选择方式，对于高校管理来说有很大的

局限性。其次，有些高校在选拔人才时，过于注重人际关系网络，忽略个人品质。这种人才选择方式有可能导致学校出现一些腐败现象，这些人的工作中也可能出现一定的问题。最后，有些高校在用人上考虑的是年龄、性别等方面，忽略了人才的实际能力。这种做法显然是片面的。一个人所受的教育、经验和能力，更应成为衡量是否适合某个工作岗位的标准，而不是简单地依赖年龄或性别来决定。面对这些问题，高校人事管理部门应考虑一些更全面的标准来衡量人才是否适合某个工作岗位。比如确保申请者的学历、培训和工作经验符合该职位的要求；特别关注个人的品质和价值观，并考虑是否能为学校的整体发展做出贡献；采用更加科学的方法，如面试和评估测试，判断招收的人才是否符合学校的要求。当前高校人事管理中存在某种程度上的片面性，主要表现为注重学术成就、人际关系以及过时的标准，这都会限制高校的能力，不利于形成优质的教学团队和管理团队。为了让高校人事管理得到更好发展，需要更加全面地考虑申请者的能力、品质和价值观，并采用更加科学的方法衡量他们是否符合学校的要求。

（二）没有全面准确地运用激励理论

高等教育是国家的重要组成部分，高校的发展与学生的全面素质提高、国家的发展以及人才培养与输送息息相关。然而，在高校人事管理中，却没有全面准确地运用激励理论，导致很多不良后果。首先，高校人才流失严重。目前，不少高校在校学生的数量达到了历史最高峰，但在教师方面，却出现师资力量匮乏的状况。这是因为，在高校的人事管理中，往往不重视教师的个人成长和发展，无法为其提供合适的激励措施，导致很多优秀的教师流失，影响了高校的人才储备和发展。其次，教学质量难以保证。长期以来，高校教学质量有高有低，优秀的高校每年都有数百名毕业生进入世界一流企业，而一些学校的教育质量不尽如人意。这是因为高校缺乏针对性的激励措施，无法激发教师和学生的积极性，提高教学质量，进而达到国家对高校的要求。再次，高校传承文化难度大。高校是传承文化的重要场所，但许多高校在不断发展中，文化逐渐淡化。这是因为人才管理中缺乏有效的激励措施，导致教师对学校的文化认同度不高，无法继承学校的优秀传统文化，传统文化传承责任也失去了效力。最后，价值观扭曲。高校理应是素质高、价值观良好的典范，但是现实却并非如此。教师缺乏自主权，受到雇佣制度和评价标准的束缚。此外，有一些高校部分教师抱有功利心理，对教育事业丧失了敬畏之心，这与激励制度不当有关，教师缺乏义务感，致力于教育事业的教师一次次被边缘化。高校人事管理中缺乏全面准确的激励理论运用，导致教师流失严重、教学质量难以保证、传承文化难度大，这些问题不仅影响了高校的发展，也影响了个人的成长和社会进步。因此，高校人事管理部门应引入更加科学有效的激励理论，逐步完善人才培养和管理制度，促进高校良性健康发展。

三、传统文化负面效应具有一定惯性

管理需要在实际工作中发挥价值，如果脱离实际工作而空谈管理是没有任何意义的，因此，学术界形成的管理理论都会烙上历史和文化印记，需要从这些印记入手才能更深入地理解。从目前来看，我国高校形成的管理模式必然受到历史与传统文化的影响，想要革新和改变必须重视这一点，否则制定的激励机制因为不符合实际情况而难以推行。我国有着历史悠久的管理文化，其中有精华也有糟粕，到了当今时代，无论是精华内容还是糟粕都要以全新态度对待，进而采取正确方式方法发挥其价值，如果做不到这一点，则难以适应现代化管理要求。总体来看，我国传统管理文化对现代管理的冲击主要表现在以下几个方面：一是思维的模糊性与管理的精确性之间存在矛盾。传统管理文化中包括很多思维层面的论述，但思维往往是抽象的，想要全面地感受和理解并不容易，可是现实生活中需要精确管理，如此一来，传统管理思维就会与现实需求产生矛盾，难以对现实管理提供有效指导；二是思维的间断性与管理的连续性之间存在矛盾。古代社会由于科技落后，相关产业运行效率较低，在管理时有较多时间“深思熟虑”，表现在思维层面即具有间断性。但现代社会产业运行效率不断提升，管理工作一刻不能懈怠，否则会对管理效果产生极大不良影响；三是思维的封闭性和管理开放性的矛盾。古代社会开放程度较低，人们的思维空间也受到限制，所思所想往往围绕身边事物，而现代管理需要不断开放，如管理学科与其他学科之间要建立密切联系，不断衍生新的管理理论和视野，同时管理内容不仅丰富多样，而且相互之间要联动。这些冲突与矛盾是切实存在的，想要解决和应对并非易事，其中传统文化负面效应存在惯性是重要原因，以下进行具体分析。

（一）官本位影响还未消除

高校人事管理中的官本位影响还未完全消除，在某些高校尤为明显。官本位指的是以官员权力、职位地位为中心的管理理念和行为。在高校人事管理中，官本位表现为领导干部过度介入人事工作，不公正的任职、晋升和待遇分配，以及职称评审等方面存在一系列问题。首先，官本位导致高校人事管理缺乏科学性和公正性。有的领导干部将个人的喜好、偏见等因素纳入人才选拔和任免过程中，忽视了学术能力、教学水平等重要因素，导致非优秀人才得以面试成为教授、博导等高层次人才。同时，一些领导干部为了维护自己的权力地位，或者获得利益，故意推荐或安排自己的亲信、家属等人士进入高校体系，难以用规范的人事管理制度保证选拔的公正性和合理性。其次，高校官本位导致人才流失。高校是人才密集型学术机构，应实现高水平的教育教学和科学研究。而官本位导致的不公正、不科学的人事管理决策，一方面影响了学术氛围；另一方面也导致高层次人才流失。在当今竞争激烈的学术环境中，人才是一个学校的核心资源，而在高校官本位的影响下，许多高水平的人才感到失落和沮丧，甚至选择离开高校。最后，高校官本位影响教育教学质量。高校是培养未来人才的重要场所，教育教学质量的高低关系着学校的声誉和发展。而官本位行为导致的任命不透明、晋升任职不公等问题在教育教学中同样存在。例如，某些领导干部因为自己的私心、利益，安排亲属成为教师、考官等，导致学生得不到公正评价和权威指导，影响了教育教学的质量和效益。总体来说，高校人事管理中的官本位影响还未完全消除，这个问题需要我们在日常工作中深入研究和解决。高校人事管理需要建立科学公正的人才选拔和任免制度，利用先进的管理技术和信息系统，打造公平公正的选拔程序和机制，为人才输送优质的教育教学资源。同时也需要建立公开透明的人事管理制度，消除非法人事关系，提高高校人才管理的透明度和公正性，营造健康良好的学术氛围，更好地为高校的未来发展和社会人才需求服务。

（二）激励措施受中庸思想影响

高校人事管理中的激励措施，一直是一个备受关注的话题。在这个领域中，中庸思想对激励措施的影响也是不可忽视的。中庸思想是中国古代传统文化的核心，它强调“中间道路”，即不偏不倚、适度平衡。在高校人事管理中，采用中庸思想的激励措施，能够起到积极的作用，同时也有一些不足之处。首先，中庸思想实现了高校人事管理中的公正与公平。在高校中，中庸思想可以指导制定公正的激励措施，避免片面追求学术成果，而忽视人才的多方面维度。通过中庸思想的指导，高校可以采用多元化的激励措施，帮助教师在不同领域取得成就，同时避免过分追求学术成果，导致人才流失的问题。其次，中庸思想促进了高校人事管理的稳定与发展。高校人事管理应具有长期性和稳定性，中庸思想能够使得激励措施更具惯性和可持续性。这种激励措施，能够为人才提供更加广泛、更加多元的成长机会，促进人才的专业成长，培养具有较高合格水准的高素质教师。然而，中庸思想也存在局限性。在某些方面，中庸思想可能会影响激励措施的效果。因此，在明确制定激励政策时，需要综合考虑具体情况，基于实际情况，合理权衡各方利益，构设一个符合中庸思想、适合高校实际情况的激励措施。

（三）个人因素对激励效果的影响

随着高校竞争的加剧，人力资源管理的重要性日益受到重视。在高校人事管理中，激励是一种重要的管理策略，可以提高员工的工作产出和绩效。但是，在实际操作中，个人因素往往会对激励效果产生影响。个人因素对激励效果的影响：一是个人能力。个人能力是影响激励效果的重要因素。较高的能力水平常常能够有效地提高员工的绩效和产出，进而提升他们的满意度和信心。而较低的能力水平则容易降低员工的工作积极性，甚至产生抵触心理。因此，对不同能力水平的员工实施不同的激励措施是十分必要的。二是个人目标。个人目标是影响激励效果的关键因素之一。如果员工的目标与组织的目标不一致，那么即使是最好的激励措施也难以达到预期效果。因此，在制定激励方案时，要充分考虑员工的个人目标和发展需要，使之与组织目标相一致。三是个人价值观。个人价值观是影响激励效果的另一个重要因素。如果员工的价值观与组织文化相悖，那么即使是最好的激励措施也难以发挥作用。因此，组织应在引导员工的价值观和培育组织文化方面下功夫，使员工能够逐渐适应组织文化。四是个人情感。个人情感是影响激励效果的另一个重要因素。如果员工对组织有强烈的归属感和认同感，那么即使是较少的激励也能够产生显著的效果。因此，组织应注重加强员工的情感管理，建立良好的员工关系，增强员工的归属感和认同感。传统文化中个体地位较低，偏重于集体和整体，这在一定程度上削弱了个人因素的影响力，进而对激励效果产生不利影响。

四、激励效果面临制度障碍

我国高等教育长期以来受到政府行为的影响，这使得高校自主性被削弱，同时利益分化进程也被阻碍，长期存在整体利益代替部分利益现象，使得个体积极性被压制。教育部门作为管理各个学校的国家机构，对于各个学校来说，教育部门是上级单位，当教育部门下达某些命令和任务后，学校机构往往只能依照施行，而没有自主运行的权力。这使得激励效果在制度障碍下难以令人满意。

（一）权力高度集中

在高校人事管理中，权力高度集中是一个较为普遍的现象。一般情况下，高校的人事管理主要由学校行政管理部门和人事处负责，他们在教师聘任、晋升、调整、评优、奖惩等方面具有高度的权力集中和控制。首先，权力集中有利于保障管理的效果和质量，以此保证教学和科研工作顺利开展。由于高校的人事管理涉及教师聘任、晋升、调整、评优、奖惩等重要事项，过多的分权会导致管理效率低下，容易出现决策偏差，而权力的高度集中则能够让管理人员更加专注地进行管理，提高管理质量并避免管理失误。其次，权力集中能够避免权力滥用的情况发生。高校的人事管理涉及聘任和晋升等重要事项，这些工作需要保证公正性和透明度，避免一些不恰当的操作和安排。权力的高度集中可以避免底层的管理人员在权力面前有过多的自由度，以免出现一些不正当的行为和状况，使得人事管理工作受到影响。最后，权力集中也便于建立完整的管理体系，防止分散性的管理方式，导致管理的流程不清晰、职责不明、工作效率低下等问题。在高校人事管理中，管理工作涉及许多步骤，如申请、审核、公示、评议等。如果管理人员过多，每个部门都有自己的管理机制，势必导致各流程之间缺乏协作和沟通，容易产生矛盾和分歧，造成管理混乱。而通过权力集中，能够让整个管理体系形成完整的流程，保障管理工作顺利执行和实施。但权力高度集中也有弊端，高校的管理权力是建立在国家及教育主管部门给予支持的基础上，因此，高校管理权力受制于人，不具备充分的自主性和独立决策性，使得高校开展的相关工作均是对国家及主管教育部门宏观计划的分解。这在一定程度上割裂了高校和社会的联系，难以基于社会需求进行调整和优化。因此，在权力集中的同时，也需要建立有效的监督机制，以避免部分管理人员滥用权力和管理失误，保障人事管理工作的公正性和透明度。同时，在人事管理的过程中，也需要充分考虑教师的利益和需求，实施合理的人事政策，以保护教师的权益。综合来看，高校人事管理中权力的高度集中有利于提高管理效率、减少管理失误和不当行为、建立完整的管理体系，但也需要兼顾教师的权益和建立有效的监督机制。

（二）管理主体错位

在现代高校中，人事管理已经成为一个非常重要的部门。通过人事管理，高校可以有效地管理员工，提高员工的工作能力和学术水平，推动高校的发展。然而，在某些情况下，高校人事管理中出现了管理主体错位的情况。高校人事管理主体错位现象的根源可以分为两个方面：一个是管理人员自身的问题，另一个是系统差异的问题。管理人员自身的问题是导致高校人事管理主体错位的一个重要原因。管理人员拥有权力之后，在工作中存在贪权、消极怠工，甚至失职渎职现象。他们将自己的利益置于高校和员工之上，或者运用非常烦琐的管理程序，这使得高校的人事管理远离服务员工和高校发展的目标。系统的差异问题在于高校人事管理这一系统与企业和政府机构的管理系统存在明显的不同。在企业和政府机构中，管理人员通常会对员工进行培训和培养，以提高员工的工作能力和学术水平，而在高校中，管理人员却很少为员工的发展提供帮助。为了解决高校人事管理主体错位的问题，管理人员应充分认识到自己作为管理者的责任，在拥有权力时，要更加注重拥有权力的责任和群众的利益，始终以服务为导向。也就是说，管理者要充分考虑员工的需要，对员工进行培训和培养，促进高校的发展。高校也应意识到这种管理主体错位问题的危害性。高校管理者要制定出具有针对性和可执行性的计划和制度，建立全面的人才培养体制，切实加强对教师的培训和培养，以提高教师的教育服务水平。

总之，高校人事管理主体颠倒的问题实际上对高校的学术发展、教育质量和管理效率都产生了非常大的威胁，高校管理人员以及教师群体要谨慎分析和解决这些问题，为高校的发展助力。

（三）按权力架构编制人事管理制度

在高校人事管理中，制定合理的人事管理制度是关键，而按照权力架构进行编制，可以在一定程度上保障管理的科学性和合理性。权力架构是指组织中各个部门的职责、权力以及上下级关系所构成的框架。在高校中，权力架构的构成包括校长、副校长、教务处、人事处、研究生院等，各部门的职责和权力不同，共同构成了一个有机的整体，其中校长办公室是学校的领导机构，负责学校的一切行政管理工作。在人事管理制度的编制中，校长办公室需要制定职称评审、奖励办法、表彰奖励等制度，保障学校的正常运转和发展；教务处主要负责教学管理工作，在人事管理制度的编制中，需要制定校内教职工招聘、任职、晋升、调动、离职等相关制度，以及教学督导、教育教学改革等管理制度；人事处是管理学校人事工作的部门，负责人才招聘、任用、培养、晋升、考核等工作。在人事管理制度的编制中，可以制定教职工权限、福利、绩效考核、奖惩与纪律处分等相关制度；研究生院负责研究生培养和管理工作，在人事管理制度的编制中，需要制定研究生招生、管理、评定和宣传等相关制度；学院是高校的教学单位，从事专业教学和科研工作，在人事管理制度的编制中，需要制定学院内部管理、运营、质量保障、绩效考核等制度。人事管理制度的编制按权力架构编制人事管理制度，需要分别从校长办公室、教务处、人事处、研究生院、学院等不同部门入手，针对各自的职责和管理权限设计制度。按权力架构编制人事管理制度对于高校人事管理是极其重要的，它是管理工作规范化、科学化的重要保障。按照权力架构编制人事管理制度具有以下几点好处：一是权责明确。权力架构的分工明确，各部门的权责范围分明，人事管理制度编制时按照权力架构进行编制，可以更加明确各部门的职责，以及相应的管理权限和责任。二是提升管理效率。人事管理制度按照权力架构编制，可以根据各部门的职责设计相应的管理制度，保证工作的高效运转，避免行政工作混乱，提高管理效率。三是减少管理风险。按照权力架构编制人事管理制度，可以避免管理责任的混乱和交叉，从而减少管理风险。同时，合理的人事制度可以避免因管理不当而引发的投诉、纠纷等问题。总体而言，按照权力架构编制人事管理制度，可以让各部门的职责更加明确，提升管理效率，减少管理风险。但需要注意的是，管理制度只是规划和思考的一部分，制度的遵守情况与实际操作效果同样重要。只有在制度的执行上下功夫，才能真正让人事管理制度发挥应有作用。权力的作用具有两面性，当合理应用时能够起到规范管理作用，而不能正确应用时，会产生很多不良影响，比如高校资源分配上偏向于行政、准行政等方面，使得真正用于教学的资源受到压缩；行政系统与后勤系统充入大量人员，造成人满为患，不利于管理工作的开展。按行政构架编制人员在一定程度上阻碍了人才正常流动，不利于形成高效合理的用人机制和淘汰机制，造成高校中存在人浮于事现象，这不仅增加高校运转负担，也会增加社会负担。

（四）管理权力中的强制服从

高校是我国重要的知识创新中心，对国家的发展和人才培养起着至关重要的作用。作为管理高校的行政机关，高校人事管理部门扮演着重要的角色。但是，在实际工作中，高校人事管理中存在管理权力强制服从的现象，具体到高校人事管理中，领导者拥有一定的管理权力，而这种权力主要体现在审核、审批、决策等方面。如果下属不服从，就会面临负面影响，比如晋升被拖延、拒签证明等。在这种情况下，很多下属宁愿听从领导的安排，也不想得罪领导，因而形成了管理权力强制服从的现象。管理权力强制服从受到很多因素影响，一是工作性质决定高校人事管理部门属于行政机关，其工作性质相对单一，以审核、审批和管理为主，需要依靠权力和规章制度履行职责。因此，领导者必须行使管理权力来维护工作的顺利开展，而下属需要服从领导的指挥完成工作任务。二是文化传统上，中国的高校实行集权治理，权力集中在领导者手中，下属需要服从领导的所有决策和安排。这种文化传统在高校中仍然存在，很多人深受其影响，认为服从领导是理所当然的。三是利益驱动。管理权力强制服从还与利益有关。很多下属认为服从领导可以获得好处，比如得到晋升机会、加薪等，因此，他们不惜牺牲自己的自主性和创造性来满足领导的需求。管理权力强制服从会产生很多负面影响：一是影响学术自由。高校是学术自由的天堂，但是管理权力强制服从会影响学术自由。因为领导者的权力过大，会限制下属的思考和创造力，进而导致学术自由受到威胁。二是影响团队建设。在团队工作中，每个人都需要发挥自己的专业能力，协作才能取得较好的效果。管理权力强制服从会破坏团队的协作性，因为下属不能相互信任和尊重，这样使整个团队缺乏创造力和创新性，无法取得优异的成绩。三是影响管理效率。如果领导者过分强制下属服从命令，就会增加下属的不满情绪，导致工作效率降低。很多下属在工作中积极性降低，他们认为没有必要创造性地思考问题，只需要执行领导者的要求就可以了。管理权力强制服从是高校人事管理中常见的现象，我们需要深入了解这种现象的表现和原因，避免强制服从对高校管理产生的负面影响。这需要制定合理的规章制度、提高管理职业化水平、提倡开放式管理等措施。在这些方面的持续努力下，高校人事管理将向更加和谐、民主和专业的方向发展。

（五）教师聘任制未达到理想的目的

随着教育事业的不断发展，高校的人才竞争日益激烈。高校在教师聘任制方面需要出台更加完善的制度。然而，目前的教师聘任制未达到理想目的，主要原因在于以下几个方面：一是长时间的博士后流动期。大多数青年教师具有博士学位和博士后经验，入职后要度过1～3年的博士后培养和科研流动期，期间大多数教师无法获得稳定的职业安全感。这个时期，有些教师需要从事低水平的教学工作或者为正式教师服务，有些人则在其他高校或科研机构中流动。这种局面在哈佛等高等教育机构中并不会出现，因为美国的高等教育机构习惯将机构的质量直接联系到学院。因此，本质上博士后期限的确定是否严格也是一个关键因素。二是岗位永久制度化程度不高。高校教师的转岗机制较为复杂，聘任制和常年制以及半岗制、职业制并存，选任制公正和公平度不高，很难保证教学和研究有序进行。教师如果没有获得岗位永久制度，就一直处于不稳定的状态，在成为岗位永久教师之前，他们通常需要面对严峻的竞争，而这种竞争会影响他们的教学和研究能力，同时也影响他们的职业发展。三是评估标准制定不明确。评估成为教学和研究的必要组成部分，评估标准制定不明确是一个难题，无法平衡科研和教学质量。学校把科研和教学分开评估的做法导致这个问题加剧，同时也不利于学校和教师之间的合作。四是招聘标准不够严格。高校教职工一般要求有博士学位或其他博士后资格，有海外教学、研究或其他学术活动的经历，或致力于教学和研究工作有良好的积极性和较高的工作能力。但事实上，部分高校存在薪资比较低、科研水平不高的职工入职的情况，无法为学生提供高质量的教学资源。五是岗位普及程度不足。随着新生代教育师资的壮大，高校招聘的人数逐步增加，但有些高校在充分考虑教师质量的同时忽略了数量的底线问题，使得高校环境变得更加恶劣。总体来看，高校教师聘任制的发展受到政策方面的影响，高校人事管理者应根据当前的发展形势，确定更加合理的教师聘任制度，制定更加合理的评估标准，以充分照顾到教师的真实情况，并提高教师的薪资标准和职业安全感。只有实现了以上目标，高校才能增强教师的信任感和动力，以更好的教学实践和研究成果服务于社会。

（六）职位分析不规范

在高校人事管理中，职位分析是非常重要的。然而，在实际情况中，有些高校的职位分析存在不规范的问题。下面从几个方面进行分析：一是职位描述不清晰。在高校中，职位描述往往是由招聘人员直接编制的。然而，由于招聘人员的水平和经验不同，有些职位描述并不清晰，甚至存在漏洞。这种情况下，职位成员很难明确自己的职责和任务，更难以发挥应有作用。二是职位分析不完整。职位分析包括职位要求、职位内容、职位责任和职位特长四个方面。然而，在实际操作中，有些人员只关注职位要求或职位内容，没有全面考虑职位的其他方面。这样就导致职位分析不完整，无法准确地反映职位实际需求。三是职位分析缺乏科学性。职位分析需要经过科学的方法和程序才能得出准确的结果。然而，在一些高校中，招聘人员只是根据自己的经验、猜测或标准化模板进行职位分析，而没有真正考虑职位的特殊性、复杂性和实际需求。这种情况下，职位分析就缺乏科学性，无法真实地反映职位实际需求。四是职位分析制度不健全。职位分析需要一个完善的制度，以加强它的规范性和科学性。然而，在一些高校中，职位分析制度并不健全，甚至根本没有制度。这就导致职位分析的随意性和不规范性。总之，在高校的人事管理中，职位分析不规范是一个非常严重的问题。为了解决这些问题，应加强人员的职位分析能力和意识，制定科学的职位分析程序和标准，完善职位分析制度，以确保高校人事管理工作的准确性、规范性和效益性。

（七）薪酬制度存在不合理情况

高校人事管理中，薪酬制度是一个非常重要的方面，它直接关系到教师的工作积极性、创新能力和发展空间。然而，目前高校薪酬制度中仍然存在不合理情况，这不仅影响教育教学的质量，还会带来其他一系列问题，因此有必要进行深入探讨。首先，高校薪酬制度中存在等级过多、等级之间差距过大的问题。一些高校的薪酬制度类似于公务员薪酬制度，设置了很多等级，而且梯度很大，导致一些新任教师的薪酬明显低于老教师，无法得到公平对待。这样容易造成教师之间的不平衡，不仅会降低新教师的工作积极性和创造性，也对高校的稳定和发展造成影响。其次，高校薪酬制度中薪酬待遇不够优厚，存在不公平。由于高校薪酬待遇不够优厚，一些教师的收入不足以应对日益上升的生活成本，甚至存在无法维持生计的情况，这导致一些优秀的青年人才不愿意执教高校。这不仅导致高校教育教学水平下降，也对人才引进和留用造成极大的困扰，影响高校稳步向前发展。最后，高校薪酬制度中的绩效奖励机制不够成熟和完善。现实情况下，高校的薪酬制度往往以静态成分居多，缺乏动态评价成分，也就是说，教师的薪酬在大多数情况下，只是按照教龄、职称等硬性标准进行评定，不能真实反映教师的工作业绩。这容易造成教师的工作积极性不高、缺乏动力和创造性等问题，导致高校教育教学质量长期处于低水平。总的来说，高校薪酬制度中存在的不合理情况，是制约高校稳步向前发展的重要因素之一。因此，高校应积极采取有效措施，建立科学合理、绩效导向的薪酬制度，既能明确工作目标，又能激发教师的积极性和创造性，从而为高校的发展提供强有力的支撑。

（八）高校内部的学术评价机制不完善

高校人才是高校学术发展的关键，在高校人事管理中，学术评价一直是重要环节。然而，在高校人事管理中，学术评价机制并不完善。从以下几个方面分析学术评价机制不完善的原因：一是学术评价标准过于单一。学术评价标准过于单一是高校人事管理中学术评价机制不完善的主要原因之一。目前，大多数高校采用的是国际SCI、SSCI和CSSCI等国内外知名期刊的论文发表量和影响因子等指标，来评价学术成就和学术水平。这种评价标准忽略了高校人才类型和学科特点。不同类型的高校，不同学科的高校，对人才的要求是不同的，采用单一的指标进行评价也会影响高校人才的发展。二是评价结果主观性较强。评价结果主观性较强是学术评价机制不完善的另一原因。评价结果主要由评审委员会决定，而这些评审委员会的构成和评审标准经常存在问题，评价结果也往往受到一些不可预测的因素的影响。评审委员会的构成、评审标准、评审程序不够规范，导致评价结果主观性很强。三是学术造假问题仍然存在。学术造假问题一直是高校人事管理中的难点。近年来，随着科研和学术水平的不断提高，一些人试图通过“捷径”达到学术水平上升的目的。学术造假行为的存在，不仅严重损害学术界的声誉和信誉，也将严重影响高校人事管理的公正性和客观性。四是知识产权问题未得到有效处理。严格的知识产权法律制度是知识产权在高校良好运行的重要保障，知识产权为高校人才提供了一种保护创新和创造成果的渠道。但是，在高校人事管理中，知识产权的管理机制不够完善，知识产权的利用和保护也存在不少难题。综上所述，高校人事管理中学术评价机制的问题会影响到学术繁荣、学术自由及高校发展方向。因此，应加强考核与评价的多元化，增强评价结果的公正性和客观性，加强学术建设与管理，以提高高校教学研究和管理水平。这需要高校和政府以及企业共同努力，加强对高校教育和人才培养的改革和创新，推动全社会的素质和能力得到全面提升。

第五章

高校人事管理体系服务性探讨

第一节　高校人事管理服务性追求

一、以人为本

高校人事管理是以服务为中心的管理，而服务的本质就是服务人。因此，高校人事管理的主要诉求是为人服务，以满足职工的各种需求，帮助他们实现个人发展和目标。一是关注各类人才的发展需要。高校是人才培养和创新研究的重要场所，保证职工的成长和发展意义重大。高校人事管理应关注不同类型人才的发展需求，通过制定合理的培养计划、设置奖励机制和推荐优秀人才参加高层次培训、学术交流等，提高人才的工作水平，丰富教学科研成果。二是注重关怀职工的个人生活。职工的个人生活经验和能力对于团队氛围和整体工作的积极性都至关重要。高校人事管理应注重关心职工的生活情况，主要体现在保障职工合法权益、处理职工生活问题、关注职工身体健康等方面。通过这些方式，营造和谐的工作和生活氛围，增强员工对高校的紧密感和认同感。三是凸显高校组织文化特色。从传统文化的角度来看，高校人事管理应注重发扬高校传统文化，长期的传承和发展可以使高校组织文化的特色更加鲜明。在工作过程中，高校人事管理应通过会议、活动来加强员工对高校文化的认识和建构，进一步形成发扬高校文化的氛围。四是激发创新创造动力。高校人事管理应积极倡导和实施创新发展战略，着眼于职工的发展，为职工带来更多的机会，以激发职工创新创造动力，为组织发展提供有力支撑。同时，高校人事管理也应鼓励职工提出建议和意见，为高校发展提供重要参谋。高校人事管理以人为本的服务性诉求是高校人事工作的基础，也是高校追求发展和创新的关键。在实际工作中，高校人事管理部门应注重从实际出发，为职工提供具体而有力的服务，切实提高职工幸福感。同时，应将高校组织文化特色、职工个性发展、和谐工作生活氛围等元素纳入人事管理体系内，实现高校组织和职工的同频共振，共同营造和谐的高校发展大环境。

二、积极回应

随着高校教育事业的发展，对于高校人事管理的要求也越来越高。高校作为公共机构之一，人事管理不仅是一项内部管理任务，更是需要对外披露的公共服务质量表现。为了保证高校人事管理的服务水平，必须积极回应服务性诉求，以提高服务质量。一是搭建信息平台，公开相关信息。信息透明、公开化是民众关注的热点之一，高校人事管理的透明度，直接影响着校内人员和其他社会成员对于高校管理的公信力。高校人事管理部门可以逐步建设信息平台，即时发布招聘信息、公示招聘流程、服务标准以及相关政策法规等内容，增加服务的透明度和公开度，提高服务质量。二是定期回访、调查，优化服务流程。高校人事管理部门可以定期对外发布调查问卷，收集服务的质量、效率、体验等方面的评价。在此基础上，依据评价结果，有针对性地进行服务优化，提高服务质量。服务流程要求科学化、规范化，积极与学生以及其他社会成员进行交流，提高服务质量。三是创新服务方式，提升服务水平。高校人事管理部门可以优化行政流程，拓展服务范围和管辖面，加强动态管理等方面，以推进服务工作创新，提升服务水平。同时也可以在服务方式上进行更多探索，例如，利用信息技术手段，开发在线人事管理系统，以便学生和其他社会成员有更快速、便捷的服务体验，提高服务的实效性和便捷性。四是营造良好的服务文化，树立先进典型。高校人事管理部门在服务过程中还需强调自身的服务态度和服务文化，做到“以人为本”“服务至上”。高校人事管理部门可以借助各种渠道，增强管理人员服务伦理和职业道德意识，树立一批先进典型，使他们成为高校服务的典范，对学生和其他社会成员带来正面影响，形成良好的服务文化氛围。五是加强沟通交流，把握服务需求。高校人事管理部门需要积极开展与学生、老师和其他社会成员的沟通交流，收集他们对服务的需求、要求以及对服务质量提出的建议。把握主要的服务诉求，对于重点需求进行针对性服务，以提升服务效果。同时，增加与学生、老师和其他社会成员的沟通，加深沟通交流，使服务工作得到进一步提升。总之，高校人事管理的积极回应服务性诉求具有重要地位，只有切实夯实才能提高服务质量和服务技术。高校应在服务的路径上不断改进，找准服务重点，使高校的服务工作更具有品质和美誉度。这需要高校人事管理部门不断努力和创新，也需要学生和其他社会成员的支持和合作。只有通过共同努力，才能促进高校在服务上迈向更高的水平。

三、公正透明

高校人事管理是一个至关重要的领域，它关系到高校的发展和整个社会的进步。在人事管理中，公正、透明、服务性是三项至关重要的要求。这些要求在人事管理实践中得到了广泛认可，成为高校人事管理的核心价值观。公正是高校人事管理的基本要求之一。在高校人事管理中，公正的含义是对所有人平等对待，不偏袒某一方。无论是在招聘、晋升还是奖惩方面，都必须严格按照相关规定和程序进行操作，确保每个人都能公平地获得机会和待遇。实践中，高校应加强制度建设，完善评价标准，防止人事管理中出现任意性和主观臆断。只有在公正的基础上，高校人事管理才能赢得广大师生、员工的信任和支持。透明是高校人事管理的重要原则之一。在高校人事管理中，透明的含义是对外公开相关信息，如招聘、晋升、奖惩等方面的信息应公开透明，让广大师生、员工知晓相关信息。透明的管理能够使高校人事管理更加公正，减少异议和不满意现象，同时也有利于学校管理更加科学、规范。服务性是高校人事管理的重要目标之一。在高校人事管理中，服务的公正透明能够为全体师生、员工提供更好的教学、科研和生活服务，赢得广大师生、员工的满意和支持。具体而言，高校人事管理应以师生、员工的需求为中心，以优化服务为目标，积极进行创新、发展与提升，同时营造协作、互助的良好交流氛围，促进校园和谐发展。在高校人事管理中，公正、透明、服务性诉求是不可或缺的三大要求，它们来自人才和社会公众的期望和要求，是高校人事管理顺应时代和社会的重要表现，也是实现人才培养和学校发展不可或缺的关键因素。同时，高校还需要在实践中不断地加强制度建设和管理改革，进一步提升公正、透明、服务性的水平，使人事管理更加符合时代要求，更好地为人才培养和学校发展提供坚实的基础和保障。

四、高效便利

作为高校的一个重要部门，人事处负责管理和维护学校的各项人事事务，包括教师聘任、人事档案管理、薪资发放、员工福利管理等方面。在日常工作中，人事处需要面对各种各样的任务和挑战，其中最重要的一点就是提供高效便利的服务。在当今快节奏、高效率的社会中，人们对服务质量和效率的要求越来越高。在高校人事管理中，同样存在高效便利的服务性需求。高校人事管理向高效便利进发有着深刻的社会背景：一是竞争压力增大。随着社会经济的迅速发展，高校的竞争环境不断加剧，要提高人才的凝聚力和群体的战斗力，必须不断改善人事管理服务水平。二是学校规模扩大。随着高校规模的不断扩大，人事工作的管理任务变得越来越烦琐复杂，需要更为高效便利的服务方式，方便管理。三是人事档案数字化。人事管理的数字化、信息化要求越来越高，要求人事处提供更为灵活和高效的服务方式，以满足学校发展的需要。高校人事管理的高效便利，能够为以下方面优化提供有力支持：一是教师聘任。高效的教师聘任程序可以帮助学校更快地聘请到优秀教师，提高学校的学术水平。在聘任过程中，人事处需要提供便捷、快速的服务方式，使教师的聘任过程更加轻松。二是薪资发放。薪资发放是人事管理中至关重要的一环，能够保证员工的正常工作和生活。人事处应提供实时的薪资查询、发放和变更服务，让员工能够及时解决涉及薪资的问题。三是员工福利管理。为员工提供全方位的福利和人性化服务，能够增强员工对学校的归属感和满足度，同时也能提升员工的工作积极性。人事处应提供便捷的福利查询和申请服务，让员工可以更快地了解并享受到各种福利。提高高校人事管理的高效便利，通常可以采取以下举措：一是借助信息技术。信息技术的发展，为高校人事管理提供了更为灵活、高效的服务方式。人事处可以采用信息化管理方式，建立电子档案、电子审批等管理模式，方便员工查询和管理。二是简化流程。人事部门可以优化流程，简化审批程序和环节，减少冗余步骤和信息传递的时间，提高办理效率。三是加强培训与教育。人事部门可以组织员工培训和自我学习，更新思维观念，掌握新技能，提升业务水平，从而更好地满足高效便利服务的需求。总之，为了满足高校人事管理高效便利的服务性诉求，人事处需要提供针对性的服务体系，将信息技术与人事管理相结合，简化流程环节，提高工作效率，让员工享受到优质服务。只有如此，才能为学校的健康发展提供有力支持。

五、担当责任

高校人事管理是一个重要的职能部门，在高校的发展和管理中扮演着重要的角色。在这个部门中，担任职能的员工都希望为高校的人事管理工作贡献自己的力量，同时也有着自己的诉求和期望。担当责任应是高校人事管理员工的一种基本素质和职业精神，在这个部门工作的员工，需要对自己肩负的职责和使命有清晰的认识和深刻的理解，并通过锻炼积累专业技能和管理经验，保证高校人事管理工作顺利开展。此外，他们还需要具备高度责任感和敬业精神，才能够在工作中做到严格要求，勇于担当，尽职尽责。在执行岗位职责时，担当责任的员工应遵循高校的管理制度和规章制度，严格按照岗位要求进行工作。他们要保持高度的工作积极性，具备较高的自我要求和工作效率，同时关注工作的整体性和协调性，为高校的发展和管理做出贡献。高校人事管理是高校发展的重要支撑，也是高校内部管理的重要环节。在当前教育改革的背景下，高校人事管理面临前所未有的挑战和压力。为了适应和应对这些挑战和压力，高校人事管理需要坚守责任担当的诉求，不断求索和进取，进而提升管理水平和效能，实现高校人事管理与高校发展的良性循环。高校人事管理部门要有强烈的责任担当意识，做到真正的责任到人。认真履行职责，尽职尽责首当其冲。高校人事管理面临众多的矛盾和挑战，要有勇气面对困难，展现出卓越的领导能力和实践能力，并且要注重建立制度和规范，规范管理行为，加强监督和检查，确保管理的科学化和规范化，这样才能更好地承担责任，对于工作中的失误和缺陷要进行深刻反思和总结，积极改进工作方式和方法，以达到更高的水平。担当责任能够为提升高校人事管理效能提供支撑，以更好地配合高校发展战略，做出更大的贡献。比如优化人才资源能够得到优化配置，因材施教，充分发挥每个人的潜力和优势；有利于人才激励机制的建立和完善，使得激励措施更加科学合理，以奖励和鼓励激发员工的工作热情和主动性；有利于构建高校绩效评估体系，制订科学的考核标准和方法，加强对工作的评估和反馈，不断提升管理水平和效能。担当责任也意味着高校要坚持科学的管理理念，向着科学化、系统化、规范化的方向发展，比如倡导人性化的管理理念，充分尊重员工的尊严和权益，以人为本，从而建立一个人性化、和谐的管理氛围；注重创新管理方法，积极引进新的管理思想和理论，创新管理工具和方法，不断提升管理的科学性和实效性；倡导管理的可持续性，注重长期发展，建立健全的发展机制和保障体系，实现人才发展和高校发展的良性循环。高校人事管理要凸显主动性，通过主动承担责任来适应高校演变发展，对人力资源进行战略性规划与管理，并且积极开发与招募富有潜质的人才，建立前瞻性、系统化的人才开发机制，进而形成更强的执行力，依靠公正的评价体系推动人才管理的质量和效率得到提升。高校人事管理是高校管理的重要组成部分，其发展与高校的发展息息相关。因此，高校人事管理必须切实坚守责任担当的诉求，不断求索和进取，注重管理效能和管理理念的创新和转变，实现人才发展和高校发展的双赢。

第二节　高校人事管理服务性对岗位设置的要求

在现代高校中，岗位设置是一项重要工作，需要从制度层面进行优化设计和安排，同时岗位设置作为高校人事管理的一部分，想要提升服务性，也要提升岗位设置中的服务性。有学者指出，岗位设置在现代人力资源配置中发挥着重要作用，做好这一工作能够从基础性、根本性和长期性层面解决人力资源配置难题。在高校人事管理服务性诉求下，岗位设置要做到以下几点。

一、科学设岗

（一）岗位分类及等级设置

1.岗位分类

高校作为教学科研机构，包含众多的岗位，这些岗位按功能和目标可划分为多种类型。教研类岗位是高校中最基本的岗位之一，主要负责教学和科研工作。这些岗位包括教授、副教授、讲师、助教等。教研类岗位人员主要负责学科教学内容的准备、教学活动的组织与管理、科研课题的研究、成果应用和推广等；高校的行政管理类岗位布局广泛，除学校领导、教务处、总务处等部门外，还包括人事处、财务处、招生就业处、后勤管理处、安全保卫处等。行政管理类岗位人员主要负责学校的管理、服务工作，如招生工作、人事管理、副校长、系部主任等；高校的实验技术类岗位人员负责教学实验室的管理与维护。实验技术类岗位人员具有较高的专业技能与经验，能够掌握实验操作流程、熟知实验材料和设备的使用与维护，并能参与实验课程的开发和教育教学实验组织；高校的图书情报类岗位人员负责图书馆的管理与服务。这些岗位包括图书馆管理员、阅览室管理员、读者服务员、文献检索员等。图书情报类岗位人员需要掌握图书、期刊和文献资源的获取、处理和管理技能。此外，还需要具备对读者服务和教育教学服务的熟悉和了解；高校的技术支持类岗位人员负责计算机、网络、多媒体、教学设备等技术设施的管理与维护。这些岗位主要包括网络管理员、教育技术支持服务员、多媒体运营员、计算机维护员等。技术支持类岗位人员需要具备基本的计算机编程、数据库管理、硬件维护等技能；高校的学生事务类岗位负责学生管理、生活服务和学生工作的实施。学生事务类岗位主要包括学生处处长、教育辅导员、心理咨询员、学生工作主管等。

2.等级设置

高校中，岗位等级划分是针对不同员工职位和层级设立的，旨在体现员工的工作职责、工作能力水平以及工作年限等因素。不同等级的岗位，对应着不同的薪资、福利及晋升机制。高校基础岗设置是针对从事教学、管理、技术和服务等岗位的员工而设立的，该岗位等级包括初级、中级和高级三个层次：初级人员主要负责基础的教学、管理、技术和服务工作；中级人员需要有一定的工作经验和管理能力，可以独立完成一些重要工作；高级人员需要在工作领域有相当高的技术水平、研究能力和管理经验。另外，高校基础岗的设置还考虑到员工教育背景、专业技术职称等因素。高校专业岗是针对从事教学、科研和技术服务等职位的具有相应专业背景和技术能力的员工而设立的，该岗位等级包括由一级到五级五个层次：一级是初级职称，主要负责一些较为常规的工作；五级是高级职称，需要在工作领域中有广泛的影响力和较高的才学、学术成就。高校专业岗还有一个重要的指标是“学科带头人”，即在某一学科领域，技术或学术水平领先的专业人士，其层级与专业职称等同。高校管理岗是针对从事行政管理工作的员工而设立的，该岗位等级包括初级、中级和高级三个层次：初级人员主要负责学校行政运作中的基础岗位工作；中级人员需要具备更高的机构管理和组织协调能力；高级人员需要具备更高层次的决策能力和对综合性、复杂性工作的处理能力。高校教学辅助岗是针对从事教学辅助工作的员工而设立的，如实验员、实习经验指导教师、实验室技术人员等，岗位等级同样包括初级、中级和高级三个层次。在各岗位等级的设立中，体现了高校对不同岗位员工工作职责、技能水平、管理能力和贡献程度等方面的认可和激励，让员工可以有明确的晋升和发展方向，激发其工作的积极性和创造力，这对于维护高校的稳定和持续发展具有积极意义。

（二）岗位数量及结构比例

高等教育已成为现代社会最重要的基础设施建设之一，为国家培养各类人才、提升国民素质、推动社会发展和进步做出了重要贡献。高校作为高等教育的主要实施机构，在人才培养、科学研究、社会服务等方面发挥着重要作用。高校中的岗位数量及结构比例关乎到高校的教育和科研质量，对高等教育的发展也难以忽视。高校中的岗位数量关乎高等教育发展的规模，也是人才培养效果的重要基础。从宏观上看，2019年，全国高校在职员工总数达到256.7万人，其中专任教师占比达到80%以上（数据来源：教育部）。在这些教职工中，不同类型、不同职务的岗位数量也有较大差异，其中教师是主要的岗位类型。教师分为专任教师和兼职教师两种，其中专任教师数量占据大多数。此外，高校中还有一些行政、管理、科研和技术等其他类型岗位，这些岗位数量相对较少，但也不可以忽略。高校中的岗位结构比例，即不同类型、不同职务的岗位在高校总岗位中所占的比例，是高校中岗位数量分布的表现。岗位结构的合理性对高校的教育质量和教师的工作效率都有一定影响，而在高校岗位结构比例中，专任教师的比例是最高的，其他类型的岗位比例相对较低。行政管理人员大概占10%左右，而科研和技术人员更少，只占2%～3%左右，甚至更少。这一现象在一定程度上说明了高校的管理制度和运行模式，以及岗位需求的不平衡。

（三）高校人事管理服务性对岗位设置的具体要求

1.因事设岗要求

高校是培养人才的重要场所，岗位设置关系着教学和科研工作的顺利进行和人才培养的效果。既然涉及人才培养，就不能只考虑学校的管理和行政利益，更需要以学生为中心，从教学和科研的实际需要出发，因事设岗，合理设置各类岗位。岗位设置应因事而设。高校岗位设置应以学校的教学和科研方向为出发点，根据实际需要因事设岗，例如，对于理工科院系，其实验室人员需要具备严谨的科学态度、精准的实验技能和较高的专业素养，因此，理工科的实验室需要设立实验室管理岗位，以保证实验室设备和材料管理、实验项目的安排和检测结果的准确性。对于人文和社会科学院系，需要设立较多的编著、翻译、评估等相关岗位，以保证研究成果的准确性和各个学科的紧密联系。岗位设置要注重学生实践能力的培养。高校的培养目标是培养有理论知识和实践能力的优秀人才，因此，高校岗位设置应注重学生的实践能力培养，例如，在语言类岗位中，可以设置辅导组帮助学生提升口语表达能力；在社会实践类岗位中，可以设置导师岗位帮助学生开展社会调研，学习社会实践技能等。这样可以保证学生的实践能力和企业适应能力得到进一步的培养和提升，同时也可以提高学校的社会影响力和实践教育质量。岗位设置要符合教学与科研的实际需要。由于高校的学科特点和人才培养目标差异性很大，所以学校的岗位设置也需要因地制宜，符合教学与科研的实际需要，例如，在外语教学中，可以设立语言测评岗位，为学生提供课内外的语言测评服务；在计算机科学中，可以配置丰富的计算机实验室和大规模的数据中心以支持科研工作。岗位设置要具有一定的先进性和灵活性，随着教学和科研的不断发展，学校需要及时调整和更新相关岗位，以满足教学和科研的实际需要。岗位设置要关注校园文化和特色建设。校园文化和特色建设是高校的重要内容，也是高校竞争力的体现。因此，在高校岗位设置时，除了关注教学和科研方向之外，还需要关注校园文化和特色建设的需求，做到因事设岗，例如，在文化类岗位中，可以设立校史研究，为学生提供了解校园历史文化的机会；在艺术类岗位中，可以设置艺术团体指导岗位，指导学生表演及创作。高校的岗位设置应与学校文化和特色相衔接，促进高校文化传承和特色建设，塑造学校统一的形象。岗位设置要关注学校的现实情况。高校作为一种优质资源的集中地，无论在教学和科研方面都需要重要的人力和物力投入。在岗位设置时，应关注学校的现实情况，量力而为，以教学为例，学校可以通过设置辅助岗位，如实验助理等，为教学提供专业助力，提高课程的整体水平，保证岗位设置的合理性和学校的整体发展。总之，高校的岗位设置应根据学校的实际需要，符合学校的教学科研方向，注重学生实践能力的培养，符合学校的文化特色，综合考虑学校的现实情况。岗位设置是一个细节问题，对于高校的质量和竞争力来说，至关重要。高校在实际工作中应严格按照各类岗位的设置标准来执行，提高各岗位工作人员的素质和服务水平，以实现高校的协调有序发展。

2.岗位最低数要求

随着高等教育的普及和发展，高校的规模和种类得到了不断扩大和丰富，高校的岗位设置也需要做出相应的调整和完善。岗位是高校内部的机构和体系，好的岗位设置可以保证高校顺利运转，提高人才的流动性和多样性，为高校发展注入强大的动力。将从岗位最低数的意义、解决办法和注意事项等方面探讨高校岗位设置达到岗位最低数要求的必要性和重要性。岗位最低数的意义和作用。将岗位设置做到最低数是保证高校岗位结构合理性和优化的关键，可以带来多方面的好处：一是合理利用和配置高校资源。将岗位设置做到最低数，可以从上到下对高校的资源进行科学利用和配置，使每个岗位都有足够的工作量和职责，最大限度地发挥其价值。同时，也可以避免人力资源浪费和交叉现象，从而实现资源的最优化配置；二是保障教学和科研工作的质量。岗位最低数的设立可以保证每个岗位都有足够的工作时间和精力投入到教学和科研中，从而提高工作效率和质量。同时，也可以减少因人员流动和招聘不足等导致的教学和科研问题；三是鼓励人才流动和多样化。岗位最低数的设置可以为高校带来更多优秀的人才和专业技能，同时也为职工提供更多的晋升和发展机会。这可以促进人才流动和多样化，促进高校的整体发展。实现岗位最低数的解决办法。实现岗位最低数需要从多个方面进行考虑，以下是几种解决办法：一是优化岗位结构。高校可以通过重新设计和优化岗位结构来实现岗位最低数的要求，例如，可以增加一些教学和科研支撑岗位，或者合并一些重叠的岗位，使岗位更加有效和优化；二是控制人员招聘和流动。高校可以通过控制人员招聘和流动来实现岗位最低数的要求，比如，可以合理分配和调整人员流动的路径，或者做好人才引进和招聘工作，保证岗位的稳定和充实；三是提高岗位的吸引力和发展前景。高校可以通过提高岗位的吸引力和发展前景，吸引更多的人才和专业技能，比如，可以加强职业培训和能力提升，或者提供更多的发展机会和福利待遇。实现岗位最低数的注意事项。实现岗位最低数需要高校注意以下几点：一是科学合理规划岗位结构和职责，并根据实际情况进行相应调整和优化，以保证岗位最低数的合理性和有效性；二是加强人员的培训和能力提升，提高教学和科研工作的效率和质量，并建立科学的考核和评价机制；三是加强沟通和协作，增强团队意识和工作效率，保证各个岗位之间的协调性和配合性。高校岗位设置的合理性和优化性对于高校的整体发展至关重要，实现岗位最低数是其中必要步骤之一，这不仅可以优化岗位结构和职责，还可以促进人才流动和多样化，提高教学和科研工作的质量和效率。实现岗位最低数需要高校从多个方面进行思考和规划，并严格遵守相应的要求和注意事项，只有这样高校才能做到岗位最低数，实现整个高校的更好发展。

3.最多限额要求

随着中国经济的发展和社会进步，高校招生人数也不断增加，高校岗位设置变得越来越重要。为了满足高校人员需求以及高校的发展要求，高校必须设计合理的岗位，充分发挥每个职位的作用。这里将探讨高校岗位设置的重要性及如何做到最多限额要求。高校岗位设置的重要性。高校岗位设置是高校管理的基础性工作，影响着高校人员实力的提升、科研工作的推进和教学质量的提高。合理的高校岗位设置可以保障高校的长期发展，同时也有利于提升高校的核心竞争力。具体来说，高校岗位设计合理的重要性包括以下几个方面：一是保障高校的顺畅运转。高校中各职位的设定，铺就了管理机制和流程，为高校的正常运营起到了保障作用。合理的岗位设置可以使管理机制更加完善，保证整个高校管理体系的流畅性和高效性；二是实现高校目标。不同的高校有其发展目标，包括提高教学水平、加强科学研究、促进国际交流等。岗位设置能够针对高校发展目标，制定出相应的岗位布局，使得高校在实现目标时更加有针对性和有效性；三是促进职工的稳定发展。高校的岗位设置除了满足高校发展需要外，还要满足职工的稳定发展需要。合理的高校岗位设置，能够帮助职工实现心理成就感、经济福利和职业发展等方面的持续提升。如何达到最多限额要求。高校岗位设置的最多限额要求，即是指高校在同一岗位的职工数量上限。管理部门一般会根据高校实际情况进行限制，以保证高校总体用人数量的限制。高校应在岗位设置方面采取以下具体做法：一是确定各部门的职能和需求。高校内部各职能部门和科研中心对人员数量的需求是不一样的。高校应根据各部门的职能和需求量，确定人员限额。这一方面需要学校各部门协调一致，深入了解各自部门的岗位设置，以达到岗位设立的最大化；二是针对不同职务的标准化设置。高校应针对不同职务的特征，制定不同的标准化设置。比如，对于教师这一类职务，可以在教学需求量、研究应用水平、社会服务及校园管理工作等方面进行细分，确定教师的最多限额要求；三是岗位人员流动和调整。为了最大化地发挥每个岗位人员的效能，高校应合理地调整和流动岗位人员。有些职务人员的擅长领域会发生变化，或者有些岗位的需求量会发生变化，这时需要高校将人员进行流动和调整，让岗位人员更好地发挥作用；四是强化用人管理制度。高校需要在用人管理制度方面做足功夫。一方面，建立统计、信息共享和监督机制，实现人事留存信息的数据化整合，确保岗位人员数量在最多限额要求以内。另一方面，针对人才引进、晋升等方面制定激励政策，提高人才吸引和留存水平。高校作为国家重要的人才培养和科学研究基地，合理岗位设置是保障高校正常运营和长期发展的基础工作。对于每个岗位的设置和限制，高校必须根据实际情况进行科学规划和布局，同时要集中力量做好管理制度的优化和完善，以实现高校目标的最佳化。

4.岗位系统要求

高校岗位设置是高校管理中的一个重要环节，它关系到高校的组织架构、职责分工、人才培养和校园文化等多方面。如何做好高校岗位设置，是每个高校领导、管理人员和员工共同关注的问题。岗位系统要求。岗位系统是指由职务级别、职位名称、职责范围、薪酬标准、晋升与考核机制、工作流程等要素组成的一套岗位管理模式。高校岗位设置必须遵循岗位系统要求，具体包括以下几个方面：一是职务级别。高校岗位设置要根据职责、资历和能力等因素来确定职务级别，从而形成一套可行的、符合实际的职务体系。一般来说，高校的职务级别主要分为教授、副教授、讲师等；二是职位名称。高校岗位设置必须以职能为导向，合理确定职位名称。根据具体情况，可以区分不同的职位名称，如教研员、行政专员、网络管理员、实验助理等；三是职责范围。高校岗位设置要明确每个职位的职责范围，区分不同职位的工作职责，避免人员职责交叉、职责不清等问题。同时，要考虑职责范围的变化和扩展，保持职位职责和实际工作的一致性；四是薪酬标准。高校岗位设置应确定每个职位的薪酬标准，确保公平公正、合理透明。按照薪酬标准发放薪资，有利于营造公开、透明的薪酬管理制度，同时提高员工的工作积极性和满意度；五是晋升与考核机制。高校岗位设置要确定晋升与考核机制，从而激励员工的工作积极性和竞争动力。对于优秀的员工，应建立奖惩激励机制，鼓励他们踏实工作，不断进步；六是工作流程。高校岗位设置应考虑不同职位之间的工作协作和流程，建立合理的工作流程。这样可以提高工作效率，降低工作成本，优化工作环境，提升高校整体的竞争力。以上是高校岗位系统要求的主要方面，只有合理遵循这些要求，才能构建优秀的、可持续的高校岗位管理体系。高校岗位设置的实践。高校岗位设置是一个动态的过程，需要不断的实践和调整。一是教学岗位。高校是教学的主要场所，教师是高校的核心力量。因此，教学岗位必须得到充分的重视和合理设置。当前高校教学岗位主要分为教授、副教授、讲师和助教。在实际操作中，需要根据不同学科领域、教学工作量、年龄和工作经验等匹配教师的教学岗位，确保他们能够发挥最大的能力和作用。与此同时，高校教学岗位应建立科学的晋升、考核和奖励机制，激励教师积极进取，提高教学质量和水平。二是行政岗位。高校的行政管理体系是高校正常运转的重要保障。行政岗位包括人事管理、财务管理、后勤管理、学生管理等。在高校行政岗位设置中，要强调人才能力和工作经验的匹配，建立科学公正的考核机制，提高工作效率和管理水平。与此同时，高校行政岗位还应注重培养行政人员的综合素质和专业能力，为高校的发展提供有力支撑。三是科研岗位。高校的科学研究是推进学术进步和社会发展的重要方面。科研人员是高校的核心力量，他们承担着高校科研项目管理、教师培训和学术交流等重要任务。因此，高校科研岗位应建立符合实际的科研管理机制，选聘具备丰富科研经验和顶级学术成果的科研人员，鼓励他们保持研究热情和创新精神，推动高校科学研究的不断创新和发展。四是职业技术岗位。高校职业技能培训是为了提高学生的实用技能和职业素养，帮助他们顺利就业。职业技能教师是职业技能培训工作的主要推手，他们承担着教学安排、教材编写和课程评估等重要任务。高校职业技能岗位的设置必须符合教师的实际需求和教学要求，建立科学、合理的管理机制，激励职业技能教师提高职业素养和教学水平，为学生职业技能培训提供专业、有力的支持。综上所述，高校岗位设置是高校管理中的一个重要环节，需要关注具体问题，重视实践和调整。只有通过合理的岗位设置和科学的管理机制，才能构建稳健、高效的高校管理体系，不断推进高校的发展和进步。

5.能级对应要求

正确合理的岗位设置对于高校的发展和管理有着至关重要的作用，为了保证高校岗位设置达到能级对应的标准，需要在以下几个方面进行努力：一是岗位类型和级别的定义。需要明确岗位的类型和级别，这是岗位设置的基础。不同的高校根据自身的特点，可以制定出不同的岗位类型和级别，但这些不同类型和级别之间应是相对应的。比如研究型大学可以定义教授、副教授、讲师、助教等岗位级别，而应用型大学可以定义正高级、副高级、中级、助理等岗位级别，不同的高校可以根据自己的实际情况制定不同的岗位类型和级别，但这些级别之间要实现对应，不能出现级别定义相互矛盾的情况。二是岗位职责和要求的明确。高校岗位设置不仅需要明确不同级别的名称，还需要明确不同级别所对应的职责和要求。不同岗位级别具有不同的职责分配，能力要求和知识技能要求应在人事制度中予以规定和明确，以使员工清楚自己具有哪些职责和能力要求，明确自己的职业发展方向。高校应根据职责和要求的不同，将岗位人员分成不同的岗位层级，实现岗位工作之间的分工合理化。三是建立招聘机制。在实现高校岗位设置对应的过程中，需要建立一个招聘制度，将高校的招聘过程化繁为简，减少过程中不必要的复杂性。高校应将招聘的流程固定下来，并明确规定各级别岗位要求，实现招聘活动的程序规范化和员工聘任标准的规范化。落实招聘流程的规范化可以降低招聘中灰色地带的出现。四是完善职业晋升机制。高校需要建立职业晋升机制，为员工提供发展的空间和晋升机会，使员工得到尊重，提升到更高的职业层级。随着经济社会的发展和高校需求的变化，高校的各类岗位人员也需要在职业生涯中有所提升，提供有价值的职业经验。建立职业晋升机制，对于员工及高校来说都是值得重视的。五是推进高校制度改革。高校制度改革具有深远意义，要在制度层面实现各个岗位之间的能级对应，需要推进高校制度改革，实现制度创新。高校应从制度体系层面推进改革，而非仅仅是针对某个部门的优化和重组。六是强化培训和教育。高校需要通过各种形式的培训和教育，为员工提供提升能力的机会，让他们更好地适应高校的发展和市场竞争的需要。高校应注重员工的培养和发展，不仅要关注他们的知识水平，还要关注他们的工作能力和工作问题的解决能力，从而为实现岗位设置的能级对应提供强大的人才保障。在高校中实现岗位设置的能级对应是一个长期的、渐进的过程，需要各方共同努力。

6.分类设岗要求

高校的岗位设置应是一个严格的分类设岗过程。在此过程中，高校应根据不同的工作需要，分门别类地进行分析和设岗，以更好地招聘和管理人才。下面从分类设岗的角度探讨高校岗位设置的相关问题。一是教学类岗位。教学类岗位是高校中最重要的岗位之一，这类岗位主要负责教学工作以及学科研究。在岗位设置中，应针对不同的学科开设相应的教学岗位，并要求应聘者具备相应学科的专业背景和一定的教学经验。另外，在管理方面，高校应建立严格的教师考核制度，以保证教师的教学质量和学生的学习质量。二是行政管理类岗位。行政管理类岗位是高校中不可或缺的一部分。该类岗位包括校长助理、行政部门负责人等，主要负责学校的行政管理工作。在岗位设置中，应针对不同的行政部门设立相应的职位，如人事部门、财务部门、后勤部门等。在招聘和管理方面，要求应聘者有较高的行政管理能力和相关工作经验。同时，高校应建立科学的行政管理制度，以实现高效、快捷的管理流程。三是科研类岗位。科研类岗位是高校中的另一个重要部分。该类岗位主要负责学校的科研工作，包括科研项目的申报、实验室的管理等。在岗位设置中，应针对不同的学科设立相应的科研职位。在招聘和管理方面，要求应聘者有丰富的科研经验和良好的学术背景。同时，高校应加强科研管理，建立科研成果评估制度，以激励科研人员的创新和发展。四是学生服务类岗位。学生服务类岗位是高校中非常重要的一部分。该类岗位主要负责学校的学生工作，包括学生管理、就业指导等。在岗位设置中，应针对不同的学生群体设立相应的学生服务岗位。在招聘和管理方面，要求应聘者有较高的学生管理能力和丰富的学生工作经验。同时，高校应建立科学的学生服务制度，为学生提供更便利、高质量的服务。

7.最佳组合要求

高校岗位设置是高校管理的重要环节之一，通过科学合理的设置，可以优化高校的人才资源配置，进一步提升高校教育和科研工作水平。最佳的岗位设置是一个既能够满足高校管理需求，又能够进一步激发人才潜力、发挥个人专业优势并与高校发展需求相匹配的人才组合。下面就高校岗位设置做到最佳组合展开探讨。第一，高校岗位设置应与发展需求相匹配。随着高等教育的不断发展，高校的发展需求也在不断变化，岗位设置也应相应地进行调整与优化。近年来，国际化程度不断提高，学校需要更多的国际化人才，那么应设立更多的国际化教育或国际关系类岗位，以满足学校和社会对于国际化人才的需求。第二，高校岗位设置应考虑专业特长。人才的专业特长和背景是实现学校各项工作目标的有力保障。因此，岗位设置中应有一定的专业化设置，并针对性地将专门的工作安排给专业人才，进一步提升他们的专业能力与绩效评价。第三，高校岗位设置应注意人才的自由选择。要充分尊重每个人的职业规划，让人才自由选择自己擅长的领域，同时给予他们足够的选择空间和成长机会，从而激发他们的创造力和积极性。第四，高校岗位设置应考虑职务级别层次和薪酬水平。根据不同职务级别和薪酬水平的差异，将岗位设置以及绩效考核与薪酬相匹配，针对不同级别的人才提供不同的激励手段，让其尽其所长，并取得更为出色的成绩。第五，高校岗位设置应注意群体力量的整合。将人才各自的长处和优点进行科学合理的整合，形成一个团结创新的群体力量。比如，教师团队中应考虑不同科目、不同水平的教师之间的互动和资源整合，从而形成一个更有活力的科研团队。综上所述，高校岗位设置是一个科学合理的人才组合，根据学校发展需求、人才的专业特长和背景、自由选择、职务级别和薪酬、群体力量整合等因素来平衡和调整，进一步优化高校管理制度，提升人才激励机制，使教师和工作人员激发更多的创造力和积极性，最大限度地提高整个高校的综合效益。

8.动态发展要求

高校岗位设置的动态发展是指高校为适应不断变化的教育需求、学科发展、人才需求等多因素的影响，对岗位设置进行不断地调整、优化与更新，以达到更好的教学、科研、管理效果的目的。高校是培养人才的重要场所，是教育事业的重要组成部分，岗位设置的科学与合理程度直接关系到高校的教学质量、科研成果和管理效能，随着社会的不断变化，高校面临的教学、科研和管理需求也在不断变化，这就要求高校动态地调整与优化岗位设置，以适应时代的发展需求。一是加强岗位调整的前瞻性。高校岗位设置应具备前瞻性思维，对未来学科发展趋势、社会需求进行深入研究和预测，及时确定需要新设、调整、优化的岗位。比如在教学方面，应加强对校企合作项目、MOOC等新兴教学模式的研究，适时调整相关岗位设置，以适应卓越教育的要求。二是灵活运用多种形式的人才队伍。高校可以通过采取区分和细分的岗位设置，使用多种形式的人才队伍，加强教师、研究人员之间的合作与衔接。比如，高校可以设置具有不同职称、专业背景、教学经验的教师岗位，以招募适合不同类型教学的教师；在科研方面，可以设置不同的科研人员岗位，以吸收具有不同研究方向、资历、科研能力的人才。三是注重交叉学科和综合能力。高校应注重交叉学科和综合能力的培养，通过调整相关岗位设置，增加交叉学科的教学和研究岗位，或者将交叉学科作为专业、职业方向的重点发展，引导和推动教师和学生跨学科参与教学和研究，培养综合能力。比如，交叉学科的融合教育模式、综合能力的评价标准，都需要岗位调整与设置支持。四是培养具有创新精神的人才。随着人才竞争的不断升级，高校培养具有创新精神的人才已经成为发展的基本要求。为此，高校岗位设置需要更多地注重创新和创新能力的培养。可以适时设置创新实验室、创业中心等岗位，或者引入企业、企业家等改进现有岗位，以促进高校教师的工作和研究与实际需求结合。高校岗位设置是高校教育教学质量的重要保障，应随着社会变革和人才需求的变化持续进行动态调整。高校应根据学科发展、人才竞争、学生需求等多种因素，结合实际情况，灵活地制定岗位调整和优化计划，形成适应科技发展和劳动市场要求的人才培养体系。

9.标准规范要求

高校岗位设置是一个非常重要的工作，它直接关系到高校教育教学质量、人才培养质量以及高校内部管理效率等方面。为了做好高校岗位设置工作，必须做到标准规范，首先，要明确高校岗位设置的目的和原则。高校的岗位设置是为了保障教学、科研和管理工作的顺利开展，要合理分配人力资源，优化工作流程，提高工作效率。在设置岗位时，应根据高校的发展战略和规划、各部门的职能和任务要求、人员数量和水平、工作内容和工作量等因素进行制定。同时，还应遵循公平、公正、公开、透明的原则，确保岗位设置合理、稳定、可控。其次，要做到标准规范，需要制定相应的管理制度和流程。比如在岗位设置之前，应按照工作需要进行工作内容分析和岗位需求评估，根据实际情况确定岗位职责和工作要求，并拟定具体的人员配备计划和用人方案；在岗位设置过程中，要严格履行程序，遵循岗位等级制度和评级标准，制订招聘和选拔人员的流程和规则，确保招聘公平、公正；在岗位设置之后，要注重岗位管理和监督，建立健全的考核和激励机制，对离职、晋升、降职和调整等进行合理管理和安排。另外，要做到标准规范，需要建立健全高校教职员工档案管理制度。高校的岗位设置涉及大量的人员信息、人员档案、工作经历等，对于人事管理来说，档案资料的正确、全面、及时、准确非常重要。因此，高校应建立规范的档案管理制度，严格执行档案管理流程和规则，确保档案资料的完整性和保密性。最后，要做到标准规范，需要建立多元化的评估体系。岗位设置不仅需要考虑当前的需求，更要考虑未来的发展，一个科学合理的岗位设置方案要与中长期发展规划相结合。因此，需要建立一套完备的岗位评价和绩效考核体系，以保证高校员工的工作绩效、职业成长和发展空间等方面得到细致、科学的管理。

二、岗位聘用

高校人事管理服务性诉求下，科学设岗是重要举措，而科学设岗除了要做好岗位设置和安排外，还要在竞聘上岗方面保持公平公正，只有这样每个岗位才能配置优秀人才，才能提高岗位服务质量。在岗位聘用过程中，品德、知识、能力、业绩等是重要衡量标准，其中品德处于支撑地位，没有好的品德一切免谈，在拥有良好品德基础上再考察其他因素。具体可总结为“以师德为支撑、以知识为基础、以能力为核心、以业绩为导向”。以下对高校相关岗位聘用条件进行分析。

（一）高校二、三级岗位聘用条件

1.申报评定专业技术二级岗位条件

高校中申报评定专业技术二级岗位是一个重要的过程，需要满足特定的条件和标准。以下是一些常见的申报条件：（1）学历要求。申报专业技术二级岗位需要满足学历要求，通常要求申请人具备硕士及以上学历。不过，在一些特殊情况下，也可以接受本科学士学位。此外，申报人员还需要具备相关专业的知识和技能。

（2）工作年限。除了学历要求之外，申请人还要满足工作年限的要求。一般来说，申请人需要具备一定的工作经验，以证明其在相关领域的实际能力。这个要求通常要求申请人在相关领域工作两年及以上。（3）科研成果。申请人要在相关领域拥有科研成果，包括发表论文、获得科研项目资助等。科研成果是考评申请人能力的一个基本指标，也是晋升到二级岗位必须具备的条件之一。（4）职称要求。申请人还要拥有相应的专业技术职称。二级岗位是高级岗位，因此申请人需要拥有中级以上的职称，比如副教授等。（5）绩效评估。申请人要在所在学校进行绩效评估，以证明其在本职工作中的表现和能力。学校对申请人的教学、科研和服务等方面进行评估。

2.申报评定专业技术三级岗位条件

高校申报评定专业技术三级岗位是希望通过对教师的职业发展进行规范化，以提高教学质量和科研水平，促进高校的健康发展，而要获得专业技术三级岗位评定需要满足一定的条件，包括以下方面：首先，具备一定的学历背景和学术水平。申报评定专业技术三级岗位的教师一般需要具备硕士或博士学位，且有一定的发表论文经验和学术成果。在学术水平方面，要求教师在专业领域里有一定的研究方向和创新思维能力，可以带领学生一起研究探索，有一定的引领作用。其次，具备一定的教学能力和经验。申报评定专业技术三级岗位的教师需要有一定的教学经验和教育教学论文发表经验，在教育教学方面，能够不断自我提高，不断总结经验，实际操作能力与教育教学理论知识体系相结合，能够与教务部门进行配合，对高校和学生的工作和学习态度负责。再次，具备一定的管理能力和综合素质。申报评定专业技术三级岗位的教师不仅要具备学术水平和教育教学能力，还要具备一定的管理能力和综合素质，能够承担校内管理任务，如带领实验室成员统筹管理实验室、协调教学教务等多种工作，应对复杂情况的能力比较强。此外，需要有一定的师德修养，为人表里如一，言传身教，对学校的建设和发展尽自己所能。最后，要有一定的职业道德操守。申报评定专业技术三级岗位的教师要严格遵守职业道德规范和秉持正直诚信的原则，能够在教育教学和学术研究中保持独立性、客观性和公正性的态度，不断弘扬正确的学术精神和文化风貌。

（二）服务性诉求下岗位聘用要求

高校岗位聘用是一个重要的过程，对于高校来说，聘用合适的人才对于学校的发展至关重要。这些岗位包括教师、行政人员、实验室技术人员等。服务性职位一般是指与学校教学、科研密切相关的各类工作，如行政管理、图书馆工作、实验室管理等。这些岗位的要求不同于教师等技术性人才要求，更侧重于工作经验、服务态度、沟通能力等综合素质，比如图书馆管理员需要有相关的图书馆学或情报学专业背景，并熟悉图书馆管理相关的法律、规章制度和流程，同时具备一定的图书采编和编目经验；实验室技术员需要具备相关的实验技术和管理知识，熟练掌握实验室设备和操作流程，有丰富的实验室管理经验。良好的服务态度和沟通能力。服务性岗位需要应聘者具备良好的服务态度和沟通能力，比如行政人员要能够协调学院各个部门，为学生、职工提供服务，同时具有处理各种日常事务的能力，如图书馆工作人员要能够根据读者需求提供服务，并辅助读者解决阅读和检索中遇到的问题；实验室技术员要具备耐心、细心的工作态度，能够细致地完成实验操作，并清晰准确地传达实验内容。团队合作能力。服务性岗位需要应聘者具备良好的团队合作能力，比如行政人员要与学院各部门、职工和学生配合协调，完成各项日常工作，如图书馆工作人员要与其他图书馆员工一起共同工作，共同推进图书馆的工作；实验室技术员要与实验室其他技术员和实验室管理人员配合，确保实验室运转正常。良好的工作责任心。服务性岗位需要应聘者具备良好的工作责任心，比如行政人员要对学院各项工作有清晰的认识，有坚定的责任心完成各项工作，维护学院各项工作正常运转，如图书馆工作人员要对读者提出的问题进行认真解答，维护图书馆工作的正常运转；实验室技术员需要维护实验室运行的安全和稳定，确保实验数据的可靠性。

三、合同管理

（一）高校合同管理一般内容

高校作为教育机构，与众多供应商、服务商、教师、学生等建立了合同关系。合同管理是高校重要的日常工作之一，涉及的内容不仅包括日常的采购、招标、审批等活动，还包括学生、教师聘用以及校企合作等方面。在高校的合同管理中，应注意以下几个方面：一是合同签订前的审批。高校的合同招标采购需要经过比较严格的审批程序，并由相关部门进行审核和签字确认。对于需要签订的合同，也应经过相关人员的审查和审批，在审核合同的合理性、合法性、合规性的基础上，确保合同双方权利义务明确，并符合法律法规和高校的规定。二是合同履行过程中的跟进和监管。合同签订后，高校需要对合同履行过程进行监管和跟进，确保各项合同义务和责任得到履行，并采取有效的措施保障高校合法权益。此外，还需要密切关注合同履行过程中的关键节点，及时协调解决各种可能出现的问题，确保合同的顺利履行。三是合同变更和解决争议。在合同履行过程中，可能会出现需求变化、不可预见事件、风险等问题，需要对合同进行变更。此时，高校需要对合同变更进行审查和审核，确保变更符合法律法规和高校规定，并保证合同双方权利义务明确。同时，如果在合同履行过程中出现争议，高校需要及时与合同方沟通协商，解决争议，并在必要时向有关部门申请仲裁或提起诉讼等法律诉讼程序。四是合同管理的信息化建设。高校合同管理需要建立一套完整的合同管理IT系统，便于管理和审查，提高合同管理效率。该系统包括合同审批、签订、归档、履行、变更、延期、终止、争议解决等环节的信息化管理。同时，高校还可以通过在系统中建立警示机制和风险评估体系，及时识别和评估前期风险。

（二）服务性诉求下高校合同管理过程

服务性诉求是指在合同的履行过程中，用户或消费者因不满意服务质量而提出的要求或投诉。在高校合同管理过程中，服务性诉求是不可避免的现象。如何妥善应对服务性诉求，提高用户满意度和信任度，是高校合同管理的一项重要内容。第一，预防服务性诉求。预防服务性诉求是高校合同管理的首要任务。高校应加强与用户之间的沟通与协调，了解用户需求，明确服务内容和标准，并制定相应的服务管理制度。同时，高校应在服务过程中加强安全保障，确保服务场所和设施干净整洁、安全有保障。另外，高校还应加强对服务人员的培训和管理，提高服务人员的服务质量和职业素养，提高用户满意度和信任度。第二，及时处理服务性诉求。在服务过程中，如果出现服务性诉求，高校应及时处理，解决用户的问题，避免产生不必要的纠纷和投诉。处理服务性诉求应遵循以下原则：一是确定服务性诉求的性质。服务性诉求的性质有多种，包括服务质量、服务时限、服务态度等。高校要根据具体情况确定服务性诉求的性质，以对症下药，解决问题。二是确认服务性诉求的真实性。高校在处理服务性诉求时，应先确认服务性诉求的真实性。如果服务性诉求是无理的或虚假的，高校可以采取相应的措施予以驳回。三是听取用户的意见和建议。高校应尊重用户的意见和建议，听取用户的诉求，并根据用户的要求和建议，及时解决问题，提供满意的解决方案。四是及时反馈处理结果。高校要正确记录服务性诉求的处理过程和结果，并及时反馈给用户，告知用户已经采取什么措施解决用户的问题。这样可以增加用户的信任度和满意度，降低投诉的风险。第三，建立服务性诉求管理机制。为了更好地处理服务性诉求，高校还应建立健全的服务性诉求管理机制，包括诉求管理制度、处理机制、责任分工等，确保服务质量和用户满意度。其中，诉求管理制度是关键。它应明确服务标准、服务时限、服务流程等内容，规定服务性诉求的处理方式，明确责任人、责任部门及其职责，确保服务性诉求得到及时处理。此外，高校还应建立绩效考核制度，根据用户的满意度和投诉率等指标，对服务质量进行评估和考核。

四、聘后考核

（一）高校聘后考核一般内容

高校聘后考核是一种常见的人事管理方式，旨在对员工的工作表现、业绩达成、能力水平、工作态度等方面进行评估，进而制定合适的培训计划、薪酬方案、晋升途径，激励员工产生更大的工作动力和积极性。高校聘后考核一般包括以下内容：一是工作业绩评估。业绩评估是聘后考核的重点内容之一，主要围绕员工的职务职责和工作目标展开。具体评估标准可根据岗位性质和工作实际确定，比如教师可以考核教学质量、科研成果、学术影响力等；行政人员可以考核工作推进效果、团队协作能力、对外联系处事水平等。此外，一些重要的项目、任务和奖项也可以作为评估因素，如科研项目申报、学科评估、人才梯队建设、考核考评等。二是能力素质测评。除了工作业绩，高校聘后考核还关注员工的能力素质，包括学历、教学水平、科研能力、团队管理、综合素养等。评估方式一般采用问卷调查、面试、考试、观察、记录等手段，具体内容包括岗位要求相关知识和技能、个人发展规划、职业心理素质、态度行为等。三是职业发展规划。高校聘后考核通常也重视员工的职业发展规划，以此激励员工对自身职业能力和发展方向进行总结反思，并提示未来工作目标和任务。考核员工的职业发展规划可从目标明确度、可操作性、合理性、可持续性等角度考察，同时需充分考虑学校实际情况以及员工发展潜力和兴趣爱好。四是工作态度、行为评估。作为人力资本的重要组成部分，高校聘后考核也要对员工的工作态度、行为进行评估。主要包括员工的交流沟通能力、服务意识、团队协作、责任心、执行力等方面。这些行为表现可以通过员工日常工作、会议发言、工作报告、评优评先、巡视检查等多种方式进行了解和考核。以上是高校聘后考核的主要内容，需要注意的是，考核旨在促进员工和学校的共同发展，应遵循公正、透明、客观的原则，充分考虑员工个人特点和在实际工作中面临的挑战，尽可能提供必要的帮助和支持。通过聘后考核评估，可以发现员工的优点和问题，并为其提供精准的职业发展方向和工作指引，推动工作进一步优化和提升。高校聘后考核是指对新员工进行一定期限的工作表现评估，旨在了解员工工作能力、工作素质、岗位责任等方面的表现，帮助企业了解员工的工作状态，应对员工工作中的短板和问题，提高员工的工作能力和工作效率。考核内容的确定要因岗位需要而异，一般包括以下方面：（1）工作态度与责任心。协调上下级，工作积极主动，为工作尽职尽责。（2）工作能力和技能。完成岗位任务，能够有效地解决相关问题和应急情况。（3）专业素质与诚信。具有良好的职业道德，遵守纪律法规，维护企业形象。（4）团队合作能力。有效协作，为团队发展做出贡献。（5）绩效与成果。完成工作任务，实现工作目标，创造企业价值。具体考核形式。高校聘后考核可以从不同层面展开，具体的形式有以下几种：（1）日常表现考核。对员工每天的工作表现进行日常记录和评估，包括工作态度、沟通能力、工作效率等方面。（2）季度考核。对员工季度完成的工作任务和业绩进行综合评估，制定奖惩和培训计划。（3）中期考核。对员工在一个工作阶段（半年、一年等）中的表现进行综合评估，制定出改进、提高工作质量的计划。（4）年终绩效考核。对员工一年的绩效进行评估，制定出员工岗位职责和期望成果，调整薪资及福利待遇。当员工在聘后考核中表现不佳时，可通过以下方式进行指导：（1）面对面沟通。第一时间找到存在问题的员工，与其进行直接而深入的交流，为其提供相应的帮助和建议，同时鼓励其改进工作。（2）制定改进计划。通过与员工协商制定出改进方案，并为员工提供培训计划，让其得到相应的技能提高和经验积累。（3）加强管理。落实绩效管理制度，加强员工管理，并适时给予重要事项的反馈、建议和评估，帮助员工加强自我管理和提升绩效。（4）及时纠正错误。通过完整的纠错机制，及时发现错误并予以纠正，及时废除过时的规章制度，让工作更加合理化和高效，从而提高员工的工作效能和绩效。

（二）服务性诉求下高校聘后考核过程

随着高校数量不断增加和人才市场竞争日趋激烈，聘用教师的门槛也越来越高。高校需要制定一种能够定期审查教师绩效的机制，以确保教学及科研质量，改善办学环境，优化组织结构。因此，高校聘后考核成为一种必不可少的机制。高校聘后考核其实是追求全方位高质量发展的体现。它主要围绕教师的教学水平、科研成果、教师考核贡献、教学改革等方面进行综合评价。其中，教学水平是教师聘后考核中最核心的一环，它是评价教师综合素质和实现高档次人才培育的基本手段。考核方面，高校应在教工管理方面进行试水，对初试教师在任职一段时间后进行评估。评估方式可以分为定量和定性，分别是量化评分和综合评估。定量评估往往集中在教学质量，如课堂表现、作业打分、论文评分等，而定性评估主要综合考虑个人修养、学术贡献、教学实践等多个维度。同时，高校还应加强师资队伍建设，深化人才培养体制改革。定期考核可以激发教师的工作热情，逐步提升整个高校的教学水平。在教学和研究成果的要求方面，可以通过各级学术比赛、学术论坛、项目申报等途径激励教师展示出自己的才华，促进学术交流和相互学习。对于教师个人而言，可以通过反馈信息指导自己的进一步完善和提高。透过聘后考核，高校还可以探索到教师的潜能，并为教师的职业发展方向做出慎重决策。因此，聘后考核的过程应是透明、公正的，严格规范所有程序，避免形式主义、权势治理等现象发生。高校应突出管理的科学性和专业性，树立管理科学、品质为先的理念，评估标准和规则不仅要听从学校要求，更要考虑高素质教师的切实需求和真实状况，避免盲目追求指标化、形式化等极端行为。

第三节　高校人事管理服务性对人职匹配的要求

一、兼职管理教师管理素养要求

（一）兼职管理教师的素养特征

作为兼职管理教师，需要具备一定的素养特征，这样才能够更好地完成工作。以下是兼职管理教师应具备的素养特征：一是敬业精神。教师是一种高度负责任的职业，在授课、考核学生、管理教学等方面都需要敬业精神。不仅要在课堂上热情活泼，还要时刻关注学生的学习状态和情况，对他们进行引导和帮助。二是学科专业知识。作为兼职管理教师，需要具备本学科的专业知识，这是能否进行有效管理的基础。只有拥有丰富的学科知识，才能够更好地指导学生，提升教学水平。三是善于沟通。对于兼职管理教师来说，沟通是非常重要的素养特征。需要与学生、教务处、教师等各主体进行良好沟通，及时了解信息、问题、进展情况，以及及时给出建议和解决方案。四是灵活性。作为兼职管理教师，需要有灵活性，可以适应多种情况和应对突发事件。比如可以在短时间内做出决策和处理紧急情况。五是教学能力。即使是兼职管理教师，也需要具备专业的教学技能。对学生进行辅导，指导学生更好地理解知识点，以及解决学生学习上的困难。六是团队合作精神。不仅要与学生进行合作，还需要与同事进行合作，并且与教务处、其他教师合作，相互配合，共同制定管理方案，协同完成学校的教学管理任务。七是人际交往能力。兼职管理教师需要具备一定的人际交往能力，能够处理各种人际关系，包括学生之间的关系、教师之间的关系，以及与校领导、家长等之间的关系。总之，兼职管理教师需要具备多种素养特征，这些素养特征能够让他们更好地完成工作，使学校的教学管理更加有效、顺畅。简单来说，兼职管理教师需要有足够的能力，处理好教学、管理以及人际等问题，才能够提供更好的教学管理服务，为教育事业贡献力量。

（二）教师兼职管理职位的管理素养要求

教育行业中许多教师可能同时担任管理职位，比如班级领导、教研组长或者是学科组长等，如何具备兼职管理职位的素养就成为一个需要讨论和探究的问题。教师兼职管理中的管理素养可以包括以下几个方面：一是沟通技能。良好的沟通能力是管理职位必需的一种素养。对于教师兼职管理而言，沟通的对象不仅仅是学生，还包括同事、上级和其他相关人员。教师在与不同的人群进行沟通的过程中应选择合适的沟通方式，了解对方的需求和立场，以做出更加明智的决策。二是团队意识。作为兼职管理者，教师需要更多地关注班级或者学科组的整体利益，而不是仅仅追求个人的得失。他们需要与其他管理者一起协作，为学校的长远发展持续不断地努力。三是决策能力。兼职管理职位需要教师在面对问题时能够制定合适的决策，并且及时地采取行动。良好的决策需要兼顾各种影响因素，以确保做出的决策是全面和公正的。同时，在做出决策之后，教师需要有勇气接受有风险的挑战，自信地承担责任。四是管理能力。有效的管理能力是每个管理者必备的素养。作为教师兼职管理者，应掌握合理分配资源、协调团队，以及监督团队成员的工作等方面的管理技能。五是创新能力。作为教师兼职管理者，创新能力是非常重要的。在面临新的挑战和问题时，教师需要具备寻找新思路的能力，并且开发出新的解决方案。良好的创新能力对于持续改进和进步是至关重要的。教师兼职管理职位所需要的管理素养是多方面的，而要想具备这些素养，需要通过不断的学习和实践、不断探索、不断创新来提升，才能够更好地履行自己的职责，为学生、为团队、为学校的整体利益不懈努力。

（三）服务性诉求下教师兼职管理应努力的方向

随着现代教育的发展，教育服务产业也逐渐成为一个新兴的行业。在这个行业中，教师兼职管理是一个至关重要的方向。越来越多的学生和家庭对于教育的需求日益增长，因此，加强教师兼职管理是每一个教育服务机构必须要做好的工作之一。一是优化教师分配管理，提高教学效率。教师分配管理是教育服务机构的基础工作之一。为了更好地满足服务性诉求，应优化教师分配管理，提高教学效率。可以从教师分配的方式、教学内容的设计、教学手段的创新等方面入手，以提高教学效率。比如，可以优先调配具有丰富教学经验、擅长掌握学生心理的教师，及时推送与学生实际需求相符的教学内容，灵活选择适合学生的教学手段。二是建立健全师德标准，增强师德建设力度。教育服务机构的教师兼职管理工作不仅包括教学水平，更关注教师的道德素质。与学生的交流、沟通及个人言行举止，都反映了教师的师德。教育服务机构应建立健全师德标准，规范教师的行为，强化违规惩罚措施，提高师德建设的力度，让教育服务机构拥有更加规范的教学环境，使得学生得到更好的教育服务。三是加强沟通交流，提高服务质量。教育服务机构的教师兼职管理工作中，沟通交流至关重要。教育服务机构应建立起一套完善的沟通交流机制，打通学生、家长、教师之间的沟通渠道。加强学生及家长的反馈收集，及时回应学生及家长的诉求，毫无疑问，这是提高服务质量的重要工作。同时，也要加强与教师的交流，提高教师的工作积极性和投入度，使得教师更好地与学生和家长沟通，提高教学效果和满意度。四是完善晋升机制，增强教师的工作动力。教师兼职管理不仅仅是一项人员管理工作，同时也是一项人才管理工作。建立科学、公平、合理的教师评价体系，提供更多的发展空间和机会，增强教师的工作动力，是教师兼职管理工作的重要方向。教育服务机构应建立合理的晋升机制，为教师的职业发展提供有利条件，使得教师在实践中不断进步、不断提高。五是营造良好的教育氛围，提高教学效果。一个良好的教育环境不仅有利于学生的成长，也能够提高教学效果。教育服务机构应通过各种形式的教育活动营造氛围，比如通过丰富多样的培训活动，提供教师技能提升和教学方法更新的机会；通过教师之间的交流学习，推动共同进步。同时，也可以通过激励机制、奖励机制等手段，引导教师为学生提供更加优质的教学服务。

二、教师个人专业能力与管理职位相匹配要求

（一）教师个人专业的全面发展

教师个人专业的全面发展是教育领域中一个非常重要的议题，它涉及教师自身素质的提升，教育教学质量的提高，以及对学生的促进作用。一是自我学习能力。教师个人专业的全面发展必须从自我学习能力的提升开始。教师应具备一定的学习能力和自我更新的能力，不断地学习和研究新的知识和技能，不断推陈出新、创新教学方法，不断完善教育教学理论知识，提高教学水平，从而有效地促进学生的全面发展。二是科研能力。除了自我学习能力，教师还应具备一定的科研能力。教师应积极参与教育研究和学术交流，通过阅读教育教学相关文献及研究成果，不断提升研究实力，深入钻研各类专业领域，形成自身独特的理论知识和教学方法，进一步提升专业素质，更好地服务于学生和学校。三是实践经验和教学技能。教师需要不断地做好课程设计、课堂教学、课后评价等教学环节，通过不断地反思和教学实践，提高教学技能和授课水平。四是人际沟通和组织协调能力。教师的工作涉及与众多师生的互动交流，因此，教师个人专业的全面发展还包括人际沟通和组织协调能力。教师应与学生和家长保持良好的沟通和信任，与同事协作配合，学会合理地应对和解决教学中的各种问题，更好地发挥自己在教育教学中的价值和作用。

（二）教师管理职位的制度性规定

教师管理职位的制度性规定是指根据国家法律、政策以及学校的组织管理制度，明确教师岗位职责、权利和义务，规范教师的职业行为，增强教育教学质量和管理效能。以下是一些主要的制度性规定：一是教师岗位职责。教师岗位职责，主要包括科学指导学生学习，提高教育教学质量，完成学校下达的教学计划和任务；认真备课，组织实施教学，注重教学过程和方法，注重学生思想品德的培养和全面

发展；积极探索教育教学的新方法、新技术，提高教育教学能力和素质；遵守国家法律法规，维护学校教育教学秩序，严格按照学校制定的课程计划和安排完成教学任务。二是教师权利。主要包括享有教育、科研和学术自由，有权按照课程计划及教学安排的要求，自主地安排和开展教学活动，提出自己的教学意见和建议；有权参与课程改革和教学质量评估，有权组织和参加学术交流、讲座、研讨等活动；有权保护自己的合法权益，如工资待遇、职务、住房等。三是教师义务。主要包括承担教育教学任务，保证教学质量；积极参加学术交流、讲座、研讨等活动，提高教育教学能力和素质；遵守国家法律法规，维护学校教育教学秩序；诚实、守信，维护教师职业道德和荣誉。四是教师绩效考核。教师需按照学校规定的绩效考核标准和程序进行考核，进而以此评价其工作水平和贡献程度。教师的绩效考核主要包括教学工作方面是否做到认真备课、课堂讲解清晰、教学效果突出等；科研工作方面是否具有较高的创新性、研究水平高、成果丰硕等；课外工作方面是否能积极参加学校组织的各种活动，具有较强社会责任感等。

（三）服务性诉求下教师个人专业能力与管理职位相匹配的努力方向

对于教师来说，个人专业能力与管理职位相匹配是非常重要的。在服务性诉求下，教师需要具备一定的管理能力和领导力，以确保教育工作的高效性和教育品质的提升。教师的个人专业能力，包括自己掌握的知识技能、教学经验、教学方法等方面，这些能力的提升不仅有助于教师的个人发展，同时还有助于提升教学品质。因此，教师需要在专业领域不断学习、深入研究，掌握更加先进的教学方法和知识技能，以更好地向学生传递知识和培养学生的综合素质。同时，教师也需要具备管理能力和领导力。管理能力是指教师能够有效地组织、规划、协调和控制教育工作的能力。领导力是指教师能够激发学生的学习兴趣和潜能，引导学生走向正确的成长道路的能力。这些能力的提升能够让教师更加独立地开展教育工作，同时还能够更好地带领团队，提高整个学校的教育品质。在服务性诉求背景下，教师需要不断加强管理和领导能力。具体来说，教师可以从以下几个方面入手：一是注重学习和沟通能力。教师要不断学习教学方法和管理技能，同时注意不断提高沟通能力，包括提高口头和书面表达能力，加强沟通技巧和交流时的情感管理能力；二是注重团队协作和管理。教师需要注意发挥自己的领导力，以身作则、带领团队，同时也要学会团队协作，发挥每个团队成员的价值，凝聚团队向共同目标努力；三是注重创新和实践能力。教师需要不断探索新的教育思路和教学方法，创新并实践，从中探索出适合自己和学生的教育理念和教学模式，提高教育能力和影响力。四是注重人际关系和情感管理能力。教师需要合理地维护好师生关系，处理好家长和学生的情感管理，增强情感沟通和情感管理能力，增强学生的认同感和归属感，进而提升学生的学习兴趣和主动性。总之，在服务性诉求的情况下，教师不仅仅注重个人专业能力的提升，还需要注意不断加强管理和领导能力，不断加强人际关系和情感管理能力，探索并实践教育创新的理念和方法，从而不断提高教育服务的质量和效率，为学生的成长和未来打下坚实基础。

三、高校管理者灵活服务意识与职位刚性相匹配要求

（一）高校管理者灵活的服务意识

高校管理者作为高校的重要管理人员，担负着学校的各项管理工作。在这个信息化、高速发展的时代，高校管理者需要具备灵活的服务意识，把学校的各项工作做得更好。一是了解并关注学生需求。高校管理者需要高度关注学生的需求，了解学生的实际情况，从学校的整体利益出发，为学生提供全方位的服务。学校可以通过问卷调查等方式，收集学生的需要，及时反馈并改善服务。并且，高校管理者也应了解社会的发展和变化，及时调整和改善学校的管理方法和服务。二是加强沟通，提高效率。高校管理者需要加强与学生、教职员工以及社会的沟通，及时了解信息和意见，发现并解决问题。同时，高校管理者也应加强与其他高校的合作，共享资源，提高教学质量和行政效能。三是创新思维，拓宽服务领域。高校管理者需要有创新思维，创新服务方式和手段，提升服务质量。比如，通过互联网、移动设备等高新技术，提供在线教育，丰富学生的学习体验；建立志愿服务系统，让学生参与社会公益活动，提高社会责任感。高校管理者还可以开展一些文化活动和艺术节，丰富学校文化氛围，促进学生身心健康。四是注重品质和职业道德。高校管理者需要注重品质和职业道德，提高服务质量和信誉度。高校管理者作为学校的代表，在处理事务时要保持公正、严谨，不为个人利益和私欲所驱动；同时，要重视员工的职业道德，加强职业素养教育与培训，使员工更好地为学校服务。高校管理者作为学校的服务者应保持灵活的服务意识，注重学生需求，加强沟通合作，创新服务方式，注重品质和职业道德等方面的提高，为学校提供更优质的服务。同时，高校管理者也应不断学习和提升自我素质，做好学校的各项管理工作。

（二）高校管理者职位刚性的制度要求

高校管理者职位的制度要求是为了保障高校的正常运作和提升教育质量而制定系列规定和标准。这些要求主要包括以下几个方面：一是资格条件。高校管理者职位的资格条件是基础要求。一般来说，高校管理者应具备较高的学历和专业背景，具备一定的教学和管理经验，并且能够胜任相关的职责和工作任务。同时，还需要具备良好的道德素质和职业操守，且不得有不良记录；二是岗位职责。高校管理者

职位的岗位职责非常明确，一般包括教学管理、科研管理、人员管理、财务管理、校园安全等多个方面。具体而言，高校管理者需要制定并实施相关的管理制度，协调各部门之间的工作，推进学校的发展和改革，保障学校的正常运转；三是任职程序。高校管理者的任职程序非常严格，一般包括竞争性考试、面试和聘用等环节。其中，考试是选拔优秀人才的主要手段，主要考察应聘者的专业知识、教学能力、管理能力和综合素质等。面试是为了更全面地了解应聘者的背景、经验和人格等方面信息，聘用则需要证明应聘者具备上述条件，同时还需要获得学校领导的批准。四是职业发展。高校管理者职业发展通常是渐进的，一般分为不同的级别或者职务等级。职业发展的途径可以是由高级职务向低级职务逆向转换，也可以通过选拔和考核等渠道实现职称升级。此外，高校管理者还可以通过进一步深造和增强专业能力提升自己的职业水平和竞争力。通过这些要求的实施，不仅能够保障高校管理者职位的公正性和公平性，还能提高管理者的工作水平和质量，构建高效的管理体系，推进高校的持续发展和创新。

（三）高校管理者灵活服务意识与职位刚性相匹配的努力方向

高校管理者作为校园的重要角色之一，不仅需要具备优秀的领导才能和管理实践能力，更要具备高度的服务意识。服务意识不仅仅是对于学生、教师、家长等校园利益相关方的服务，更需要面对不断变化的校园运行环境，与职位的刚性相匹配，实现高校管理的灵活性。因此，高校管理者灵活服务意识与职位刚性相匹配的努力方向主要包括以下几个方面：一是完善管理理念，以服务为核心。高校管理者应树立服务为本的理念，将服务贯穿在管理的每一个环节中。要充分理解高校管理的本质是服务学生，通过服务学生不断提升高校的竞争力和社会影响力。同时，也要明确服务不是简单的响应需求，而是要主动地了解学生、教师的想法和需求，协调各方面资源，主动为他们提供针对性的服务；二是掌握校园变化，实现灵活应对。高校管理者应对校园运行环境有深入了解，并掌握校园变化。只有充分理解校园运行的变化，才能进行更好的调整和规划，实现高校管理的灵活性。比如，遇到校园突发事件，高校管理者应第一时间响应并及时组织协调，积极处理，以减少事件对学校的影响。同时，也要关注校园环境和学生意外事件等因素，以采取预防措施，确保校园稳定；三是建立有效沟通机制，增强团队凝聚力。高校管理者需要与教职员工密切合作，积极地建立有效沟通机制。只有建立良好的沟通机制，加强与教职员工之间的互动交流，才能提高团队的凝聚力和协作能力。同时，高校管理者也应注重与学生等利益相关方之间的沟通，了解他们的需求和反馈，并进行积极的反馈处理，使学校服务更加贴心和温暖；四是推行多元化和人性化的服务方式。高校管理者应具备创新思维，推行多元化和人性化的服务方式。在实现校园服务的过程中，高校管理者应根据不同需求的学生、教职工等差异，采取多样的服务方式，包括线上、线下等多样形式。同时，也要注重学生的心理健康和情感需求，提供更加细致周到的关怀和帮助，使学生在校园中感受到更多的温暖和关爱。高校管理者灵活服务意识与职位刚性相匹配的努力方向是一个不断探索和实践的过程。只有通过不断提高服务能力和管理能力，灵活应对校园环境和变化，优化服务质量和方式，才能真正实现高校管理者的价值和使命，为每一位校园利益相关方提供更加优质、温暖、安全的服务。

第六章

高校人事管理体系风险性探讨

第一节　高校人事管理风险性研究的必要性

一、研究背景分析

（一）高校呈现蓬勃发展趋势

首先，学科专业的不断提升是当今高校发展的一大亮点。近年来，高校不断调整学科布局，加强交叉学科的融合，促进学科交叉创新。同时，高校通过与企业合作，加强产学研结合，提升学生的职业能力和竞争力。因此，学校的就业率也越来越高，为学生的未来发展打下了更加坚实的基础。其次，高校的国际化发展是另一个显著趋势。高校在全球化进程中越来越重要，这一点可以从越来越多的国际化教育项目、国际化的教学模式、世界一流大学联盟组织等方面得到证明。国际化学校除了培养海外留学生，还能吸引国内学生前往世界名校深造，促进国际学术交流，进一步提高高校的国际知名度和地位。同时，高校承担着更多的社会责任。高校不仅要培养专业人才，还要为社会发展做出贡献。学校应牢记社会责任，积极参与社会和公益事业，推动社会进步。许多高校将社会服务作为重要职能，建立了良好的社会服务体系，服务经济、文化等领域，为社会发展做出了积极贡献。

（二）高校人才队伍不断壮大

随着中国高等教育的快速发展和全民素质的提升，高校人才队伍不断壮大。各大高校不断调整和优化学科结构、人才培养方案，招聘和引进大批英才，以满足社会对人才的需求，推动高校不断发展。首先，高校不断引进海归人才。海归人才通常指在国外留学或工作的人才，具有优秀的学历、科研能力和国际视野。随着中国在国际上的影响力不断提升，越来越多的海归人才回到国内发展。高校积极招聘海归人才，既能满足学校对高层次人才的需求，又能促进国内和国外的人才交流，让高校更好地融入国际化的大家庭。其次，高校开展了多渠道招聘。高校通过多种方式招聘人才，如在学术会议上设立招聘会、在国内外各大高校招聘、通过网络等途径发布招聘信息。同时，高校还注重人才自荐，采取应聘者保密制度，为广大有志之士提供了一条通向高校的大门。再者，高校进行产学研合作。高校与企业、科研机构合作，共同研究解决实际问题，为人才提供更多的就业机会。高校也积极开展校企合作，通过各种方式联动培养学生，促进人才的流动和交流。这种方式不仅能够促进高校内部的研究和创新，还能创造更多的就业机会，提高高校对社会的贡献。最后，高校拓宽了人才培养渠道。随着社会发展的需要，高校不断调整人才培养方案，打造多元化的人才培养体系。高校增加了职业技能培训、社区教育、在线教育等多种人才培养渠道，为不同年龄、背景的人才提供了不同的方法和途径，让更多有志之士获得接受高等教育的机会。总的来说，高校通过不断拓宽人才引进和培养渠道，打造多元化的人才队伍，为国家和地方经济发展提供强有力的人才支撑。高校人才队伍越来越壮大、专业化和精英化，为中国的经济建设和社会发展提供了坚实的人才基础。

（三）高校人事管理风险问题日益突出

随着高校规模不断扩大和竞争加剧，高校人事管理风险问题日益突出。这些问题不仅影响高校的管理效率和人才引进，也会影响高校声誉和经济利益。高校需要认真面对和解决这些问题，以确保长期发展。高校人事管理风险中存在的主要问题是招聘失误、人员流失和薪酬差距等。在招聘中，有些高校过于看重学历和专业背景，忽略了应聘者的实际能力和工作经验。这种做法导致不少人员的能力与岗位不匹配，影响了高校的管理效率。同时，高校也面临着人员流失的问题。由于不同领域的竞争激烈，许多高素质人才离开高校，进入其他行业寻求更好的职业发展机会。这带来了高校人员结构失衡和人才流失的问题。高校的薪酬差距问题也很严重。高校由于资金有限，无法给予所有员工同等薪水，导致产生了薪酬差距。这种差距不仅会导致员工的不满和流失，也会影响高校的声誉和招聘工作。如果高校无法保证员工的福利和待遇，并提供有竞争力的薪酬，那么可能无法留住高素质人才，这对高校的长期发展是不利的。高校还需要加强对人才的培养和管理。许多高校仅仅将人才视为一种资源，而忽略了对人才的培养和管理。这带来了人才浪费和流失等问题，影响了高校的发展。因此，高校需要加强对人才的培养和管理，为他们提供更好的工作和发展机会，让他们感到被关心和受到尊重，从而留住和吸引优秀的人才。

（四）法院审理的涉高校劳动争议案件数量呈现阶梯式上升趋势

随着中国高校的快速发展，高校对于劳动力的需求也逐渐增加，而高校劳动争议也日益增多。近年来，法院审理的涉高校劳动争议案件数量呈现阶梯式上升趋势，引起了广泛关注。高校作为国家重要的教育和科研机构，教职员工的舒适度、工作待遇、职业保障等问题一直备受关注，在这种情况下，很多教职工希望获得更好的报酬、更稳定的工作环境和更高的职务晋升，而这往往是引起高校劳动争议的核心原因。除此之外，高校内部管理不当、劳动合同文本不完备、权利保障机制不完备、权利意识普及不足等原因也容易导致劳动争议的发生。除了上述原因外，高校的管理和治理问题也是导致高校劳动争议上升的主要原因之一。由于高校的特殊性质，一些高校存在管理不当、行政干涉等问题。同时，一些高校的老师普遍存在权力过大、压制优秀学生等问题，劳动争议的出现在一定程度上折射出高校内部的治理和管理问题。

（五）涉高校劳动争议案件呈现新特点

1.调节难度大、上诉率高

随着高校教育体制的不断发展，学校中存在的劳动纠纷日益增多。国家对高等教育的投入不断加大，高校的规模不断扩大，跨学科、跨领域的认知需求也迅速增加。因此，高校师生员工的工作条件、工资待遇、停薪留职、合同期限等方面的问题愈加突出。在这些问题中，增加工资待遇和维权是最重要的诉求。但事实上，涉及高校劳动争议案件的调解局面非常棘手，难度大，诉讼当事人的上诉率也很高。高校劳动争议案件调解的难度主要表现在以下几方面：首先，不同高校之间存在巨大的差异。不同的高校，其内部的行政管理体系不尽相同。在具体的诉讼案件中，不同高校对待同种情况的态度和处理方法也不相同，这就导致诉讼各方的理解矛盾加剧，从而给案件的调解带来很大难度。特别是像理工类和文科类高校之间的差异，使得中央和地方政府以及学校管理部门对高校的问题进行处理时，也受到种种影响和局限。要想解决高校劳动争议案件的调节问题，就必须针对不同高校的有利条件和困难将其具体化，特别要尊重当事人的利益和公正性，帮助各方摆脱争议理解上的误解和分歧，从而让调解工作获得更多现实支持。其次，在薪资待遇方面，诉讼当事人之间往往存在利益上的严重矛盾。一方面，高校的薪资待遇普遍比外界相对更高；另一方面，由于学校的多样性以及组织机构的独特性，高校职员的工作和管理与普通企业存在极大区别。在这种情况下，要协调各方的意见来合理规范整个教育机构高校薪酬，难度可想而知。矛盾最多的诸如教师、行政人员等职务的薪资待遇差别，因为这涉及学术、职业、身份等方面，这就让调解工作更难以开展。此外，一些个体高校也存在制度不完善甚至腐败问题。更有一些高校内部存在不良氛围和不正之风，对此，要采取长期有效的管理措施，并重塑高校的价值观念，推进知情权、表达权、合理诉求权等权益平等方面的大力改革。最后，随着高校之间竞争愈发激烈，部分学校存在用人需求与内部资源配置不匹配的情况，严重挫伤了教师的积极性，甚至一些教职员工集体诉讼，这在调解时也面临很大的挑战。总之，涉及高校劳动争议案件在调解方面的难度很大，面临很多问题和困难。

2.劳动争议纠纷类型多样化

高校是我国的重要学术研究机构，也是国家人才培养的重要基地之一。在高校的发展与建设中，教师群体扮演着至关重要的角色。然而，在高校教师的工作中，有时也会出现各种各样的劳动争议案件。这些案件的发生，不仅影响了高校的正常运转，也对高校教职工的合法权益产生了不良影响。下面就涉高校劳动争议案件中的劳动争议纠纷类型进行详细阐述。一是工资、福利待遇类纠纷。教师在高校工作期间，薪酬待遇方面是关注的重点问题之一。在涉高校劳动争议案件中，工资、福利待遇纠纷是比较典型的纠纷类型。比如，教师认为自己的劳动成果未得到充分的奖励或福利待遇不合理，要求高校加薪或改进福利待遇。另外，有些高校存在拖欠教师工资或者福利待遇等问题，也引发了一系列的纠纷案件。二是职务、职称类纠纷。在高校内，职务和职称是衡量教师平时工作质量和水平的重要参考指标。但是，在某些情况下，教师因为职务、职称等问题，与高校产生了纠纷。比如，有的教师认为自己一直在高校工作多年而未获得相应的职称晋升，其中存在一定的问题。还有的教师认为高校领导不公正，针对某些教师的职务任命有失公允，导致职务、职称产生异议等。三是人事任免类纠纷。人事任免涉及的是高校教师在人事管理方面的各类工作，如聘用、转正、解聘、调离等。在实际工作中，人事任免类的纠纷主要表现在以下方面：教师被违法辞退，教职工试用期过长，应予转正未落实等。此外，某些高层领导任免中存在腐败现象，导致教师之间产生了困扰。四是劳动时间类纠纷。高校教师通常需要完成多项重要工作，涉及的时间比较广泛。然而，在某些情况下，教师认为自己的劳动时间被剥夺或被违法延长，导致教师心理产生难以接受的不安情绪。比如高校将教师的调休安排得不合理，拖延教师休假时间等。总体来说，涉高校劳动争议案件中的劳动争议纠纷类型比较多样化，归纳起来，主要体现在工资、福利待遇类纠纷、职务、职称类纠纷、人事任免类纠纷和劳动时间类纠纷等方面。

3.出现第三方作为用人单位与劳动者签订合同的新趋势

随着社会的不断发展，高校劳动争议案件逐渐增多，原因在于高校与用人单位之间的聘用关系复杂，一些劳动者在高校中工作，但其真正的用人单位可能是第三方公司。这导致在劳动法律纠纷中的诸多问题，如劳动权益保护、维权难度等。因此，从实际情况出发，用人单位开始寻求更加合法的解决方案。其中，第三方作为用人单位与劳动者签订合同的新趋势已经逐渐成为一个比较成熟的解决方案，并且逐渐得到了广泛认可。首先，从实际的运行情况来看，第三方作为用人单位与劳动者签订合同确实可以更好地解决高校劳动争议案件中存在的问题。通过第三方代理企业与劳动者签订劳动合同，将招募人力和管理责任交由第三方代理企业承担，将高校工作人员和第三方代理企业之间的劳动关系变为合法的连锁经营关系，可以更好地解决劳动法律纠纷等问题，并规范化合法劳动关系。其次，第三方作为用人单位与劳动者签订合同还有利于高校管理工作。在高校的日常管理中，存在人员管理、人力资源配置等问题，而采用第三方代理企业与劳动者签订合同，可以将人力资源管理和绩效考核等问题交由第三方代理企业协调和解决，可以轻松解决人力资源利用的问题。由此可见，第三方作为用人单位与劳动者签订合同的新趋势是一种值得肯定和推广的解决方案。其中，第三方代理企业可以根据用人单位和劳动者之间的事实关系和实质行为作为聘用决定依据，并依据相应的聘用标准对劳动者进行面试、考核、合同签订等操作。同时，第三方代理企业还可以协助用人单位招募、管理、绩效考核等事宜，进一步规范化和标准化用人单位的管理运行，加强劳动权益保护。此外，第三方代理企业也要遵守《中华人民共和国劳动合同法》及其相关规定，并严格依法履行代理聘用责任，规范劳动关系，保障用工单位和被招募人员的合法权益，不断提高服务质量和信誉度。总之，在高校劳动争议案件中，出现了第三方代理企业作为用人单位与劳动者签订合同的新趋势，是一种构建和谐的劳动关系所必需的。在实践中，第三方代理企业的运用能够更好地保障劳动者合法权益，促进用人单位管理有效运行。但是，要建立一个完整的、更加完善的第三方代理企业制度，政府、用人单位、劳动者，每一个环节都需要落实好工作，加强监管，共同推进这一制度的发展，以此实现全面规范化的劳动关系。

二、研究必要性

（一）进一步完善高校人事管理风险体系

高校人事管理是一项重要的工作，它直接关系到高校的教学、科研、管理等方面。随着社会的不断发展，高校人事管理面临的风险也在不断增加。因此，对高校人事管理风险性进行研究，是一项必要的工作。高校人事管理风险是指由人事管理活动引发的、可能对高校人事管理产生不利影响的各种不确定性和潜在危险。在高校人事管理中，常见的风险包括聘用不当、双重聘用、人事违纪、性骚扰等。在现实中，高校人事管理风险十分普遍，在某些高校中甚至已经成为一种病态现象。比如有些高校在聘用教师时过于追求学历、职称等标准，忽略了教师的实际能力和经验，导致教学质量下降；有些高校存在双重聘用现象，造成岗位争夺、职务混乱等问题；还有一些高校存在人事违纪和性骚扰等问题，给学校形象和教育教学质量带来了不利影响。高校人事管理风险是由多种因素引发的。首先，高校人事管理工作烦琐而复杂，相关流程和制度多且复杂，难以做到全面、准确、公正地执行。其次，高校人事管理的制度和流程存在漏洞和瑕疵，比如聘用标准不够严格、职称评定不够科学、招聘程序不够公开等问题。此外，高校人事管理中缺乏有效监督和有效制约机制，导致管理人员的任性、偏差和失误。为了解决高校人事管理存在的风险问题，需要完善高校人事管理风险体系，比如优化高校人事管理制度，明确职责、规范流程、加强监督和管理，严格落实人才聘用、工资管理、职称评定等方面的标准和规定，确保全部工作有序而有效；加强高校人事管理人员的培训和教育，提高人员素质、增强意识。具体而言，需要加强管理人员的法律与政策知识、工作方法和敬业精神等方面的专业素质，如尊重人才、职称评定理性、招聘程序顺畅等方面的职业道德；此外，高校也需要对职工进行职业道德教育，指引大家树立正确的价值观，提高使命感，准确认知奉献和责任；强化风险防控措施，确保高校人事管理真正做到有效、全面、准确、公正，并构建与之配套的风险管理体系，加强风险预警、风险评估、风险应对等方面的能力，确保任何一起人事管理风险事件都可以得到及时发现、快速反应和科学处置。高校人事管理风险问题是不能忽视的一个方面，学校应注重完善管理职责体系，抓好学校管理人员培训教育，增强管理人员综合素质和能力，为促进高校人事管理的健康发展奠定基础。

（二）进一步深化高校人事管理风险性研究

高校人事管理风险性研究是对高校人事管理中可能出现的风险进行探究和分析的研究。在高校人事管理中，风险是无法避免的，只有深入研究风险的类型、出现的可能性、对高校带来的影响以及相应的应对措施，才能够更好地预防和应对风险，降低风险带来的不良后果和损失。高校人事管理风险性的类型比较多，具体如下：一是招聘风险。在高校招聘过程中存在诸多风险，如招聘对象的不真实信息、招聘目的不明确、更换高层管理人员带来的变革等，这些风险可能会影响组织的整体工作效能和发展战略。二是绩效管理风险。高校绩效管理是一项十分重要的人事管理工作，当出现绩效评估标准不明确、评价方法和程序不规范、评价者不公正等问题时，就会带来招生和教学质量的困难和风险。三是激励机制风险。高校为了激励教师和行政人员的工作积极性，通常采用激励机制，但如果激励机制不合理，如奖金分配不公平、升职渠道不通畅等，就可能对组织的稳定性和成就目标带来风险。四是离职风险。教研人员、管理人员兼职或主动离职，意味着组织可能会失去重要人员产生工作混乱、财政危机等风险。以上几种风险是高校人事管理中常见的风险类型，这些因素都可能导致高校人事管理工作的风险性加大，甚至带来严重的后果。了解高校人事管理风险性的类型，有助于我们更好地预防和控制风险。高校人事管理风险性研究的意义在于，它可以帮助高校管理者了解高校人事管理中存在的各种风险性，并提供实用的应对方案，最大限度地减少这些风险对高校带来的不利影响。具体而言，高校人事管理风险性研究可以帮助高校管理者在以下几方面提升管理水平：一是加强风险意识。高校人事管理风险性研究可以向高校管理者呈现高校人事管理中存在的各种风险性，并提醒管理者在平时工作中保持高度的风险意识。这有助于高校管理者更加敏锐地察觉可能存在的风险，进而采取措施防范风险。二是完善管理制度。高校人事管理风险性研究可以帮助高校管理者更好地理解高校人事管理领域中存在的问题，为他们提供方向性建议，进而使得高校人事管理制度得到不断完善。比如，在高校招聘中，可以帮助管理者了解各种面试方式的优缺点，以从更广阔的视角出发优化高校招聘管理制度。三是提升管理水平。高校人事管理风险性研究可以为管理者提供宝贵的经验和知识，让他们学会在面对风险时从容应对。比如对面试中可能存在的风险性有了了解，管理者可以在面试时加强监管，防止面试中发生不当行为。风险性分析。在高校人事管理风险性研究时，需要对问题进行细致分析，以便更加深入地掌握高校人事管理中存在的各种风险性。一是信息安全风险。高校招聘时需要大量采集应聘者的个人信息，包括基本资料、教育背景、家庭情况等。这些信息需要得到合理保护，以免产生信息泄露等风险。二是人员管理风险。高等教育体制内需要管理众多的工作人员和教职员工，包括教授、行政人员和实习生等。管理者需要为这些人员制定明确的管理规定，以避免长期持续的管理风险。三是内部腐败风险。高等教育机构可能面临的一种风险是内部腐败。该风险涉及行政人员、教授及其他人员在职业上的不当行为，比如利用职务上的便利为个人谋取利益、虚报学术成果等。风险控制策略。高校人事管理风险性研究可以为高校管理者提供一些有益的风险控制策略。一是增强信息安全意识。高校管理者应采取适当的措施，确保个人信息的保密性和安全性。推广网络安全意识，加强信息保护，完善科学的教育信息管理机制和措施。二是建立规范的人员管理制度。高等教育严格按照国家相关法规、文件，制定人事台账，重点关注人员进出、人员变动、聘任方式、聘任程序、聘任必备材料等人事行政管理工作的管理制度。为教师、学生、工作人员制定有关人事规章制度。三是建立一个清晰的科研评价制度。合理把握教师科研的内容、质量与评价，激励教师的创新意识。高校管理者应对科研的遴选、评价和奖励量化标准进行更加细致的制定和管理。如此一来，便可以防止出现学术不端现象，提高高校的学术水平和科研水平。高校人事管理面临着众多风险性问题，研究如何应对这些风险性问题是至关重要的。高校人事管理风险性研究因而成为高校管理者必备的一个工具，它可以帮助管理员了解高校人事管理中存在的各种风险性，科学制订风险应对策略，从而帮助管理者更好地处理各种风险，保障高等教育机构顺畅地运转。

（三）促进高校健康发展

随着中国高等教育体系的不断发展和完善，高校的人事管理工作也变得日益重要。因此，高校人事管理风险性研究是至关重要的。这一研究能够发挥关键作用，帮助高校克服潜在的管理风险，保障高校人力资源管理工作的成功实施，促进高校的健康发展。高校管理机制相对落后，许多高校管理机构的管理模式仍然停留在传统的管理架构中，无法适应现代高校管理的需要，这就导致人事管理的风险性增加；高校人才竞争激烈，人才引进、培养和留存越来越具有挑战性，如果高校不能制定出科学的人才管理策略，那么就会面临人才流动和人力资源浪费的风险；高校的制度和文化在某些方面仍然不完善，这使得高校管理机构难以妥善应对人际关系问题，无法制定适合高校特点的管理规章制度。针对以上风险，高校人事管理风险性研究的目的是制定出将风险降到最低的管理策略。高校应根据自身特点及目标制定一个科学的管理机构体系。在该机构体系中明确各个管理岗位的职责，建立权责清晰、衔接封闭的管理网络，以防止相互协作时的误区和管理权限的争议。高校应根据人才战略制定一套完整的人才管理策略，并进行有效的人才招聘和流动，减少人才流失和流动的次数。在该策略中应重点关注人才评价、培养和激励机制的建立，为人才提供更好的工作保障和良好的职场环境，以此增加人才与高校的默契度。高校还应根据制度运行的规定制定一套人际关系管理策略，针对不同阶层的员工进行分类区别对待，提供适宜的管理方式和培养机制，确保高校管理规章制度的严谨性。综上所述，高校人事管理风险性研究需要得到重视，高校应积极采取措施，降低管理风险性的影响，并为高校管理工作奠定基础。在日益激烈的全球竞争中，每一个高校都需要一个科学的人才管理策略，以吸引和培养高质量的教职员工。只有这样，高校才能发展、成长，为中国更好发展服务。

（四）为规避人事管理风险提供依据

随着高校人员规模的不断扩大和组织结构的复杂化，高校人事管理面临着越来越多的风险。人事管理风险的存在给高校带来了许多负面影响，包括人员流失、管理效率低下、招聘难度大、劳动争议等问题。针对这些问题，研究高校人事管理风险性，为实现高效、稳定、可持续的发展提供有力的支持和保障必不可少。首先，高校应认真评估人事管理风险。通过对高校人事管理的调查、分析和评估，可以发现高校人事管理风险存在程度，以及风险对高校运营的影响。评估的结果需要通过科学的统计和分析手段来验证，以更好地制定相应的应对策略。其次，高校应完善人事管理制度。完善人事管理制度的前提是制定一系列合理、规范、明确的人事管理规章制度。制度应包括员工招聘、人事档案管理、薪酬福利管理、绩效考核、员工培训等方面内容，并贯彻执行到位。在制定制度时应广泛征求员工意见，避免因制度不合理而引发的劳资冲突。第三，高校应提高管理水平。高校管理者应增强管理能力，做好人力资源管理，提高工作效率，避免管理失误导致的风险。要积极开展员工培训，提高员工技能和素质，为高校可持续发展提供人才支持和保障。第四，高校要合理利用信息化技术。高校人事管理应充分利用信息化技术，建立信息化系统。通过信息化技术，高校可以实现信息的共享、安全、便捷，提高管理效率，减少人事管理的错误，并及时发现和解决问题。值得注意的是，高校人事管理风险不是一次性能够解决的问题，而是长期的持续工作。应不断总结经验，不断优化管理模式，不断加强风险预防机制，从而实现高校的可持续发展目标。总之，高校人事管理风险性研究是非常重要的。要加强人事管理，提高管理效率和工作质量，从而更好地发挥高校的作用，推动高等教育事业的发展。只有这样，高等教育事业才能稳健发展，真正成为服务国家和社会的重要力量。

第二节 高校人事管理风险性具体表现

一、《劳动合同法》规范下高校人事管理面临的风险

（一）招聘管理风险

1.招聘信息不全面

高校在人才招聘中存在招聘信息不全面的问题，这是一个非常普遍的现象，尤其在大型高校和综合型高校中更加明显。这种问题导致很多人才错失求职机会，同时也影响到高校人才队伍建设。一是招聘信息过于简单。很多高校在发布招聘信息时，经常只提供最基本的职位名称、岗位要求和薪资待遇，缺少细节信息。这样的信息是不够详细的，不仅难以让应聘者精确了解职位的具体职责和工作内容，还容易产生误解。有些应聘者在了解不够清晰的情况下，可能会投错简历或放弃求职机会，导致高校无法吸引最优秀的人才。二是招聘渠道不够广泛。高校在发布招聘信息时，往往仅仅在学校官网和部分招聘平台中发布，而没有采取更广泛的宣传手段。这样的情况下，很多有才华的人才有可能因为没有看到招聘信息而错失求职机会。如果高校希望吸引更多的高素质人才加入自己的团队中，就需要尽可能地扩大招聘渠道，让更多的人知道职位信息，从而提高应聘者的数量和质量。三是岗位描述不够详细。一份完整的岗位描述，除了工作职责、任职要求等基本信息外，还应包括一些具体的、可操作的项目和业务。但在不少高校的招聘信息中，这些详细信

息往往没有涉及。如招聘信息里往往只列举出工作职责和任职要求，并没有具体说明这份工作所需掌握的具体技能，对于应聘者来说，并不能真实地反映出这份工作的具体要求和挑战。四是薪酬待遇不透明。薪酬待遇是很多求职者在选择工作时非常重要的一个因素。如果一个高校在招聘时没有明确标明具体的薪酬待遇情况，甚至是隐藏了薪资信息，那么很容易让一些优秀的求职者失去信任，也不利于吸引优质人才前来应聘。总之，高校在人才招聘中缺少招聘信息的全面性导致很多问题。通过加强信息发布、细化招聘岗位要求、确立透明的薪资待遇等方式，高校可以提高招聘效率和招聘质量，吸引更多优秀人才为高校效力。

2.合同签订不规范

高校在人才招聘中存在合同签订不规范的问题。一方面，高校受到管理、制度等多方面的限制；另一方面，学校之间、学校与人才之间存在信息不对称的情况，容易导致在合同签订上出现不合理的情况。此处从签约对象、合同条款、合同期限、代表权等方面讨论高校在人才招聘中合同签订不规范的问题。签约对象不规范。高校在招聘人才时，签订合同的对象不规范问题比较突出。一方面，由于传统的招聘方式，高校往往要走烦琐的中介环节，使得招聘人才过程中，被聘人和学校之间的信息不对称比较常见。另一方面，在合同签订的具体操作中，高校方面的代表列表不明确也是一个常见问题。很多时候，由于签约人的身份不明确，不当地权衡了合法性与合理性，导致合同松散、缺乏有效性的情况。合同条款不规范。合同条款不规范，也是高校在招聘人才的过程中很容易犯的错误之一。从一些具体的案例来看，高校在招聘过程中，往往被聘人和学校之间的信息不对称情况较为严重。由于信息缺乏和不对称，学校有时在合同条款中规定一些不成文的条款，导致承担的风险和责任不均衡。此外，高校在招聘人才的过程中也常常存在合同中的期权规定不清的问题。对于这一点，高校方面不了解期权规定的真实意义和范围，往往会忽略期权的合理性，导致合同的不合理性。合同期限不规范。合同期限是一个比较关键的问题，如果期限不符合实际，就会导致合同中某些条款无法履行。高校在招聘人才过程中，往往因为信息缺乏，忽略了期限的合理性，导致签订了有缺陷的合同。这种情况在人才管理中很容易出现，因为学校的资源和经营形态发生了变化，导致某些合同期限的拖延。同时，在用工目的、工作年限等方面也可能出现缺失，导致合同期限不规范。代表权不规范。代表权不规范在高校招聘人才的过程中也是一大问题。高校在选聘代表人员时，往往出现被聘人和代表人员之间的信息不匹配。这个问题导致在签订合同的过程中，代表人员并不能充分代表学校行使签署合同的权力，因此造成很大的问题。以上就是高校在人才招聘中存在的合同签订不规范问题。在面对这种情况时，高校应充分了解所处领域和规范，以提高签订合同的合法性和合理性。同时，在招聘时应充分披露信息，以避免信息不对称导致的签署不规范或无效合同。

（二）纪律管理风险

1.劳动规章制度制定程序不合法

高校纪律管理中，劳动规章制度制定程序不合法是指高校对劳动规章制度的制定过程不符合法律和规定程序，导致制定的劳动规章制度的有效性和合法性产生严重问题。这种现象在高校普遍存在，严重影响了高校内部的纪律管理和教育教学秩序，不利于高校的长期发展。一般来讲，劳动规章制度是指高校针对职工的劳动关系，根据法律规定和国家政策，以及高校的特殊情况，制定的规定、制度和管理办法。这些规章制度依据《中华人民共和国劳动法》的基本要求进行制定，是保障劳动者的权益，维护劳动秩序和生产生活秩序，推进高校科学发展的重要保障。然而，在现实生活中，高校的劳动规章制度制定程序往往存在诸多问题，比如许多高校在制定劳动规章制度时，往往只是由几个高层管理者决定，缺乏广泛的民主程序和广泛的讨论和反馈。一些高校的劳动规章制度往往违反或忽略了国家法律和政策，涉及制定程序、内容、条款等方面问题，比如高校在制定劳动规章制度时，没有依法征求工会和职工的意见，缺乏真实反映职工利益的声音；一些高校制定的劳动规章制度存在权威性和可操作性的问题，比如一些高校制定了一些具有法律和政策规定的内容，但对于实际操作的要求缺乏具体、清晰的指导，无法严格执行。此外，由于高校制定的劳动规章制度没有经过广泛参与，职工对相关规定的认同度和遵守度往往比较低，这导致管理效果下降；高校劳动规章制度制定程序不合法还会影响职工的合法权益，比如一些高校的劳动规章制度中存在不合理的劳动强制性条款，以及不合理的奖励和惩罚规定，导致职工在工作和生活中受到不公正的对待，从而损害了他们的权益。因此，高校应主动促进劳动规章制度的制定过程更加合法化和规范化。高校应建立民主、透明、制度化的制度制定程序，依据国家法律和政策，真正反映职工的利益和需要。此外，高校也应强化劳动规章制度的实施与监督，确保规章的操作性和执行效果。只有树立强化法制意识，保护员工利益与权益，才能够为高校的可持续发展奠定良好的基础。

2.劳动规章制度的内容不合理

高校纪律管理中的劳动规章制度是指学校为规范和管理学生在校期间的行为而制定的一系列规章制度。但在实际情况中一些规章制度的内容不太合理。首先，一些规章制度的内容存在太过苛刻的情况。比如有些学校规定，学生在做实验或者作业的时候不能戴手表，不能穿长袖衣服等。这些规定虽然强调了学生应专注于学习，但是太过苛刻的要求有可能影响学生正常的学习和生活状态。如果限制太多，学生的正常生活和学习状态可能受到影响，反而不利于学校管理和教育。其次，劳动规章制度的内容不合理还体现在学校对学生的劳动时间安排上。比如一些学校规定学生必须在周末或者晚上参加劳动，如果不按时完成任务就会受到惩罚。这种规定有可能导致学生没有充足的时间休息和参加课外活动，进而影响学生成绩和心理健康。因此，学校应合理安排学生的学习时间和休息时间，为学生提供优质的学习和生活环境。同时，对于一些违规行为的惩罚机制也需要进行规范和优化。比如一些学校对于学生在学习中出现的一些小错误或者违规行为，直接处以重罚，这样会让学生失去信心和动力，而且很可能加重学生的负面情绪。对此，学校应制定更加合理的惩罚机制，针对不同的错误给予不同的处罚，避免对学生造成过度惩罚。总的来说，高校纪律管理中的劳动规章制度存在一些问题，需要学校进一步规范和改进。学校应尊重学生的权益，合理地安排学生的学习和休息时间，同时要制定更加合理的处罚机制。这样才能为学生提供安全、健康的学习环境，更好地实现高校管理和教育的目标。

3.证据保全管理存在风险

高校纪律管理中证据保全管理存在风险，这是一个不容忽视的问题。证据保全不力会导致相应的问题难以解决，同时也会对校园安全以及学术秩序产生负面影响。高校纪律管理中的证据保全管理存在以下风险：一是证据收集难度大。高校纪律管理中的证据收集难度与“校园”这一特殊环境密切相关。高校内部人员众多，每个人的行为都会影响周围的人，很难保证在课堂、实验室、办公室等特定的区域内不被他人误解、拍摄或监听，也就是说，证据保全问题的难度非常大。而且许多高校并不拥有完备、规范的证据保全制度，虽然大部分高校在相关的课程中讲授了证据保全的方法和注意要点，但是在学生的实际操作，却往往存在缺乏监管等问题。在这种情况下，即使是发现了证据，也很难证实它的真实性和有效性。二是证据保全技术落后。当前，随着网络技术的发展，人们利用科技手段进行违规的情况时有发生，如恶意篡改互联网报道、发布虚假信息、网络诈骗等现象，在高校中也有出现。而在这些问题上，往往需要特定的技术来保全证据。当前的情况是，高校的证据保全技术还极为落后，无法实现高效、规范的证据保全。总的来说，高校纪律管理中证据保全技术的落后使得高校对违规行为的打击效果大打折扣，即使发现了相关行为，往往也难以保存证据，以在后续的调查和处理中发挥作用。三是法律意识淡薄。高校纪律管理中证据保全管理的最大障碍是法律意识淡薄。在实际工作中，尤其是一些基层工作，不少高校仍然缺乏证据保全的法律意识，这就使得他们的工作容易受到诸如人身伤害、网络侵犯等因素的影响，使得一些有利于处理案件的证据被误判或者难以审核。另外，一些学生对于证据保全也不是很重视，他们对证据保全不太了解，或者不知道那些他们认为微不足道的行为可能变成有利的证据。而且学生年龄较小，法律意识薄弱，有时对于后果难以自主承担，这意味着高校要在证据保全方面更加注重。高校纪律管理中证据保全管理存在的风险逐渐凸显，如要改善高校纪律管理中的证据保全问题，高校应建立完备的证据保全制度，增强学生的法律意识，以及加强对监管的升级和执行力度。只有这样才能更好地维护高校秩序，也能让学生更加理解证据保全的重要性，为构建和谐的校园环境打造更加坚实的基础。

（三）薪酬管理风险

1.薪酬体系设计风险

随着教育事业的不断发展，高校教师的薪酬管理也变得越来越重要，这需要学校制定一套科学、合理的薪酬体系，以吸引和留住人才。但是，设计薪酬体系也涉及许多风险和挑战，如果高校管理不当，就会导致各种问题的出现。首先，设计高校薪酬体系时需要考虑薪酬等级的划分，如果划分不合理，就会导致薪酬浮动过大或者过小的问题。同时，薪酬体系的分配标准也要达到公平公正，不能偏袒某些教师，这会引起不满和恶性竞争。其次，高校在设计薪酬体系时需要考虑薪酬的来源，由于高校的资金来源相对有限，学校必须在保证教学质量的前提下控制薪酬支出，如果设计不当，就会导致薪酬开支超出预期，给高校带来不小的财务压力。再次，高校薪酬管理还需要关注职务晋升和专业发展。薪酬体系也应为教师的职业发展提供支持，如果高校管理不善，就会导致一些教师晋升困难，影响职业发展，最终影响教学质量和学校声誉。最后，高校薪酬管理也需要考虑市场竞争。不同高校之间的薪酬水平存在差异，如果学校的薪酬水平相对较低，可能导致薪酬竞争力不足，难以留住优秀教师。综上所述，设计高校薪酬体系存在许多风险和挑战，如果管理不当，则会导致许多问题的出现。因此，高校需要谨慎选择管理人员，完善薪酬管理制度，做到公平公正、合理透明，并贯彻实行。同时，学校还需要注重教师的职业发展和市场竞争力，吸引和留住优秀人才，为学校的发展提供可靠保障。

2.员工病假或法定医疗期间工资支付风险

高校薪酬管理中，员工病假或法定医疗期间工资支付是一个比较敏感的问题，一旦管理不当，将会引发许多风险和矛盾。法律要求员工病假期间的工资应按照规定的标准支付，以保障员工的合法权益。此外，在法定医疗期间，公司也有义务为员工支付工资。但高校相较于其他单位，工作压力相对较小，以至于一些员工利用病假等假期玩乐、旅游甚至找兼职，在这种情况下，薪酬管理就变得十分困难，而这容易造成劳动关系出现矛盾，比如员工病假或法定医疗期间工资支付不合理将会引发员工与企业之间的劳动关系矛盾，进而影响员工的工作积极性以及企业的形象和声誉。另外，疾病风险员工在病假期间，如果继续上班，可能会对其他员工造成安全隐患，增加企业的经济风险。

（四）福利管理风险

1.社会保险管理风险

随着高校福利制度的日益完善和提高，社会保险的管理风险也越来越大。社会保险是指依法为全体劳动者提供基本社会保险的社会保障制度，主要包括养老保险、医疗保险、失业保险和工伤保险等多种保险类型。作为高校福利管理的重要组成部分，社会保险的管理问题必须得到有效解决。高校福利管理中的社会保险管理风险主要表现在以下几个方面：一是缴费问题。高校福利管理中，社会保险的缴费是一个关键且容易出现问题的环节。由于各种原因，学校成员的缴费率和缴费金额差别很大，存在缴费不准确、漏缴、迟缴等情况。这就导致社保费用集中支付时有些成员或部门未缴清或未及时缴纳，可能出现拖欠或延误的情况。二是赔付问题。高校福利管理中，社会保险的赔付问题也是一个重点。由于一些成员的保险信息不完整或者不准确，导致赔付出现误差或者公司并不能按时给予赔付。这对于成员来说肯定是很大的伤害。三是数据管理问题。高校福利管理中，社会保险的数据管理也存在一些问题。一些成员由于各种原因没有录入保险系统，或是在保险数据维护和管理时发生不当操作，这些都可能导致保险信息的不准确，进而影响保险管理的科学性和规范性。

2.住房公积金管理风险

高校福利管理中住房公积金管理是风险管理中的重要领域。随着我国住房公积金制度的日益完善和房屋购买、租赁的频繁发生，高校作为一个重要的人力资源管理机构，应聚焦于以下三个方面：一是资金风险。高校在管理住房公积金的资金时，必须注意风险的控制，避免由于资金管理不妥带来的损失，比如可以加强对企业住房公积金管理部门的监管，及时检查每一笔公积金的缴纳情况，确保资金的应收应付一一对账；加强对资金的监管和使用，防止将住房公积金滥用于非法渠道，减少损失；应建立完善的资金管理制度，加强资金审批和使用的监管，确保校内每一笔公积金的使用符合相关法律和规定。二是政策风险。在住房公积金管理过程中，高校必须严格遵循住房公积金制度，合理运用相关政策工具，降低政策风险。高校要根据国家的住房公积金政策，制定一套完整的住房公积金管理方案，确保校内住房公积金管理工作顺利推进，并且掌握相关政策风险，及时调整策略，对校内住房公积金的管理过程进行调整和改进，以期达到政策的合理运用。三是信用风险。在住房公积金管理中，也要注意信用风险的控制。高校要有一个完善的信用评价体系，为校内员工和教职工开通个人信用记录，并按照最新的排名方法进行排名，切实提高教职工的信用度。同时，加强校内住房公积金公示制度，让员工更加了解住房公积金的相关政策和流程，提高公序良俗，从而减少因个人信用度低而对住房公积金管理带来的损失。高校福利管理中住房公积金管理风险虽然存在，但只要在资金、政策和信用方面进行风险控制，就可以有效避免相关风险的发生，为教职工带来更好的福利管理服务。

二、《事业单位人事管理条例》下高校人事管理面临的风险

（一）聘用合同管理风险

1.试用期约定风险

高校聘用合同中试用期约定风险主要涉及试用期的约定、试用期满后的处理和合同续签等方面。以下是一些常见的风险：一是试用期的约定。试用期是为了让雇主和雇员更好地了解彼此的能力、经验、工作态度和适应程度。高校聘用合同通常在试用期方面进行约定，比如试用期的期限、试用期的工资待遇、试用期工作任务等。然而，试用期的约定往往存在以下风险：比如试用期期限过短或过长。试用期的期限应视具体情况而定，一般不超过六个月，但有些高校在合同中约定的试用期期限很短，甚至只有一个月，这样试用期无法充分考察员工的实际工作表现，反而增加了员工过短合同的风险。还有一些高校将试用期的期限安排得过长，如长达一年甚至更长时间，加大了员工在试用期内被裁员的风险。应对措施：在约定试用期期限时，高校应结合岗位职责、工作内容以及行业惯例等综合考虑，尽量保证试用期的期限合理且切实可行；试用期工资低于劳动法规定，根据《中华人民共和国劳动合同法》第20条规定：劳动者在试用期的工资不得低于本单位相同岗位最低档工资或者劳动合同约定工资的80%，并不得低于用人单位所在地的最低工资标准。试用期工资待遇低于该规定的公司很容易构成用工单位违法行为，从而承担违法成本。二是试用期满后的处理。试用期满后，如果员工表现良好，高校应考虑为其办理正式工作手续；如果员工表现不佳，则可给予相应的解聘处理。但对于试用期满后的处理，也存在一些问题，比如确认试用期是否结束。确认试用期期限已经结束是进行后续工作的前提，然而有些高校在合同中并未规定试用期期限，或者规定存在模糊不清的问题，也会产生争议；试用期续签合同的约定。如果要续签合同，应在原合同约定的时间内进行沟通和签订。但有些高校在合同中并未明确约定试用期满后是否要续签，使员工产生不同的期望，有可能导致不必要的矛盾和纠纷。三是合同解除和解除后的处理。比如合同解除的风险。如果员工在试用期内表现不佳，或者试用期满后未能办理正式工作手续，或者违反了合同约定，都可能导致合同解除。但有些高校在解除合同时，未按照合同约定赔补应付款，或者未合理处理员工已出勤但未获得工资的问题。这些都有可能增加雇主的风险；解除后的处理风险。本着关注员工福利、确保合法权益的原则，解除合同后需根据实际情况进行合理安排。但

有些高校在解除合同后未能及时进行交接工作，或者未能按照相关规定退还员工的社会保险和住房公积金等福利。作为雇主方，高校应在约定试用期相关内容时，严格遵守劳动法规和行业规定，建立规范的合同管理制度，注重平衡与相互表达。同时，引导员工自觉遵守合同，提高观念意识和法律素养，实现雇主与员工间的和谐共赢。

2.违约金管理风险

高校聘用合同管理中，违约金的管理是一个非常重要的问题。违约金是指当一个员工在合同期限内未能履行合同义务时，按照双方约定可由违约方向守约方支付的赔偿金。违约金的收取和管理不仅是保证高校聘用合同顺利执行的重要手段，也是维护高校合法权益、保护学校稳定生产和工作秩序的重要举措。然而，违约金的管理存在许多问题和风险。首先，违约金的具体数额和支付方式往往存在差异。一些高校可能没有明确规定违约金标准，只是根据学校实际情况和合同签订时间进行协商制定，这可能导致合同管理的不确定性和合同的风险。其次，部分高校在签订合同时，未充分考虑违约金的支付方式和时间，仅仅只是涉及违约金金额，并没有明确约定具体的支付形式和支付期限，这也会加剧高校的合同风险。另外，高校在制定违约金支付方式时，也需要考虑适应不同情况下的工作流程和考勤区别。比如，在一些学校的科研院所和实验室中，员工需要经常加班或者不按照规定的工作时间表进行工作，如果是按小时计算和支付工资的方式，高校如何确定每个员工的违约金标准，这时对于高校合同管理部门来说，对加班费和违约金的计算需要特别严密和谨慎。最后，高校在管理违约金时，还必须制定完善的违约金监管机制。高校需要建立一套监督机制，确保合同管理部门能够及时清理违约金等款项，确保学校资金的合理使用，保证员工权益，同时也能够避免因违约金纠纷造成的额外费用和风险。保障是激励，高校在管理违约金时，对于诚信守约的员工，还应给予一定的激励和奖励，以鼓励员工积极履行合同义务。综上所述，高校在聘用合同管理中，管理违约金是至关重要的。高校应建立严格的违约金支付标准和管理机制，确保合同执行的合理性和公正性，同时也应尽量避免不必要的合同纠纷和风险。在这个过程中，需要考虑到多方面的因素，包括具体的支付方式和时间、补偿标准的设定等，让违约金管理更加精益求精、完善完美。

3.聘用合同解除风险

在高校聘用合同管理中，聘用合同解除是一个常见的风险。聘用合同解除可以发生在许多情况下，包括但不限于双方协商解除、合同期满、违反合同约定等。针对这些情况，高校需要采取相应的措施来降低风险。一是双方协商解除。在发生聘用合同解除情况时，最好的解决方式是双方协商解除。双方协商解除可以在一定程度上保护高校的权益。一方面，可以通过协商解除缓解双方之间的矛盾，降低纠纷产生的可能性。另一方面，可以根据协商结果，制定合理的解除方案。比如，在聘用教师时，可以根据协商结果，决定是否需要向教师支付赔偿金。二是合同期满。聘用合同期满是另一个常见的解除方式。合同期满时，高校不需要支付教师任何赔偿，只需要按照合同约定的方式和时间向其支付工资和奖金等报酬。三是违反合同约定。当教师违反聘用合同约定时，高校有权解除聘用合同，并可索要违约金。在高校聘用合同管理中，聘用合同解除是一个比较复杂的问题。高校需要制定合理的解除方案，遵循相关法律和政策，保护自身权益的同时，也要注意人才引进和留用。只有做好合同书面化、提前提醒、及时续签、约定违约条款、及时处理和依法处理等方面，才能更好地管理聘用合同解除风险。

（二）人事争议处理管理风险

高校人事争议处理管理风险，是当前高校管理工作中必须面对的问题。由于高校人员数量众多、工作复杂，导致高校人事争议事件时有发生。一是高校人事管理制度不够健全，不能明确人员职责与权利、聘任程序和考核机制，这使得很多工作难以正常运转，并且造成一些手续的规范性和依据性不足，成为人事争议发生的重要原因；二是政策标准和程序不够统一，造成人事管理的公正性和透明度受到负面影响。人事决策涉及多个方面，如聘任、晋升、处分等，如果没有统一的政策和程序支撑，除了这些工作难以高效开展外，也会影响各阶段人事决策过程的监督和评估质量；三是高校的沟通能力较弱，在与员工的沟通中难以获得理想效果。比如发生人事纠纷时，虽然召开相关会议与当事人沟通，但是却没有给予当事人充分空间表达自己的意见和不满，使得人事纠纷难以有效解决，进而造成更多损失，也会损害高校在员工中的形象和声誉；四是高校风险防范机制缺乏针对性。很多高校在风险防范方面“缺位”，比如在聘任过程中，不能做到严格审查申请人的资历，造成很多不符合相关要求的人员进入其中，进而埋下风险和隐患。

第三节 高校人事管理风险性表现的原因分析

一、高校人事管理制度层面

（一）管理规章制度不健全

高校人事管理制度不健全的表现，主要体现在以下几个方面：一是招聘流程不规范。在高校中，招聘教师是一项非常重要的任务，但由于人事管理制度不健全，招聘流程往往不规范，面试标准不一致，甚至存在“内定”等不公平现象，这样会导致一些优秀的应聘者无法得到应有的机会，对高校的教学质量和学术水平也会产生不利的影响。二是用人标准偏低。由于一些高校的人事管理制度不健全，所以在聘用教师时，往往存在用人标准偏低的现象。这样会导致一些教师教学水平不高，教学效果不佳，甚至还存在一些严重的学术不端行为，对学校的教学质量和学术声誉产生不可挽回的影响。三是评聘制度存在缺陷。高校的评聘制度也是人事管理制度的一个重要组成部分，但一些高校的评聘制度存在缺陷，比如评审委员会成员不力、评聘标准不明确等，导致评聘结果不公平，不利于教师的职业发展和高校发展。四是晋升难度大。在一些高校中，由于人事管理制度不健全，教师的晋升难度非常大，这导致一些优秀的教师无法得到应有的晋升机会，影响他们的职业发展和高校的整体发展。五是教师激励机制弱化。由于一些高校的人事管理制度不健全，教师的激励机制非常弱化，这导致教师缺乏积极性和创造性，对学校的教学质量和学术水平产生了不可忽视的影响。高校人事管理制度不健全会对高校的教学质量、学术水平、教师队伍建设和整体发展产生严重影响，应采取必要措施加以改善。

（二）管理制度的制定不规范

高校人事管理制度是学校管理的重要制度之一，对于学校人事管理的规范化和科学化具有重要意义。然而，由于人事管理的复杂性和不确定性，一些高校在制定人事管理制度过程中存在不规范的表现，这不仅影响了高校的管理效率和管理质量，也可能导致员工管理、教学科研等方面的问题。高校人事管理制度制定不规范的表现：一是制度规范性不足。高校人事管理制度应是严密、规范的规章制度，对管理行为进行约束和规范。但是，在一些高校中，人事管理制度缺乏规范性与全面性，没有全面考虑到员工各方面需求的差异性和变化性，制定制度的依据和分析不到位，导致制度没有切实可行性、操作性和可评估性。比如，一些高校在制定制度时，只是考虑应遵守相关法规、政策及基本管理原则，却不注重制度内部各项权益的平衡性和相互支持性等，导致制度实施出现不合理、不合法的情况。二是管理体系不健全。高校人事管理体系的建立需要相应的管理体系作为支撑，保证管理制度的有效实施。但一些高校在制定人事管理制度时，体系建设不健全，缺少组织结构明确、职能划分合理的人事管理部门，没有配备足够的人员和物质技术条件，管理制度的实施和改进容易出现问题。同时，在制度实施过程中也需要相应的管理流程支持，缺乏流程规范化和效率化措施，耗费了大量人力、物力和时间。三是权责不分明。高校人事管理制度的制定需从权责划分角度出发，确立每个职责部门的具体工作范畴，避免工作交叉、责任不清等问题。但一些高校未能明确职责的界限，未确定行为规范，导致一些职责部门的职责冲突、责任不清等问题。此外，高校人事管理制度在实施过程中需要设计相应的管理目标，明确各个部门、岗位和员工的职责，落实权责对等原则，避免岗位职责和权力不一致、职责补位等问题。四是考核标准和奖惩制度不合理。考核标准和奖惩制度是高校人事管理制度的重要组成部分，直接关系到管理实效性和人员素质提升。但有的高校在制定考核标准和奖惩制度时，没有考虑到人才培养、教学评估、学术研究等方面的因素，也不注重管理方式的灵活性，导致一些员工受到惩罚，部分优秀员工得不到应有的奖励，逐渐释放出不适宜员工管理的信息。

二、高校人事管理人员层面

（一）高校人事管理的中、高层管理者

1.存在打法律法规“擦边球”现象

高校人事管理中存在中、高层管理者打法律“擦边球”现象。这种现象主要表现在以下几个方面：一是领导任命关系。一些高校的中、高层管理者往往不遵守学校的聘任程序，擅自任命自己亲信或关系好的人担任某些职务。有些还打着“特殊情况”的幌子进行违规聘用，比如没有按照竞聘程序，单独聘用人员，等等。二是安排亲戚朋友工作。一些高校的中、高层管理者往往不顾虑公平竞争原则，特别是在人事任免方面搞“亲情式”“裙带式”的聘任。将亲戚朋友安排在重要的岗位，甚至开设“保护伞”，让自己的亲戚朋友可以吃上“定制”的“大锅饭”。三是逃避法律法规。有些高校的中、高层管理者为了达到政绩目标，常常忽视法律法规，逃避相关管理规定。比如，直接大规模用工，绕过公聘的程序，或者团伙组织承包工程项目、控制投标结果等，极尽权力展示，为自己的私利献“殷勤”。四是不公正处理学生和教师纠纷。学生和教师的纠纷在高校中经常发生。但是，一些高校的中、高层管理者往往因为个人关系和倾向性的问题，不公正地处理学生和教师的纠纷。利用手中权力压制反对自己的声音，行政化施压，缺失公正的道义立场，使得这种“擦边球”现象愈演愈烈。上述现象说明，在高校人事管理中，一些中、高层管理者的权力已经扩张到法律的边界。这一现象使得高校管理制度的威信日渐下降，也加剧了人才流失。因此，高校应建立一个更透明的人才选拔、考核机制，减少人事任免的不当行为。在此基础上，高校应加强学生和教师的法律教育和法律意识，建立内部公正处理机制和人性化管理，防止“擦边球”现象。

2.管理方式简单粗暴

高校人事管理是一项复杂工作，涉及人才引进、选拔任用、职位晋升、薪酬福利等多个方面。尤其是高校的管理层，他们的管理能力不仅影响学校的整体运营，还直接关系到教职员工的工作情绪、职业发展以及学生的学习体验。然而，在一些高校中存在中、高层管理者管理方式简单粗暴的情况。中、高层管理者的简单粗暴

管理是指这些管理者往往只关注实际的成果和绩效，而对于员工的情感和发展并不太过关心。他们往往通过强制执行制度、罚款、打压等手段推动员工的工作。这种管理方式虽然能够在短期内取得一定的成效，但是往往导致员工的情绪不稳定，尤其是在长时间的压力下，易导致员工的疲惫感、不满情绪甚至是辞职。首先，这种简单粗暴的管理方式会导致教职员工的不满与压力。一些管理者想要通过强制执行制度或者一些两极化的管理措施来提高员工的工作效率。然而，这样的行为极易引起教职员工的不满情绪，因为过度的管理措施会无形中降低员工的民主权利和自主性，让员工感受到被强制性命令的压力，而非工作的主人公。这种感受容易造成教职员工的"抵制心理"，让他们仅仅想完成任务而不是做好工作。同时，强制执行制度还容易导致一些员工厌倦"例行公事"，从而对工作产生抵触或者对抗。其次，对于学生的学习效果与课程质量也会造成一定的影响。当中、高层管理员仅仅把结果看得太重而忽略过程，教职员工自然也就以"见缝插针"、达到目的为主的路线设计课程，这种行为必然会削弱课程的内在逻辑性与本质含义，催生出学生的"作弊行为"。长期下去，学生想学习、肯学习、愿学习的热情将受到抑制，无益于成长与发展。最后，这种管理方式容易导致员工离职。在中、高层管理者使用简单粗暴的管理方式的情况下，如果对于员工的情感和发展没有更多关注，那么极易导致员工的离职以及其他工作机会的流失。这样一来，高校的管理者就必须持续地招聘新员工，以保证学校的稳定运营。然而，由于员工离职的成本往往相当高，无论从时间成本还是人力成本来看，都不是一个可持续的发展路线。因此，高校中、高层管理者应引导员工的成长，为其提供更优良的工作氛围、探索更具人性化的管理方式，以提高员工的融入感与忠诚度。高校人事管理中的中、高层管理者在管理过程中，应避免使用简单粗暴的管理方式。相反，应推崇一种以关注员工情感和员工发展为主的管理方式。这样，可以提高整个团队的凝聚力和士气，同时也有利于培养适应社会、奉献社会的优秀人才。

（二）高校人事管理的基层管理者

1.风险管理意识不强

高校人事管理是一项复杂的工作，需要各级管理者共同配合，才能够有效地推动高校人事管理工作的开展。作为高校人事管理者中的基层管理者，他们承担着重要的工作任务，但近年来却出现了风险管理意识不强的现象，对高校人事管理工作带来了不少影响。首先，基层管理者风险意识不强会导致高校人才管理的困难。在高校人事管理中，有许多涉及人才管理的工作，如招聘、考核、奖励等。如果基层管理者没有足够的风险管理意识，就很容易出现管理失误、执法不力等问题，特别是在处理人才矛盾、纠纷等问题时，他们常常缺乏统筹、协调能力，这将不利于高校人才的留用和激励，导致高校人才管理的困难。其次，基层管理者风险意识不强的表现还包括对各类管理规定和制度的重视程度不够，对管理流程的把控不严，这就容易造成管理混乱，或是出现管理漏洞等问题。在高校人才管理工作中，管理规定和制度起着重要的约束和规范作用。基层管理者如果不能充分理解、认真执行各项规定和制度，就会影响人才管理工作的开展，进而影响高校的教学与科研工作。除此之外，基层管理者风险意识不强还有可能导致管理不公、人心浮动等问题。在高校人才管理工作中，管理公正、公平、透明是基础。如果基层管理者的风险意识不强、管理水平不高，容易造成管理不公、失信等多种问题，进而导致人心浮动、员工离职等不良后果。因此，对于高校人事管理中的基层管理者来说，加强风险管理意识是非常必要的。具体而言，他们不仅要完善自身的知识体系，不断提高管理水平，还需要加强与上级管理者、同事之间的沟通和配合，提高管理效能。同时，他们还需要时刻关注管理流程、管理规定和制度的执行情况，及时发现管理漏洞和问题，采取切实可行的措施，把高校人事管理工作做到最佳状态。总之，基层管理者是高校人事管理工作的关键节点，他们的风险管理意识的高低将直接影响高校人才的发展和管理质量。因此，高校人事管理者应切实提高基层管理者的风险意识，从而推动高校人才管理工作的不断进步。

2.思想重视程度不足

高校作为国家重要的知识创新基地，人才培养和科学研究工作的质量和水平关系到国家未来的发展。而人事管理作为高校管理的重要组成部分，是保障高校教育教学、科学研究事业可持续发展的关键环节。然而，当前高校基层管理者对风险管理的思想重视程度不足，这给高校的稳定和发展带来了不小的风险和隐患。首先，基层管理者缺乏风险管理意识。在高校管理中，风险管理意识是前置的，只有建立了风险意识，才能在问题出现前进行有效预防。然而，许多基层管理者没有意识到风险管理的重要性，他们过于依赖过去的经验、规章制度和惯例，认为只要按照既定的流程，就能够避免风险的发生，忽视了未来的不确定性和复杂性，这使他们面对各种潜在风险处于被动状态。其次，基层管理者对风险管理方法和工具不熟悉。不同的风险问题需要采用不同的管理方法和工具进行应对和处理。比如，在教育教学中，课堂管理、考试管理、学生行为管理等都存在风险问题，而处理这些问题需要采用不同的管理方法和工具。但是，很多基层管理者由于缺乏相关知识和经验，无法很好地应对各种风险问题，导致问题得不到及时有效的解决。再次，基层管理者对风险管理意见不够顺畅。在高校管理中，层级多、管理范围广，各种信息和反馈渠道复杂，基层管理者要与上级领导、下级管理者、同行同事及学生家长等多方面保持沟通联系，才能了解实际情况，及时掌握风险信息，把握风险管理的先机。然而，实际情况是，基层管理者与上级领导、下级管理者的信息沟通不畅；同事之间信息难以共享，独立思考，出现风险问题后，无法及时找到合适的解决方案。这些问题导致基层管理者不能及时了解风险信息，无法综合各方面意见进行全面判断，也就无法及时有效地进行风险管理。最后，基层管理者缺乏相应的风险管理培训。在高校管理中，风险管理是每位管理者都需要掌握的基本技能，但目前很多高校普及率并不高。尽管一些高校开设了相关课程和讲座，但由于管理者时间和精力有限，加之参与热情不高，导致认识和能力的提升效果不尽如人意，使得基层管理者仍然不能得到深入教育和培训，难以提高风险管理能力，从而降低各种潜在风险造成的损失。总之，在高校人事管理中，基层管理者对风险管理的思想重视程度不足给高校管理带来了一系列不利影响。为此，应加强高校人事管理，提高管理者对风险管理的意识和能力，改善信息共享和沟通情况，增加相应的培训机会和教育资源，进一步提升高校的管理水平和风险管理能力。

3.工作方式方法不够细致

高校人事管理是每个大学必不可少的一项工作。在高校人事管理中，基层管理者的工作起着至关重要的作用。基层管理者主要负责管理和维护人事制度，协调和管理员工和教职工的关系，确保高校的工作平稳地进行。然而，当前基层管理者在这方面的工作方式和方法还存在不够细致的问题。首先，一些基层管理者的工作计划不够清晰明确。他们没有准确地规划实施人事政策的时间表和步骤，这样导致一些与人事管理相关的事务无法有效地落实。在这种情况下，基层管理者可能会在某些关键方面疏漏，使得工作无法顺利进行。其次，基层管理者的信息共享不够及时和清晰。这意味着高校的重大决策、人事政策、规章制度等信息可能被误解或错过。基层管理者需要确保他们在分享信息和指示时能够清楚地传达信息以及详细地指示，这样才能确保员工的理解和执行。再次，一些基层管理者可能缺乏透明度，不愿向下属透露内部的一些流程和信息。这样的管理方式很容易导致基层员工不知道一些具体的预期任务和策略。为了确保底层员工能够更好地开展工作，基层管理者应及实地将信息传达给他们，与他们沟通并确定实施策略的实际效果。

（三）高校普通劳动者层面

1.劳动者工作积极性不高、主动性不强

高校作为我国重要的智力资源，学校的人事管理一直是一个非常重要的话题，而其中劳动者工作积极性不高、主动性不强的问题一直存在。一是制度性因素。首先，过于严格的人事管理制度可能是导致劳动者工作积极性不高的重要因素之一。在高校中，各类制度极其烦琐、细致，严格的规定、程序等不仅增加了各项工作的难度和时间，也限制了员工发挥自身能力和特长，造成员工对工作的不情愿和不积极。其次，过于简单的考核制度也是问题之一。一些高校的考核制度往往只是以完成任务量和数量为唯一标准，并没有对员工质量、职业发展等方面进行评估，这样的制度在考核工作效率的同时加剧了劳动者工作不积极。二是文化因素。高校的管理机制使得员工缺乏主人翁意识。在过去“经验论”管理理念下，许多教育工作者习惯听从领导的建议和要求，而未能在工作中发挥主动性和创造性。但在当前社会中，高校人事管理应让员工具有更多的主人翁意识，可以给予员工更多选择权和发言权，激发员工的主动性，从而改变员工在工作中的被动状态。三是经济因素。经济因素也是导致员工工作积极性低的原因之一。高校员工在经济方面的待遇不如一些行业发展较快的单位，收入的提升比较缓慢。这些因素加剧了员工的经济压力，使得员工在工作中拘泥于完成工作量，高效完成工作对于提升员工的收入是没有实际意义的。在此背景下，高校人事管理部门应有所创新，尽可能提高员工待遇，建立经济激励机制，从而激发员工更加积极地投入到工作中。四是管理存在问题。高校的工作量较大，且管理层次比较复杂，容易产生管理漏洞和不当的管理行为。比如，一些管理人员可能不当地干涉员工工作，给员工造成负担，导致员工在工作中缺乏主动性和创造性。此外，管理体制方面的不公平现象也会影响员工的工作积极性。高校人事管理中劳动者工作积极性不高、主动性不强的问题，实际上是多方面因素共同作用的结果，需要高校人事管理部门从多个方面进行调整和改进，从而鼓励员工在工作中更有主观性和积极性。

2.存在有意钻营法律法规和高校管理规章制度漏洞的现象

高校人事管理中，劳动者有意钻营法律法规和高校管理规章制度漏洞的现象比较普遍。这种现象对高校的发展和正常运转都会产生不利影响，需要引起高度重视和采取相应措施解决。首先，这种现象的存在源于高校人事管理的一些局限和不足。高校人事管理的主要职责是编制和实施高校的人事政策和劳动合同，管理职工的工资、福利、职务职称、晋升、调整和解聘等事务。但实践中往往存在一些漏洞，给劳动者提供了利用空间。比如一些高校在制定管理规章制度时可能存在疏漏或虚设，导致劳动者钻空子。还有一些高校人事管理部门在制定劳动合同时粗心大意，或者在处理职务职称评定等事宜时存在不公平的情况，也会产生利用漏洞的现象。其次，这种现象的存在也与一些劳动者自身的素质和行为有关。一些劳动者可能缺乏对法律法规和管理规章制度的进一步了解和认识，不清楚哪些行为是违法的，哪些行为是不符合规定的。另外，一些劳动者也有不良的行为习惯和心理习惯，往往以个人利益为重，不顾及集体利益和公共利益，通过钻营漏洞来谋取不当利益。钻营漏洞是高校人事管理工作中的一个难点问题，需要全面加强管理，在制度、素质和监督三方面加大力度，增强高校人事管理工作的效率和能力，推动高校人事管理向更加规范化和严格化的方向发展。这并非一朝一夕能够解决的问题，需要多方协调、多方合作，才能真正实现。

第七章

高校人事管理体系效率性探讨

第一节　高校人事管理效率性追求

一、在竞争中处于优势地位

随着时代的发展，高校人才的发展越来越重要，高校人事管理也更加重要，如何提高高校人事管理的效率是每个高校必须探讨的问题。高校人事管理提高效率能够使高校在竞争中处于优势地位，一是优化人员组织架构。在高校人事管理中，优化人员组织架构是关键所在。高校人事管理需要将人员分成不同的部门，分别承担不同的职责和任务，进而强化管理部门的工作目标和职责，提高管理效率。在人员分配方面，应根据岗位特点、工作要求和员工能力等因素，合理分配人员，使岗位职责与员工能力水平相适应，提高员工的工作质量和效率。二是建立合理的绩效考核制度。高校人事管理中绩效考核制度的建立对于提高效率起到非常重要的作用。合理的绩效考核制度有助于激发员工工作积极性和创造性，提高工作效率和质量。对于高校人事管理的每个环节，建立严格的绩效考核评价标准，按照实际工作情况制定合理的评价指标和措施，科学评价各项工作任务的完成情况，为高校人事管理提高效率提供有力保证。三是信息化管理。在信息化技术的支持下，高校人事管理通过建设高效的信息化平台，促使管理信息化、网络化、智能化，大幅提高管理效率。信息化管理可以使高校人事管理的各项业务流程更加便捷，管理效率更高。通过信息化管理手段，不仅可以使管理员的工作更轻松，而且可以提高管理的精度和效率。四是建立完善的培训和发展机制。高校人事管理中，培训和发展是培养人才的最佳途径之一。对于高校管理人员和工作人员，应建立完善的培训和发展机制，不断提高知识储备、专业技能和综合素养，为高校的长期发展持续注入新鲜血液。建立完善的培训和发展机制，可以有效提高高校的工作效率，推动高校人事管理的提升，加强高校竞争力。五是推进人才流动。在推进人才流动的过程中，高校可以吸引高质量的人才，提高人才的整体素质，增强高校的学术实力和竞争力，进而提高高校人事管理效率。高校应在人才引进和流动的过程中，采取灵活的管理方式，使得人才流动更加自由和高效。

二、推动高校不断进步

近年来，高校人员数量不断增加，管理工作也变得越来越复杂、烦琐。人事管理作为高校管理的重要组成部分，是否高效地运作，直接关系到高校的整体运营能力和管理水平的提升。下面从人才管理、招聘管理、考勤管理等方面探讨提高高校人事管理效率的措施。人才管理是高校的核心资源，因此，合理有效地管理人员是高校管理的重中之重。新型的人才管理模式包括：学科带头人制度、学术委员会制度、人才岗位制、引进人才激励制度等。高校可以通过制度建设，实行分类管理，加强人事管理，提高工作效率和管理水平。招聘管理。高校的发展需要大量专业技术人才和管理人才的支持，如何提高招聘效率也是高校人事管理的关键。通常高校招聘部门需要根据招聘规模、时间等制定相应的方案。在制定招聘方案之前，招聘部门应对编制、招聘渠道、招聘对象、计划执行等进行细致考虑。考勤管理。高校现有的考勤制度在有些方面还存在一定的问题，如加班、请假申报的审核流程复杂，建议采取一系列措施，如实行考勤数据自动化处理，采用多种会议机制提高信息流的传递速度，采用网络平台和通信技术快速解决各种类型的申请和批准等手段，有效地提高考勤管理效率。绩效管理。高校的管理者需要通过绩效管理评估系统，科学地管理现有人力资源，根据评估结果，确定人员的个性特点和优势，制定科学的职业发展规划。本着绩效导向的原则，高校可以通过考勤考核、绩效考核等多种方式以激励员工的工作积极性，提高高校管理水平和竞争力。总之，高效的人力资源管理对高校制定和实施人才战略至关重要。对于高校来说，提高人事管理效率，不仅要关注内部员工聘请、管理和培养，同时，还应注意与外部劳动市场的关系，如在职人员的培养、关注行业动态和人才招聘环境等。只有通过完善的管理机制，高效的人力资源管理策略才能推动高校不断进步，提高高校管理水平。

三、更好克服人性弱点

高校人事管理一直是教育行业中非常重要的一个环节。高校招聘体系、职工考核管理、人事档案管理、薪酬福利体系等各方面的管理，直接关系到高校教育质量和效果。但是，在人事管理过程中，由于人性弱点的存在，可能会给高校管理者带来一定的困扰与挑战。因此，提高高校人事管理效率能够更好克服人性弱点，进而提高管理质量，提升教育质量。人事管理效率对高校教育的重要性。高校在实现教育发展和改革的过程中需要优秀的人才和完善的管理机构，而这些都在很大程度上取决于人事管理机制的建立和优化。高校的人事管理效率不仅直接关系到员工的工作效率和满意度，还关系到学生的教育质量和价值。如果人事管理效率低下，不仅会导致预算浪费，也会提高管理难度，更重要的是可能会影响教学效果和师生关系。高校人事管理中存在的人性弱点，可能会导致以下几个问题：一是喜好偏袒。高校人事管理者可能因为个人喜好或关系，而对某些教师或员工偏袒。这种偏袒往往不公正，也可能导致其他员工和教师的不满和抵触情绪，甚至因此引起机构内部的纷争。二是信息不对称。信息不对称指的是管理者拥有更全面的信息，但是没有及时、全面地向员工和教师进行传达。这可能导致员工和教师的不信任和不满情绪，也可能导致管理者在管理过程中的盲点，无法全面掌握员工和教师的实际情况。三是前后不一。人事管理者的决策可能会因为个人情绪或个人考虑而前后矛盾，这会让管理者失去员工和教师的信任及支持，影响管理系统的稳定性和持久性。针对高校人事管理中存在的人性弱点，可以采取以下几个措施：一是建立科学、公正、合理的人事管理制度。通过建立合理、公正的人事管理制度，规范人事管理流程，减少人性偏差的发生。高校人事管理者可以制订详细的管理制度计划，并将制度计划有序落实到各岗位中。二是加强信息交流与沟通。管理人员应搭建信息交流与沟通平台，及时将高校一些重要管理事项或通知向员工和教师做出公示。提高员工和教师的参与度，让每个人都有机会参与到高校人事管理过程中，业务的通畅和有效性也将随之可见。三是规范工作纪律。高校人事管理者应为员工和教师树立良好的工作纪律，提高其工作自律性和自省性，减少管理者的人性思考。通过管理规范工作流程，定期制定员工考核计划，监控工作的执行过程，有效落实管理规范化流程，有助于减少管理者的不当决策。高校人事管理人性弱点的存在，不仅影响管理者的管理效率，也会影响高校的教育质量，应引起高校管理者的重视。通过建立科学、公正的人事管理制度、加强信息交流与沟通，规范工作纪律等措施，能够更好地克服人性弱点，提高管理效率，从而提升教育质量。

第二节　高校人事管理效率性方面存在的误区

一、人文关怀与“自我中心”的冲突

高校人事管理是现代高校运营中不可或缺的组成部分，旨在提高高校教学和科研水平，保障高校人才队伍和岗位的合理匹配。随着高校人才队伍特点的增强，高校人事管理对于人文关怀和“自我中心”之间的平衡也越来越重要。一方面，高校人事管理的本质是效率管理，需要追求高效率、快捷、精准，特别在某些关键时段需要做到快速决策，及时反应、及时调整等。但是，在追求效率的过程中，往往会忽视人文关怀，将工作机械化，忽视与职员的交流，没有花费足够的时间和精力倾听

职员的心声，无法满足职员的个性化需求，感受不到温暖和关怀。这种做法不仅影响职员的工作积极性，也影响高校的整体形象和声誉。另一方面，高校人事管理也需要关注职员的“自我中心”需求。现代职员更加注重自身价值、职业发展和个性需求，需要更多的发展空间和机会，同时还希望得到企业的关注和理解。为满足职员的个性化需求，高校人事管理应注重创新意识、开放性思维和管理理念。既让职员感受到自己处于高校管理体系中的重要地位，又不单纯追求自身的效益和利益，让职员的个性化需求与高校的整体发展之间达到平衡。高校人事管理平衡效率、人文关怀和“自我中心”的问题，需要在管理理念、制度建设和工作落实等方面进行全面改革，致力于构建高效管理和人文关怀结合的新型管理体系，以满足高校现代化管理的需要，为实现高校的可持续发展奠定基础。

二、学术自由与组织规范的冲突

随着高校的不断发展，人事管理的重要性越来越被重视。高校人事管理主要是为了保障办学质量、提升师生福利、优化人才队伍等目的而开展的。然而，在高校人事管理的过程中，追求效率往往与学术自由和组织规范之间产生冲突。学术自由是高校的重要价值观之一，是指教师和学生在教育教学活动中，自由地进行学术研究、表达和传播学术思想。学术自由既是高校的优良传统，也是高校人才培养的基石。然而，当高校在人事管理中追求效率时，学术自由往往会受到侵犯。首先，人事管理的效率追求可能使学术自由受到限制。当高校通过与各种机构签订合作协议，确立发展战略，要求教师完成研究任务或出版论文时，教师的学术自由就会受到一定程度的制约，甚至可能面临考核压力和职位评定的风险。其次，人事管理中的效率追求往往倾向于关注教师的实际表现和成果，而忽视了其研究的深度和广度。这可能导致教师在学术研究方面创新能力受到限制，对学术发展产生负面影响。组织规范是一个组织内部的行为准则，目的是确保组织正常运转，有效执行组织目标与战略。高校作为一种组织，也需要一定的组织规范以保障正常运转。然而，在高校人事管理中，追求效率往往与组织规范之间产生冲突。首先，高校人事管理中的效率追求可能导致对于组织规范的侵犯。比如高校在执纪问责方面，为了快速处理问题，可能会采用“抄袭违纪处分标准化”等快速决策方式，有时忽略了有关法律法规和程序规定，导致处理不当、不公等现象发生。其次，在高校人事管理中，过于追求效率可能会忽略组织规范的重要性。比如，一部分高校在扩大规模的同时，为了快速招揽到大量师资，实行“用人不拘一格”政策，这样的行为短期内对于高校快速发展有一定促进作用，但如果没有考虑到师资的学历和教育背景，很可能在未来对学生和高校带来不良后果。高校人事管理追求效率时存在学术自由与组织规范的冲突。但是，这并不意味着高校要忽视效率的重要性，而应在追求效率的同时，注重学术自由和组织规范的平衡和共存，从而达到高校长远发展与可持续的目标。

三、弱势群体与强势群体的冲突

高校人事管理是高校管理的重要组成部分，对于学校的发展和学生的教育都具有不可替代的作用。然而，在追求效率的同时，也存在弱势群体与强势群体之间的冲突。首先，高校人事管理中的弱势群体往往指的是较为薄弱的群体，包括工人、教师助理、临时工等。这些人员通常在工资、福利、社会保障等方面都处于相对劣势的地位，同时也缺乏发言权和议价能力。高校人事管理部门在追求效率的过程中，往往将优先考虑的对象放在高层管理人员和教授等强势群体上，而忽略了弱势群体的需求和利益。这导致弱势群体在高校人事管理中的地位较低，工资待遇的提升、社会保障的改善等问题也难以得到有效解决。其次，高校人事管理中的强势群体通常指的是高层管理人员和教授等，在学校的组织结构和权力结构中占据较高的地位。在追求效率的过程中，高校人事管理部门也往往将其放在优先考虑对象的位置上，以保证学校管理的高效运转。然而，这些强势群体也往往出现自我满足、自我中心的情况，忽略了群体之间的平衡和公平。他们往往能够获得更多的资源、更高的工资、更好的福利和社会保障，而较为薄弱的弱势群体则难以得到有效的支持和保障。在高校人事管理中，弱势群体与强势群体之间的冲突会给高校带来很大的影响。首先，这种冲突会导致高校管理的权责陷入僵局，使学校管理难以推进。当弱势群体不得不通过抗议、罢工等方式表达诉求时，这一冲突也会带来学校的负面效应，从而影响学校形象和声誉。其次，弱势群体在学校管理中长期处于劣势，也会对人才的招聘和留任产生不利的影响。如果高校无法提供公平、稳定的工作环境和待遇，往往会导致优秀的人才离开，较弱的群体则更加难以获得更好的发展机会。高校人事管理中的弱势群体与强势群体之间存在一定的冲突和矛盾。解决这种矛盾，需要高校人事管理部门在追求效率的同时，也要尊重不同群体的权益和需求，确保学校管理中的公平和平衡。只有这样，才能有效地推动高校发展，不断提高教育质量和学校的竞争力。

第三节　高校人事管理效率性提升的思想支撑

一、高校人事管理效率性提升的定位与价值取向

高校人事管理是指针对高校内部人力资源的规划、组织、领导、控制、监督等一系列管理活动。高校人事管理的效率性提升是高校管理工作中的重要方面之一，

具有重要的定位与价值取向。高校作为知识产业的重要组成部分，人力资源是支撑其发展的重要因素。高校人事管理的效率性是高校顺利发展的重要保障。高校人事管理若能达到高效率的状态，将会支持高校的成功发展，推动高校提升办学水平和科学研究能力。因此，高校在进行人事管理时，要注重提升效率性。高校人事管理的定位主要是针对人力资源的需求和管理，以组织各种资源达到高校各项目标为主要任务。高校人事管理的核心是在保证高校正常运行和发展的基础上，合理有效地配置和利用人力资源，建立职工稳定、和谐的劳动关系，提高高校核心竞争力。高校人事管理的价值取向主要是围绕促进高校内部人力资源的发现、培养、利用及管理等方面。许多高校及其管理者在人事管理工作中，更加注重人才队伍的建设、选拔、评估、激励等方面。这些都是为了更好地增强高校的核心竞争力，使其在各个方面处于领先地位。如何提升高校人事管理的效率性，首先，要在人事管理上下功夫，充分了解职工的需求，根据实际情况运用合适的人事管理方法，让广大职工得到提高。其次，要做好人事管理的规划和制度建设，实行高质量的管理模式，注重人力资源统筹与管理，以管理助力高校运营与发展。最后，关键在于全员动员，以人为本的管理理念让每个人都参与到高校人事管理工作中。除了先进的人事管理制度与管理方法，还需要提高职工的忠诚度与责任意识，形成良好的管理氛围。总之，高校人事管理的效率性提升是高校管理工作中不可忽视的重要方面，其定位与价值取向也体现了高校内部管理与办学理念的发展。提升高校人事管理效率性，不仅是为高校的繁荣发展提供了支持，更是提高了高校的社会形象以及在学术和科研领域的影响，也提高了员工福利水平。因此，高校要加强人事管理工作，适应多元化、全球化的发展趋势，注重提高效率性，全面提升高校内部管理质量。

二、高校人事管理效率性提升的重要思想支撑——以人为本

（一）现代大学制度与以人为本

现代大学制度是以人为本的一种教育模式，着重于对学生自我发展和自我实现的支持和激励，强调学生价值和个性的发掘和培养。现代大学制度注重学生的自主选择和自我管理能力的发展，它推崇学生主动参与和探索，促进学生的自我发掘和自我实现。这种以人为本的大学制度赋予学生更多的掌控权和自主能力，使得学生在自我管理和学业选择方面具有更大的自由度和个人性化的发展空间。在现代大学制度下，教师更加注重学生的个性化发展和多元化的智能表达。他们通过激励学生自我探索和创意表达进而激发学生的创造力和专业能力，使每个学生在自己的特长领域得以发挥潜力。同时，教师也更加普遍采用以学生为中心的教学方法，比如小组讨论、案例研究等，培养学生的合作精神和沟通能力，提高学生的思辨和判别能

力，为学生的未来发展提供更多的可能。现代大学制度的另一个重要特征是致力于为学生提供更完善的支持和服务体系，包括心理咨询、健康保健、职业规划、实习机会等，旨在为学生提供更多的社会支持和资源支持，帮助学生更好地完成自我实现的任务。总之，现代大学制度以人为本，注重为学生的自我发展和自我实现提供支持和激励，为其提供更多的自由度和个性化的发展空间，同时重视教师与学生个性化发展的互动关系，营造一种优秀的教育氛围。

（二）高等学校的改革与以人为本

高等学校的改革是当今社会进步的一个必然趋势。随着时代和社会的变化，高等教育的角色和使命也在不断调整。人们日益认识到，高等教育不再仅仅是传授知识，而更注重学生的全面发展和个性化发展。因此，高等学校必须以人为本推动改革，培养具有创新精神和实践能力的复合型人才。高等学校的改革以人为本，首先要关注学生的个性化需求。每位学生都是独特的个体，有着不同的学习习惯、兴趣爱好和发展方向。因此，高等学校应根据学生的特点和需求设计教学大纲，提供个性化的课程和教学方法。比如，对于有创新精神的学生，可以设置创新类选修课程和实践项目，引导学生探索、研究和实践。对于考研学生，可以提供专业的课程和考研辅导，帮助学生提高综合能力和掌握应对考试的策略。高等学校的改革还要注重学生的全面发展。除了学术成果，学生的社交能力、心理健康、文化素养等方面也非常重要。高等学校可以设置课外活动、社团组织、文化交流活动等，为学生提供多样化的发展平台。比如，某些学生对体育感兴趣，可以加入篮球队或者足球队，锻炼身体和加强交流。有些学生对音乐、文学等方面有天赋和兴趣，学校也可以提供相应的培训课程和演出平台，提高学生的文化素养和审美能力。高等学校的改革还要注重培养学生的实践能力。随着社会的进步和发展，学生不仅要有扎实的学术基础，还需要具备一定的实践经验和技能。高等学校可以设置实验室、实训基地、社会实践项目等，为学生提供实践锻炼的机会。比如，一些工科类专业可以为学生提供机械手臂的制作实践，锻炼学生的动手能力和团队协作精神。对于某些金融类专业，学校可以为学生提供模拟股票交易和实际投资等实践机会，让学生掌握实际操作技能和了解市场动态。总之，高等学校的改革与以人为本的理念密不可分。只有注重学生的个性化需求、全面发展和实践能力，才能真正实现高等教育的使命，培养出高素质、具备创新思维和实践能力的复合型人才，为社会的进步和发展做出更大的贡献。

（三）高等学校发展与以人为本

随着时代的发展，高等教育已成为经济发展和社会进步的重要支柱。作为高等学校的核心功能，教学质量一直是学校发展最主要的标志之一。然而，高等学校的发展并不是单纯地追求学术排名的提高和研究成果，更应关注的是以人为本的高等学校发展模式。以人为本的高等学校发展模式是指根据教育的本质和人的需求制定和实施高等教育发展战略、教学计划和管理制度等。这种模式旨在提高学生的整体素质，培养创造力和创新思维，实现社会的可持续发展。这种模式包括以下几个关键要素：首先，高等学校应关注学生的个体发展。高等教育最重要的使命之一是提高学生的专业技能。然而，学生的发展应超越对技能的培养，更应关注对学生自我意识、终身学习和职业发展的塑造。因此，高等学校应发挥积极作用，为学生提供更广泛的教育和发展机会，助力学生成为独立自主、具有良好道德和价值观的优秀人才。其次，高等学校应注重创新和实践教育。高等教育应适应社会和经济的需要，培养具有实践经验和创新能力的学生。在现代社会，创新和创业精神是成功的关键，这也是高等教育的关键内容。为此，高等学校应建立开放式的创新平台，为学生提供全方位的创新教育，培养学生独立思考和实践能力。再次，高等学校应强调教学质量和师资队伍建设。教学质量是学校的核心竞争力，也是以人为本的高等学校发展模式的要求。高等学校应重视教学和学术研究的紧密关系，注重求真务实，为学生提供高水平的教学服务。同时，高等学校应加强师资队伍建设，招募优秀教授、鼓励科研人员独立思考和教学方法改进，保证教师的高水平课堂教学。最后，高等学校应加强国际化教育。高等教育应融入国际化的教育浪潮，积极发掘全球化背景下的教育机会，创新联合培养项目和人才培养模式。这不仅能够为学生提供丰富多样、开阔国际视野的教育环境，也能够吸引更多的国际化人才回国发展，在全球范围内提高高等学校的竞争力和影响力。总之，以人为本的高等学校发展模式将注重教育的本质、人的需求和社会的可持续发展，这是高等学校发展的主要趋势之一。要实现该模式的有效落实，需要教育行业、政府、企业和学生等多方的共同努力，制定较为完备的人才培养体系，为国家未来的发展奠定坚实的基础。

三、以人为本思想下高校人事管理效率性提升的新思路

随着人工智能、云计算等技术的不断进步与普及，传统的高校人事管理方式也需要重新审视和优化。在考虑效率提升的基础上，从两个方面，即以人为本和信息化管理，提出新思路。一是以人为本。（1）注重员工素质。高校人事管理主要针对的是教职工和学生管理，其中的教职工是学校的重要支柱，对于提升学校的教学和科研水平起到至关重要的作用。因此，除了考虑效率提升的技术手段，还应注重教职工的素质管理，提升他们的工作质量和效率。可以加强工作交流，加强师德修养，提升教学与科研水平，从而增强教职工的工作积极性和责任感，让他们更好地投身于学校建设中。（2）简化流程。高校人事管理面对的是一系列的流程和手续，在提升

效率时，应考虑如何简化流程，减少复杂的手续和文书工作。比如，可将一些简单的手续办理工作交由辅导员或行政人员负责，节约时间和人力成本；同时对于教学与科研中一些过于烦琐的手续，应进行整合并进行大量简化，从而更好地提升办事效率。（3）拓宽交流。高校人事管理应以人为本，注重教职工和学生的交流和沟通，可以开展讲座、座谈会、研讨会等形式的教育培训活动，吸引教职工和学生积极参与。通过这种方式，可以拓宽交流渠道，增强员工之间的工作交流和经验分享，让教职工和学生充分发挥自己的优势，提高工作和学习的积极性。二是信息化管理。（1）人员库智能化。高校人事管理的基础之一就是维护一个实时更新的人员库，但如果沟通不畅或数据管理不当，就很容易造成信息误差。因此，建立一个无纸化、电子化且信息化的人员库，维护人员信息更新，成为提高效率的重要手段之一。同时，智能化与人员库的结合更能提升高校的人事管理效率，比如采用人工智能技术分析人员信息，实现自动匹配岗位等工作，并优化工作流程，让人员管理更加顺畅高效。（2）在线申报审核。电子化申报和审核，可以使申报和审核时效显著缩短，省去了复印、扫描、传阅等烦琐步骤，避免了信息的遗漏和误差。同时，可以建立审核流程，掌握审核进度，防止申报进度受到耽搁。完善的在线申报审核系统，既能快速提升申报效率，也能提高审核的质量和进度，从而提高高校人事管理的效率。（3）加强信息共享。以前，高校的管理存在许多烦琐的信息交流和核实步骤，使得信息的处理变得很慢，并且信息不易沟通和共享。但是，通过建立更多的信息管理系统，加强信息的共享，人事信息可以更快速地被培训部门、科研处以及其他单位共享，提升了信息传递的速度和效率。在提高高校人事管理效率性方面，以人为本和信息化管理是两个非常重要的方向。只要注重人员素质建设、建立完善的信息管理系统，就能让高校人事管理更加智能化、高效化和优秀化，更好地发挥教职工的积极性，促进学校的科研和教学水平得到全面提高。

第八章

高校人事管理体系向人力资源管理转型探讨

第一节　高校人事管理体系向人力资源管理转型的必要性

一、推动人力资源在各项工作中占据核心地位

高校作为一个特殊的组织机构，其人事管理体系的构建一直是学校管理工作中的重点。然而，传统的人事管理体系在现代的高校管理中已经越来越难以适应快速变化的环境和不断变化的需求。因此，高校人事管理体系向人力资源管理转型成为必然之势。这种转型可以推动人力资源在各项工作中占据核心地位，更有效地提高高校管理质量和效率。

转型的背景和意义。人力资源是高校管理的重要部分，影响着高校的后续发展。然而，传统的人事管理体系在现代高校管理中已经不适应管理人才的需求。如果不转型，可能会出现高校人力资源浪费、淘汰或流失的情况，同时缺乏积极有效的人才补充措施。因此，高校人事管理体系向人力资源管理转型的意义在于更好地应对这些挑战和机遇。一是打造更具有竞争力的人才队伍。现代高校需要建立具有创新意识和创新精神的人才队伍，而这需要通过人力资源管理来推动实现。人力资源管理有助于吸引、培养和留住高素质的员工，从而提高高校人才储备的质量和水平，推动高校机构的发展。二是更好地利用人力资源。高校作为一个独特的组织，其运营和管理需要建立一个高效的人力资源管理机制，以确保各项工作的顺利进行。人力资源管理可以更好地利用人力资源，提高工作效率和管理质量。如果不转型，高校可能会错失更多高素质、有才华和有激情的人才，同时也无法有效地管理和利用现有的资源。三是加强高校管理的科技化和智能化。随着信息技术和数据科学的迅速发展，人力资源管理的科技化和智能化已经成为一个全球趋势。这种趋势不仅

可以提高高校管理的效率和质量，也可以为高校管理提供更具创造力的解决方案。

转型的重要性及方法。以人为本，合理利用人力资源是高校转型的核心思想。在高校人事管理体系向人力资源管理转型的过程中，需要考虑以下几个重要因素：一是加强招聘和培训管理。高校作为一个知识密集型组织，员工队伍的质量决定着高校后续发展的方向和效果。因此，在人力资源管理中，招聘和培训就变得至关重要。首先，高校需要尽快制定招聘计划，招募更适合学校需求的员工。其次，为员工提供全面培训，为员工提供更好的职业发展机会，并有计划地培养各类后备人才。二是加强人力资源信息化管理。高校人事管理体系向人力资源管理转型，需要建立先进的人力资源信息化管理技术和平台，以支持员工的招聘、培训、评价以及其他工作。提高人力资源管理的信息化水平，有助于优化员工管控、减少人力资源管理流程中的失误，同时也可以更好地分析员工情况并对员工进行科学考评。三是推动员工自主管理和发展。高校人力资源管理的目的在于通过合理的资源调配以及消除各类障碍，以更好地提升人力资源的利用效率。因此，高校需要为员工提供更多的自主性和发展机会，激发员工的潜力和动力，并探索更多的培训方式和机制，为员工的发展提供更好的指导和支持。高校人事管理体系向人力资源管理转型，有助于高校更好地应对现代高校管理面临的各种挑战和机遇。通过优化人力资源管理，可以实现高校员工招聘、培训、评价等多方面的整合，进而推动高校管理水平的不断提高。只有抓住核心和转型机会，才能更好地实现高校组织和人才管理的目标和使命。

二、促进高校人力资源整体性开发

近年来，随着社会对高等教育的需求不断提高，高校越来越注重人力资源的建设和管理。在传统的高校人事管理体系中，虽然旨在保证科研和教学的顺利开展，但却存在一些不足和局限。因此，通过向人力资源管理转型，能够促进高校人力资源整体性的开发。传统的高校人事管理体系通常从“人事制度”的角度出发，规定了一系列职位设置、审批流程、工资分配等制度，并将其贯穿至整个工作流程。而人力资源管理则是以人为本的综合性管理，不仅关注量化制度建设，更注重涵盖职业发展、绩效管理、福利保障等内容，此模式更符合科研人员的职业发展需求，有益于培养一支高素质、有竞争力的教师队伍。传统人事管理体系重视的是过程，以流程控制为核心，保证科研与教学的系统性和规范性。转型后的人力资源管理更注重结果评估，并采取创新的评价方式，如采用科研成果转化、专利申请、人才引进、海外留学生招生等切实有效的测评措施，利用人才培养和有效实践共同推动学科发展。传统的高校人事管理体系中，仅对一些教育管理人员进行教育培训、绩效管理等，但人力资源管理强调全员参与，包括学术专家、行政人员、后勤人员等，为每一位人才打造合适的管理与发展环境。这取决于人力资源管理的决策人和执行人的全员参与，也是人才培养的关键因素。传统的人事管理通过制度约束，推行分工作、分岗位、分级管理等方式，但面对高速发展的社会环境，人才的自我管理以及对个体的激励与价值的重视有望推进转型，人力资源管理则更加注重激励机制，通过奖励、培训、晋升等途径，提高教师的自我管理意识和主导能力，进一步反哺组织的科研和教学成果。高校人事管理体系向人力资源管理转型具有重大意义。通过构建全新的人力资源管理机制，将有助于充分调动全员创新的积极性，实现高校教育的可持续发展。高校应紧跟时代的步伐，立足自身的事业发展需求，积极推进人力资源管理的转型，为高校人力资源的整体性开发营造更优越的环境，提升高校的吸引力和竞争力。

三、激发高校人力资源积极性和创造性

高校人事管理体系是指高校管理者管理高校实施的一系列制度和规范，包括选拔、任用、晋升、培训、考核、退休等方面。然而，随着经济的快速发展和人才市场的变化，越来越多的高校管理者转向了人力资源管理，以更好地适应时代变化和保持高校的竞争力。高校人力资源管理体系与传统的高校人事管理体系相比，更加注重员工的发展和激励，更加关注员工的健康和生活质量，更加重视员工的工作满意度和参与度。这种转型从根本上改变了高校管理者对待员工的态度和方式，使得员工更有动力和创造力，进而提高了高校整体的竞争力和影响力。一方面，高校人力资源管理体系能够激发高校人力资源的积极性。在传统的高校人事管理体系中，高校管理者往往只关注职务和职称，而忽视了员工的个人发展和需求。这让许多员工感到被忽视和被边缘化，影响了他们的士气和工作效率。而在人力资源管理体系下，高校管理者更加关注员工的发展，为他们提供专业培训和职业规划，使得员工能够更好地发挥个人的潜力和价值，同时也更加认同高校的发展理念和导向。另一方面，高校人力资源管理体系还能够激发高校人力资源的创造性。在过去的高校人事管理体系中，高校管理者往往在招聘和任用人才上考虑员工的资历和经验，而忽略了员工的潜力和创造力。这对于高校而言是一个巨大的损失，因为优秀员工的创新和创造力是高校持续发展的源泉。但在人力资源管理体系下，高校管理者更加注重员工的创新和创造力，评价员工的工作绩效注重员工的工作成果、合作能力和团队精神等因素，这有利于激发员工的积极性和创造力。最后，高校人力资源管理体系的转型也有助于提高高校的整体竞争力和影响力。随着全球教育市场的竞争加剧，高校必须提供高质量的教育和研究环境，吸引更多的优秀人才和资源。而高校人力资源管理体系的转型可以提升高校的吸引力和影响力，吸引更多的优秀员工和学生，同时提高高校的国际化程度和知名度，进一步提高高校的竞争力和地位。高校人力资源管理体系的转型是高校管理者适应时代变化和提高高校竞争力的必然

选择，它可以激发高校人力资源的积极性和创造性，提高高校的整体竞争力和影响力。因此，高校管理者应积极转型，加强人力资源管理方面的探索和实践，为高校的持续发展和繁荣奠定坚实基础。

四、塑造以人为中心的人力资源管理局面

随着时代进步与经济发展，高校人事管理也迎来了变革的浪潮。过去，高校人事管理一般是以维护管理秩序为主要目的，要求员工在规定时间内完成任务，注重纪律性、规范性和执行力，但忽视了人性、人才激励和发展，造成员工的压抑和流失。随着人力资源管理的兴起，高校人事管理体系逐渐转向以人为本的人力资源管理转变，并成为高等教育的重要发展方向之一。所谓人力资源管理，是指从组织战略层面看待员工并与之沟通协调，以激励、发展和管理员工，进而实现组织目标。高校人力资源管理的转型，就是将过去的管理理念和方法转变为以人为中心的管理方式，注重员工的自我价值实现和全面发展，提高员工的贡献和忠诚度，使高校人事管理更有人情味，更符合员工需求和组织发展。首先，高校人力资源管理要建立以人为本的管理理念，强调员工的价值和权利。在传统的人事管理体系中，员工往往只是一种生产工具，管理者着重挖掘员工能做什么，而忽视了员工想要做什么，不愿意做什么的问题。这种管理方式不仅无法激发员工的工作热情，而且容易引发员工失业、萎靡不振和流失等问题。因此，高校人力资源管理变革要以员工为中心，以员工的愿望、需求和发展为出发点，制定适应员工个性发展的管理方案，为员工提供一个舒适、安全和有前途的职业发展环境，从而提高员工的工作积极性和忠诚度。其次，高校人力资源管理要注重员工的全面发展、激励和培训，创造良好的学习和成长机会。在新的人力资源管理体系下，员工的能力是重中之重。为了适应组织和社会的发展需求，员工必须不断提升自己的能力，保持竞争优势。因此，高校人力资源管理必须重视员工的培训和学习，提供良好的工作环境和发展机会，并引导员工积极学习和进步。此外，为了激励员工的工作热情和贡献，高校人力资源管理不妨引入一些富有创造性和前瞻性的激励制度，从而实现员工的自我价值。最后，高校人力资源管理需要注重员工的权益保障和沟通。新时代的员工更加注重自我价值实现和权益保障，一些权益受损的员工，往往会选择离开组织。因此，高校人力资源转型必须注重制定和执行员工的权益保障机制，包括薪酬待遇、工作保障、医疗保险等，同时注重员工的参与和沟通，使员工参与到组织决策和管理的过程中，以增加员工的获得感和认同感。高校人事管理的转型是促进高校组织发展的需要，也是建设人性化高校的必由之路。从传统的人事管理向以人为中心的人力资源管理转型，不仅提高了员工的工作积极性和忠诚度，而且促进了组织的快速发展和竞争力提升，其可塑性和创造力对于高等教育的未来发展具有重要意义。

第二节　高校人事管理体系向人力资源管理转型现状

一、推行聘任制度，教师队伍质量得到优化

高校人事管理体系向人力资源管理转型，是适应当今高校管理需要的必然趋势。在这一过程中，推行聘任制度是至关重要的一部分。这种制度为高校提供了更多的管理灵活性，降低了高校的管理成本，同时也在教师队伍质量提高方面发挥了关键作用。聘任制度的推出，首先，体现在对教师的岗位聘用上。高校可以根据教师的教学能力、科研水平、学术声誉等综合考虑，定制不同的招聘岗位，吸收更多优秀人才。同时，在聘任过程中，高校对应聘者的背景、能力、经历等方面的综合评估也更加科学化和精准化。这样做，能够让教师队伍更加优化，提高教育教学和科研水平，推动高校人才队伍发展。其次，聘任制度也为高校建立了更加完善的教学评估和绩效考核机制。通过聘任制度的建立，高校在教育教学、课程设计、考试考核等方面进行更为科学、客观的评估，避免了单一的量化考核方式带来的缺陷。在此基础上，提高了教学教育水平，保障了学生的学业成果。最后，聘任制度的推行也让高校在教师绩效管理方面实现了“以人为本”的管理理念。高校可以根据教师的特长和兴趣，在教学、科研、社会服务等方面量身定制适应性的绩效考核体系。这样可以充分发挥教师的潜力和能力，激发他们的工作热情，同时也更加关注教师的个人成长和发展。聘任制度的推行为高校人才选拔、绩效管理提供了更加灵活、科学、贴近实际的机制，让高校管理部门更好地服务于教师队伍和学生群体。相信在不断推进聘任制度的建设中，高校的人才培养质量和综合实力将持续得以提高。

二、改革分配制度，拉开收入差距

随着高校人事管理体系向人力资源管理转型，分配制度进行了重大改革，这也不可避免地拉开了收入差距。首先，新的分配制度更加注重绩效评价，而绩效评价成为衡量员工工作能力和贡献的关键指标。新的分配制度更加倾向于通过表现来评估员工的成果，工作效率和质量等方面的表现才能得到更高的评价和薪资奖励。因此，那些工作业绩优秀的员工获得了更高的薪资待遇，而那些表现不佳的员工获得了较低的薪资水平。其次，新的分配制度更加强调市场化，而市场成为影响薪资待遇的重要因素。新的分配制度将员工的薪水看作一种成本，更倾向于根据市场反应

决定薪资待遇。这种市场化的分配制度，由于档次、地域以及不同高教机构之间的薪酬差异，导致不同高校之间的薪酬待遇存在巨大的差异。再次，新的分配制度更加贴近国家发展的战略需要。当前，构建高度人才密集型的国家发展战略已经成为国家发展方向。对于高校而言，意味着将更加重视教学科研质量和人才培养工作以及提高人才的竞争力。这也间接导致教职工待遇上的巨大差异。总的来说，高校人事管理体系的转型对分配制度进行了重大改革，同时也拉开了收入差距。虽然存在一定的负面影响，但这也是适应市场需求和适应国家发展战略的必然结果，只有这样，才能更好地促进高校人才队伍建设。

三、实行竞争上岗，减人提效

高校是我国培养人才的重要场所，在我国的人力资源管理中，高校人才的引进、管理和发展起着至关重要的作用。然而，高校在人事管理中存在诸多问题，比如职称带头人制度、评聘不公、聘期限制等，影响了高校人才队伍的稳定和发展。为了解决这些问题，高校开始向人力资源管理转型，实行竞争上岗，获得了减人提效的效果。竞争上岗的实施，首先，可以有效地降低高校的人力成本。在过去，高校的教师聘任方式是根据年龄、学历和经验来确定职位和岗位等级，这种方式缺乏竞争和激励，导致一些教师一直处于低职称、低级别的岗位上，难以得到提升。但是，实行竞争上岗可以让高校通过招聘面试选拔最适合的人才，不仅可以提高人才的质量，同时也避免了不必要的编制浪费。其次，竞争上岗有利于提高高校的管理水平和教学质量。在过去，高校人事管理往往只重视学历和资历，而忽略了教师的实际能力。现在，实行竞争上岗可以让高校教师在面试中展示他们的才能和优势，真正从实际能力和综合素质方面选拔和评定教师，从而提高了高校的管理水平和教学质量。最后，竞争上岗能够促进高校人才队伍的壮大和稳定。通过竞争上岗，高校可以吸引到更多的人才，不仅能够满足高校日益增长的需求，同时还能让高校拥有更加稳定的人才队伍。在这一制度的带动下，教师的职位晋升更加公正、合理，更符合他们的能力和岗位需求，从而也更愿意留在高校工作。高校人事管理向人力资源管理的转型，实行竞争上岗是必然趋势。竞争上岗能够有效地减少高校人力成本、提高管理水平和教学质量，同时还能够使高校拥有更加壮大和稳定的人才队伍。虽然实施起来遇到了一些问题，但是随着制度的不断完善，相信会有更好的结果。

四、后勤改革，提高办学效益

高校是一个具有复杂组织结构和海量人员的组织，每个部门和岗位都有不同的特点和职责。为了更好地适应当前快速发展的社会和教育环境，高校的管理体系也在不断转型和改革。特别是在人力资源管理方面，高校的人事管理体系正在向更加灵活、高效的人力资源管理转型。在转型过程中，后勤改革是一个非常重要的环节。在过去的高校管理中，后勤工作一直被认为资源消耗大、效益低。但是，通过后勤改革，高校管理者意识到，后勤工作可以成为提高办学效益的重要手段。通过后勤改革，高校能够更好地服务于教学科研工作，提高师生的满意度和福利水平，从而提高教学和科研工作的质量和效益。具体来说，后勤改革通过几个方面提高高校的办学效益：一是提高师生的福利水平。通过改善师生的食宿、交通、医疗等生活条件，可以提高他们的生活质量和满意度，从而更好地支持他们的教学和科研工作。二是优化资源配置。改革后的后勤工作可以更好地协调和管理高校的资源，避免浪费和重复投入，从而提高资源的效益和利用率。三是提高管理效率。通过建立更加科学、规范和高效的后勤管理机制，可以提高后勤管理的效率和质量，从而更好地支持教学和科研工作。四是提高高校的品牌形象。改革后的后勤工作可以让高校的师生和社会更好地认可和评价高校的品牌形象，从而提高高校的知名度、美誉度和竞争力。总之，后勤改革是高校管理转型中的重要一环，它可以提高高校的办学效益，进一步提高高校的教学和科研质量。未来，高校在后勤工作方面还需要不断探索和创新，打造更加高效、灵活和创新的后勤管理体系，为高校的可持续发展提供强有力的支撑。

第三节　高校人事管理体系向人力资源管理转型存在的问题及原因分析

一、人力资源管理观念相对滞后

高校人事管理体系是一个庞大而古老的管理体系。传统上，它具有相对固定的管理流程和层级结构，重视规则执行和行政职能。但是，随着时代的变迁和人们对待工作的态度发生变化，高校面临着许多新的挑战和机遇。尤其是随着经济全球化和信息时代的到来，高校开始逐渐向人力资源管理转型。然而，人力资源管理观念相对滞后，成为转型过程中的一个重要问题。人力资源管理是一种新的管理理念和方法，它强调对员工的关注和发展，以达到组织和个人的双赢。它具有以下特点：一是注重员工的发展和满意度，注重激励和奖励机制；二是注重组织行为和文化，强调组织价值观的倡导和实践；三是注重信息化和科技创新，开发新的人力资源工具和方法。这些特点与传统的高校人事管理体系有很大的差异。人力资源管理的核心是管理员工的能力和素质，而高校人事管理体系的重心在于完善制度和规范管理。这种差异导致高校难以适应新的发展和变化。一些高校管理人员和教职员工对人力资源管理的重要性和价值没有清晰的认识，对新的管理方法和工具缺乏接受和应用的意愿和能力。一些高校人事管理部门也缺乏对人力资源管理的全面了解和认知，对人力资源管理相关政策和技术掌握不到位。为了适应新形势和挑战，高校需要加强对人力资源管理的认知和应用，提高管理人员的素质和能力，注重人才的培养和吸引，建立灵活而有效的人力资源管理机制，培养高素质的教职员工队伍，提高组织运行的效率和效益。在转型过程中，高校需要重视人力资源管理的相关知识和技术，注重管理方法和工具的更新和改进，加强人才管理和梯队建设，注重员工的发展和激励机制，培养组织文化和价值观，加强信息化和科技创新，提高人力资源管理水平。高校人事管理体系需要向人力资源管理转型，加强对人力资源管理思想和方法的学习和应用，重视人才管理，建立灵活而高效的人力资源管理机制。只有这样，高校才能适应新形势和挑战，实现可持续发展。

二、高校人力资源结构不合理

（一）职称结构不合理

高校人力资源职称结构不合理，主要表现在以下几个方面：一是职称比例不合理。目前高校普遍存在正高职称比例太高的情况。从高校职称结构来看，正高职称人数远远超过副高、助理教授等其他职称。这种职称结构的不合理，导致高校中只有个别人才能担任重要岗位，而其他人则无法发挥自己的才能和能力，人才资源得不到充分利用。二是职称评审标准不合理。在高校中，职称评审标准并不是唯一的，而是因校而异，甚至因人而异。一些学校职称评审标准过于严格，限制了大量优秀人才的晋升；另一些学校则过于宽松，导致职称晋升标准降低。这样的情况也会导致职称结构不合理，许多相对优秀的教师难以得到相应的职称晋升。三是职称晋升机制不透明。高校中职称晋升机制十分复杂，许多教师并不清楚职称晋升的具体流程和标准。此外，有些学校的职称评审机制不够公正和透明，存在保护利益集团的情况。这样的机制不仅影响了优秀人才的晋升，也有损高校的整体形象。

（二）学历结构不合理

高校人力资源学历结构不合理，这个问题一直存在，一方面是由于招生政策的限制；另一方面是由于教育质量和优秀人才的缺乏。一个合理的学历结构应是人才的多样化，并且适合更多的就业岗位。我国高校人才培养模式存在一定的问题，大多数高校注重批量培养，专注于应试教育，重视教授学科基础理论知识，忽略了实际应用能力的培养，导致大量的毕业生缺乏实际能力和经验。因此，这些大学毕业生很难适应社会和市场的需求，产生了人才不对口现象。虽然现在高校学历层次不同，从本科到硕士再到博士，但主要的学籍结构仍是本科。本科层次的人才过多，而硕士和博士层次的人才较少。这导致在很多就业岗位上，尤其是一些高科技行业硕士和博士人才缺乏。当这些人才不能在社会上找到合适的工作或契合的工作时，就会对社会发展造成一定的不利影响。最后，由于本科毕业生人数较多，造成大量的本科生向商业和其他领域发展（比如互联网和金融等），科技领域的毕业生数量较少，因此在科技行业中高水平的人才极其稀缺。而在这个信息时代，科技领域的发展对国家和社会具有重要作用，因此缺乏高水平的科技人才会对整个国家的发展产生消极影响。高校人力资源学历结构不合理，是因为受到现有高校人才培养模式的限制，并且缺乏工作实践经验和关键能力的培养。因此，我们应加强高等教育的质量和多样化，注重培养学生的实际应用能力，加大硕士和博士教育力度，促进学历结构和谐发展，为社会持续发展和人才创新发挥巨大的作用。

（三）年龄结构不合理

随着社会的进步和中国经济的快速发展，高校逐渐成为人们竞相追求的教育资源。然而，高校人力资源的年龄结构并不合理，这会带来一系列影响。首先，中年人职业生涯发展上的瓶颈。因为高校的年龄结构不合理，导致中年人在职业生涯发展中常常遭遇瓶颈。他们在拿到高学历之后依旧无法获得相应的晋升机会，导致人才流失。其次，老师的职业认同感不强。高校人力资源中的中年老师数量往往偏多，导致老师的职业认同感不强。他们在教学上可能会出现一些问题，因为他们的教学思路比较成熟，往往不愿意接受新的教育理念和方法，更容易陷入教育舒适区，缺少教育激情。再次，冷门专业人才不足。随着社会的快速发展，一些冷门专业逐渐进入人们的视野。然而，由于高校的年龄结构不合理，导致这些专业人才十分紧缺，很多年轻人不太愿意选择这些专业，因此高校的招生数量和质量受到影响。最后，高校的教学质量监督不足。因人才结构不合理导致的一系列问题，使高校的教学质量也受到影响。很多老师在教学中缺乏创新和热情，往往不能将新的教育理念和方法很好地运用到教学中，导致教育质量下降。高校人力资源中年龄结构不合理，对高校教育的发展产生了很多负面影响。因此，高校应在人才引进和淘汰制度等方面做出改善。只有这样，高校才能够更好地服务社会，培养出更多具备创新精神和实践能力的优秀人才。

三、人才选聘机制不够科学化、规范化

高校人事管理体系向人力资源管理转型是一个必然趋势，但这个过程中存在一

些问题。其中最突出的问题就是人才选聘机制不够科学化、规范化。首先，高校在人才选拔中存在较为历史悠久的“关系文化”。这种文化在招聘中更加看重“关系”因素，缺乏科学、公正、合理的评价标准。这种做法不仅不公正，而且也容易滋生腐败现象，在人才选拔中因为个人关系得到优先考虑，可能会忽略真正的人才，对学校的整体发展不利。其次，高校在人才选拔方面的标准不够规范化、标准化。在选聘人才的过程中缺乏具有权威性的评价标准，只是对人员的学历、毕业学校等因素进行比较和考虑。但教师任职应以教育教学质量和科技研究能力为主，更加强调综合素质和能力，基于相关的条件进行标准化的考量，从而保证选拔到更顶尖的人才。最后，高校人才选聘机制中招聘程序不够公开透明、规范化。在招聘的过程中，常常出现招聘程序不清、公开度不足、准入标准不够明确等情况，使得招聘过程过于复杂，孕育出腐败现象。因此，应制定规范的招聘程序，公开透明，设计权威性的评价标准，从而确保选聘人才的透明度和公正性。

第九章

新时代背景下高校人事管理体系构建策略

第一节　高校人事管理体系公平性提升策略

一、坚持“效率优先、兼顾公平”原则

高校人事管理一向承担着培养和选拔未来高校中坚力量的职责。要实现这一目标，高校人事管理必须始终坚持“效率优先、兼顾公平”原则，从而提升公平性。这一原则的实施对于高校的长远发展和人才选拔至关重要。首先，高校人事管理坚持“效率优先、兼顾公平”原则能够提升招聘和选拔工作的效率。通过提高招聘和选拔工作的效率，可以帮助高校迅速确定优秀人才，从而更快地满足对人才的需求。当高校人事管理将效率作为核心原则时，就可以更加迅速地找到和选拔最优秀的人才，提升教学和科研工作的质量。同时，在确保效率的前提下，高校人事管理兼顾公平，确保所有人才都有公平的机会获得高校教职。其次，坚持“效率优先、兼顾公平”原则能够提升高校人事管理的公平性。在高校人事管理中，公平性是非常重要的。为了确保每个人都有公平的机会，高校人事管理必须兼顾效率和公平。通过这一原则，高校可以保证一个公正、公开和公平的招聘和选拔程序，不会有任何歧视因素参与其中。这对于高校人才管理者也是一种启示，更能体现其责任与使命，有效应对各种挑战，不断提升人才选拔的质量和效率。再次，坚持“效率优先、兼顾公平”原则能够提升高校的形象和声誉。在高校人才竞争日益激烈的今天，不仅要选拔优秀人才，还要避免招聘过程中出现不公正和不透明的情况。如果高校人事管理不能保障招聘和选拔工作的公平性和可靠性，高校的形象和声誉就会遭受风险。反之，如果高校人事管理坚持“效率优先、兼顾公平”原则，就能高效、公平地选拔人才，从而建立高校的良好形象和声誉。总之，高校人事管理坚持“效率优先、兼顾公平”原则可以帮助高校更好地选拔和培养人才，提升高校教

学和科研工作的质量。这一原则也可以保证高校人才竞争的公平性，并提升高校的形象和声誉。高校应始终坚持这一原则，确保教职人员的选拔和管理过程更加科学和公正。

二、坚持广开言路、集思广益，走群众路线

高校人事管理是高校的重要组成部分，直接关系着高校的发展和学术水平的提高。高校人事管理要走群众路线，广开言路、集思广益，以提升公平性。首先，要广开言路，让员工自由地表达自己的意见和想法。高校人事管理部门应积极建立定期的沟通交流渠道，经常邀请员工参与各种形式的座谈会、讨论会等，使员工通过表达自己的看法纠正管理中的问题，避免因意见不同而引起的冲突和纠纷，维护高校管理的稳定和公平性。其次，要集思广益，积极吸收各方面的意见和建议。高校人事管理部门应倾听各方面的声音，充分调研和分析员工的需求和期望，制定符合员工利益和高校前进方向的政策和措施，让员工感受到管理部门的关怀和支持。只有这样，才能充分调动员工的积极性和创造性，达到人尽其才、物尽其用的目的。再次，要坚持公正，落实公平性原则。高校人事管理部门必须保持公正公平，遵守法律法规，严格执行管理程序，保证员工竞争公平和机会公正。对于人事管理中出现的问题，要秉持公正的原则，公开透明地处理和解决，让员工感到制度和管理环境的公正。综上所述，高校人事管理要走群众路线，广开言路、集思广益，体现公平性原则，为营造和谐的高校管理环境做出努力。只有管理者与被管理者心心相印，相互支持，才能够营造一个开放、融洽、公正的人事管理环境。

三、坚持考核、评价的客观性与真实性

高校人事管理是现代学校管理体系的重要组成部分，其对学校的发展起着举足轻重的作用。考核与评价是高校人事管理的核心工作之一，它关乎高校的稳定与发展，也关系到教师职业生涯和待遇的合理性。要想提升高校人事管理的公平性，必须坚持考核、评价的客观性与真实性。这就要求我们在考核、评价过程中，必须遵循科学规律和客观标准，以事实为依据，以数据为支撑，打破主观臆断和人情关系的干扰，真实反映教师的职业水平与工作能力。要做到考核评价的客观真实，应从以下几个方面着手：第一，建立科学的评价体系。高校人事管理应制定科学合理的评价标准和评价体系，从教学、科研、人才培养等方面进行全面、细致地评估，使教师的工作业绩得到全面客观的反映。第二，注重数据化和量化。要做到客观性和真实性，必须注重数据化和量化，让数据说话。数据化和量化是考核评价的客观基础，也是公平性保障的关键环节。通过数据分析，可以更准确地了解教师

的工作业绩，找出存在的问题以及改进措施。第三，尊重教师的劳动价值。在考核评价过程中，应充分尊重教师的个人劳动价值。教师的工作业绩不应完全依靠某项指标的成绩，而要考虑到教师的工作性质、实际工作负荷、工作环境等各种因素。第四，开展评估验收。评估验收是评价过程中不可缺少的一环，要开展多维度、多层次的评估验收，对评价结果进行反馈和修正，使评估结果更加准确和合理。总之，高校人事管理的公平性是高校稳定发展的重要保障，而考核评价是公平性的重要体现。要做到考核评价的客观真实，需要高校人事管理部门建立科学合理的评价体系，注重数据化和量化，尊重教师的劳动价值，开展评估验收等多种措施。只有这样，才能实现高校人事管理的公平、公正、公开，进一步促进高校的良性发展。

四、引入竞争机制，努力实现竞争结果的公平

随着高校的发展，人才招聘和人事管理已经成为高校发展中的重要方面。为了提升高校人事管理体系的效率和公平性，引入竞争机制已经成为一种常见的方式。事实上，高校人事管理中的竞争机制并不限于对招聘过程的管理，也包括人才使用、激励、评价和流动等各个方面，下面探讨竞争机制如何助力高校实现公平。首先，竞争机制可以提高高校人才选拔的公平性。在过去，高校人才选拔通常以学历、职称、工龄等硬性指标作为选拔的标准，这样就很容易陷入“学历不高不招、资历不够不升”的误区。引入竞争机制后，高校就能够更加关注人才的实际水平和能力，选拔更优秀的人才，也让更多有实力的人才获得机会，这样就可以提高选拔的公平性。其次，竞争机制可以提高高校人才激励的公平性。一些不公平的激励制度会导致人心浮动和内部不和谐，这不仅有损高校形象，而且也会影响高校的发展。引入竞争机制后，高校就能够通过建立更科学、更合理的激励机制，让人才在公平的竞争中获得应有的荣誉和奖励，这样就能带给人才公平感受，在工作与发展中更具主动性与积极性。

五、引导员工科学辩证地看待公平问题

高校人事管理的公平性是高等教育管理的重要目标之一。然而，在实践中，公平并不是很容易实现的，因为人们对于公平的认知和理解往往具有不同的角度和主观偏见。引导员工科学辩证地看待公平问题是提升高校人事管理公平性的重要方法之一。首先，需要认识到公平不是一种简单的“绝对”概念，而是具有相对性的。所谓相对性，就是公平的多个要素之间存在复杂的、相互关联的关系，如公平与效率、公平与差异等。以招聘为例，一些人可能觉得应对所有人平等对待，而另一些人可能认为应重视应聘者的能力和背景，注重差异性。这就需要我们在考虑公平性

问题时，避免只看到问题本身，而应结合整体情况和各种因素的相互影响，形成全面的公平观。其次，科学辩证地看待公平问题，也需要考虑到公平的实际操作。在高校的人事管理实践中，公平的实际操作是很困难的，比如如何平衡不同岗位、不同专业、不同学历的公平问题。这时候，引导员工采取科学的方法，如建立科学的评价标准、采取公开透明的招聘流程、多元化的考核标准等，这些方法不仅可以增加公平性，还可以提高管理效率，也符合高校透明、公开的管理原则。最后，高校人事管理的公平性不是依靠个别个体就能实现的，而需要集体共同努力。在引导员工科学辩证地看待公平问题的过程中，我们需要注重培养大家的基本素养、思维能力和反思习惯，这些都需要集体的参与和共建。此外，也要鼓励大家积极反馈、探讨公平问题，建立高校人事管理的共识价值体系。综上所述，引导员工科学辩证地看待公平问题是提升高校人事管理公平性的方式之一，这需要保持公平观的全面性，结合实际情况进行科学化的操作，同时赋予集体共同努力的动力。通过这些方法的实践，可以让高校人事管理更加公平、公正、高效。

第二节　高校人事管理体系激励体制构建策略

一、深入调研高校人事管理对象的职业特征和心理需要

（一）高校人事管理对象的主体——高校教研人员的职业属性

随着中国高校的不断发展，教研人员已经成为高校中不可或缺的重要资源。他们既是学术领域的专家，也是教育教学事业的推动者，为高校的教育教学质量和学术水平的提高做出了重要贡献。因此，高校人事管理激励机制的构建需要深入调研高校教研人员的职业属性，以此为依据制定合理的激励政策，以激励和留住优秀的教研人员，促进高校的发展。高校教研人员的职业属性具有专业性，需要具备高水平的学术背景和研究能力。他们需要掌握前沿的学术知识，并能够不断地推动研究进展。因此，高校人事管理应为教研人员提供更多的学术支持方案，如提供学术交流机会和专业技能培训等，以促进教研人员的专业能力得到提升。高校教研人员的职业属性具有教育性，需要具备优秀的教育教学能力和责任心。他们需要在课堂上传授新的知识和技能，帮助学生拥有更多的真正应用于工作或生活中的本领。因此，高校人事管理应鼓励优秀的教研人员积极参与教学活动，并对他们的教育教学成果进行公正的评价和激励。高校教研人员的职业属性具有创新性，需要具备敏锐的洞察力和实践能力。他们需要不断地重视校园生活和学生需求的变化，并提供创

新性的解决方案。因此，高校人事管理需要鼓励教研人员参加创新研究项目，并提供相应的支持和激励，以促进他们的创新成果得到实现。高校人事管理激励机制的构建必须深入了解教研人员的职业属性，以实现促进高校发展和留住优秀教研人员的目标。高校应尽可能地提供更好的支持、提升教学水平、鼓励创新成果的产生，这样才能激励教研人员的积极性和创造力，从而为高校教育教学质量和学术水平的不断提高做出更多的贡献。

（二）高校不同员工的心理需要

高校人事管理激励机制是一项至关重要的工作，它能够有效地提高高校员工的积极性和工作热情。为了构建一套有效的激励机制，必须深入调研高校不同员工的心理需要，以更好地关注员工的需求和期望。首先，了解教师的心理需求。对于教师而言，他们的工作更多面向学生，因此，他们需要充分的自由度和创造性，以更好地提供教学服务。同时，他们还期望获得足够的支持和资源支持教学工作。在激励机制构建中，我们必须充分考虑教师的心理需求，并且为教师提供更好的工作环境和更多关注。其次，了解行政人员的心理需求。对于行政人员而言，他们更多关注的是工作的有效性和对学校的贡献。因此，我们需要为行政人员提供更加公正和公平的晋升机制，并且提供更多的自由度和资源支持他们的工作和发展。同时，还需要为行政人员提供更多的培训和发展机会，以便让他们在工作中获得更大的成就感和满足感。最后，了解技术人员的心理需求。对于技术人员而言，他们更多关注的是技术和专业的发展和应用。因此，我们需要为技术人员提供更好的技术培训和发展机会，并且提供更多的资源支持他们的工作和研究。同时，还需要为技术人员提供更加公正和公平的晋升机制，让他们获得更多的成就感和激励。构建高校人事管理激励机制需要深入调研不同员工的心理需要，在制定具体的激励计划时，我们需要充分考虑员工的心理需求和期望，以更好地关注员工的工作和发展。只有这样，才能够提高员工的积极性和工作热情，进一步推动高校的发展和进步。

二、更新高校人事管理理念

（一）激励机制应符合高校人事管理对象的“人性”特征

高校人事管理对象是由一群高素质、有思想、有自我价值认知的知识分子组成。相较于其他组织，这些人的特点更为明显，他们更加自主、自由、敏感，注重的是思考、创造和创新。因此，高校的激励机制应以“人性化”为基础，以满足高校人事管理对象的特殊需求和驱动因素，以进一步提升高校的工作质量和教学水平。首先，高校可以采取激励措施，以彰显高校人事管理对象的成就，让他们获得尊重和赞扬。由于高校人事管理对象注重的是思考、创新和独立思考能力，所以他们十分看重参与科研课题的机会，高校可以时常邀请这些人参与课题研究，让他们成为项目负责人，从而提高他们的工作热情、创新能力和成就感。其次，高校可以引进激励性质的福利措施，比如商场、餐馆、运动场和其他娱乐设施等，让高校人事管理对象在工作之余得到舒缓与放松，从而更好地调节身心健康。再次，为了进一步提升高校人事管理对象的工作积极性和参与热情，可以针对他们的特点设置特殊的激励机制。比如采取工作奖金、职称评定、学术交流等激励代码，促进高校人事管理对象的工作积极性和提高整个学校的工作效率。最后，高校也可以设置长效的激励机制，如制定一系列的评级标准、晋职制度、学术支持等长效激励措施，为高校人事管理对象提供更广阔的发展空间，从而激励高校人事管理对象更好地发挥自己的职业潜力，为高校的发展做出贡献。高校激励机制的设计应肩负着为高校人事管理对象提供更加优质的工作生活的使命，关注他们的个性特点和优势，以创造出更加具有针对性的激励模式，最终达到提高高校整体工作质量和水平的目的。

（二）激励机制应符合高校的组织特征

高度知识密集化与专业化。高校特别是研究型高校内部的知识密集化和专业化程度很高，每个个体或者团队都有其专门的研究方向和领域，这就要求激励机制能够适应这些差异化需求。比如，可以为教师、研究生和学生提供各类奖励和荣誉，如学术论文发表、研究成果获奖和参加各类国际会议等，以此激励他们不断地深耕学科、增强创新和竞争意识。复杂多变的组织结构与制度。高校内部的组织结构和管理制度往往非常复杂、岗位职责分工也十分精细，这就要求激励机制在策划和设计上能够考虑到不同岗位的差异性。比如针对教师群体，可以采用一些完善的科研支持制度，如设立科研经费和课题研究计划等，促进教师进行科学研究和学术交流；对于学生群体，可以采取鼓励和奖励优秀学生参与社会实践和创新实践，提高学生综合素质的方法，以此激发他们的积极性。高度人文情感化与凝聚力。高校作为人文情感化组织之一，有较强的凝聚力，这就需要激励机制能够更好地体现人文关怀和道德支持。比如，高校可以设立各类奖学金、助学金和困难生资助项目，帮助一些有困难的学生顺利完成学业，增加学生的归属感和教职工的荣誉感。得到高校领导和管理层的重视与承认。高校内部的领导和管理层对激励机制的支持和推动起到至关重要的作用，这就要求激励机制需要得到上级领导和管理层的重视和承认。比如，高校的领导可以充分运用奖惩机制，及时表彰和赞扬在某一领域有突出表现的教师、学生和研究生，同时对不遵守学校规章制度的个体要采取相应的纪律处分，营造一种良好的学术氛围和思想风貌。综上所述，激励机制应根据高校组织特征进行合理设计，以充分发挥高校内部各群体的潜力和活力，提高高校竞争力和吸引力。

三、形成高校人事管理激励原则

（一）高校人事管理制度选择的伦理原则

高校人事管理制度的选择必须遵守伦理原则，以确保公平、公正、公开和透明的原则得到维护。一是公正原则。公正是指在高校人事管理制度选择时，必须根据客观标准进行，不受个人偏见或特定利益的干扰。除了招募不同背景的人员外，还要确保在推广或升级岗位、权力或收入的时候，始终遵守公正原则。二是公平原则。公平是指每个人都应获得公正和同等的机会和资源，即不存在任何人的优势和特权。这意味着高校人事管理制度选择必须消除种族、性别、宗教等其他与工作能力无关的区别，从而确保人人平等，机会均等，德才兼备者成为利益的获得者。三是公开原则。公开原则意味着高校人事管理制度选择必须向公众开放，并在任何情况下都不应保密或不透明。除了提供公开的工作机会信息外，还应向所有人公开选聘的标准、背景调查过程和评估结果，以清楚地解释每个申请人的资格和选择。四是透明原则。透明是指高校人事管理制度选择的程序和方法必须是透明的和公正的。这意味着必须发布、记录、跟踪和监督高校招聘和提升决策的整个流程，以在必要时进行审核或作出适当的改变。同时，也必须提供申诉程序，以确保被拒绝或受到不公正待遇的申请人有机会获得补救措施。

（二）高校人事管理激励机制选择的原则

高校是一个涉及教学、科研、人才培养等方面的大型组织，拥有大量的教师和管理人员。在高校中，激励机制是关键的人事管理工具之一，能够为教师和管理人员提供动力，促进他们的工作效率和满意度得到提高，同时也能够有效地吸引优秀人才加入高校队伍中。因此，高校在选择激励机制时需要遵循以下原则：一是公平性原则。激励机制应公平，不能有任何歧视的因素。教师和管理人员在个人能力和努力方面的差异应得到充分的认可和激励，而不是因为他们的性别、民族、年龄等背景而获得不公正的对待。二是效果导向原则。激励机制应与高校的目标和战略相一致，能够激励教师和管理人员在学科建设、科研创新、人才培养等方面取得更好的成绩。同时，应通过量化的方式对工作成果进行评价，从而激励人们不断进取。三是激励多元化原则。激励机制应多样化，包括薪酬、晋升、培训、奖励等多种形式。这样能够满足不同人的需求，同时也能够减少激励机制的单一性，使得教师和管理人员更有动力追求更好的未来。四是激励延续性原则。激励机制应具有长期的延续性，不能轻易地因为某些因素而改变。教师和管理人员需要稳定和长期的激励，才能更好地发挥创造力和工作热情，并建立起与高校的紧密关系。五是真实可行性原则。激励机制应真实实用，能够在实际运营中落实到位。高校需要根据自身的实际情况选择合适的激励机制，并确保这些机制的真实性和可行性，避免出现口号化的情况。

四、基于激励理论合理运用激励措施

（一）合理运用“需要层次理论”

高校作为教育的主要场所和培养未来人才的机构，应合理运用“需要层次理论”规划激励措施，以达到更好的教育效果。“需要层次理论”是美国心理学家马斯洛提出的理论，它认为人的需要可以分为五个层次，分别为生理需求、安全需求、社交需求、尊重需求和自我实现需求。这个理论在人力资源管理中得到广泛运用。作为高校人才管理部门，应针对不同需求制定相应的激励方案，以激励教师和学生追求更高的教育目标。首先，对于满足生理需求的激励，高校可以提供食宿福利、保障医疗健康等措施，让教师和学生有更好的精神状态和工作环境。其次，对于满足安全需求的激励，高校可以提供稳定的职业和学习环境，通过加强校园安全及防范措施等方案，使教师和学生更加安心地学习和工作。社交需求的激励包括建设良好的人际关系、建立团队合作，通过社交活动增强沟通交流。高校可以开展各种社交活动，加强学生与教师之间的交流，使大家更好地融入校园氛围，增强集体归属感。对于满足尊重需求的激励，高校可以通过赋予创造和决策权，提高对知识和成就的认可和奖励，让教师和学生感受到尊重和重视。在增加自我实现需求上，高校应提供更多的发展机会，让教师和学生得到更好的实践经验和发展空间。总之，高校应合理运用“需要层次理论”制定激励方案，以提高学生与教师的工作效率和创造力，推动高校的发展和人才培养。同时，更好地体现高校的人文关怀，增强校园文化的传承和发展，让教育成为一种享受和激励的过程。

（二）合理运用“公平理论”

高校作为我国人才培养的重要阵地，对于如何合理运用“公平理论”规划激励措施越来越关注。在高校中，工作、薪酬、晋升等方面，如果不公平，将会导致人才流失和诸多问题。因此，高校必须重视公平理论，采取有效措施规划激励，以吸引和留住优秀人才。首先，高校需要建立公平激励机制。在任何一个领域中，没有公平激励机制，就一定存在很多问题。因此，高校需要制定针对性的激励政策，明确职务晋升、薪酬待遇等方面的标准。让每一个员工都能清楚地知道自己的权益，避免出现不公平的问题。并且，高校也要在实践中切实落实使激励机制得到真正效果。其次，在公平激励机制方面进行科学的资源分配。高校具有众多的资源，如研究基金、实验室、期刊等，这些资源不仅仅是用来提升教学水平，同时也是用来吸引和留住人才的关键因素。因此，对于工作表现优秀的员工，高校需要根据他们的实际贡献，进行合理的资源分配。这样不仅能够激励员工，而且可以提升整体的学术水平。再次，在公平激励机制中注重调节差距。高校中的员工不妨采用“公平理论”，关注职位晋升差距、薪酬待遇差距等差距是否存在。如果发现差距过大，就需要采取相应的措施缩小差距。可以通过技能培训、内外部透明的招聘制度减少差距。这样不仅能够消除员工的不满情绪，也能够提高整体的工作效率。最后，高校需要加强司法机制。公平激励制度也并非完美的，有些人会利用其漏洞获得不合理的优惠。如果这种现象不被很好地处理，就会造成不公平的情况。高校应加强监管，建立司法机制，对于利用制度漏洞占据不合理优惠的，应按照惯例从严处理，这样才能给予员工公平公正的待遇，赢得员工的信任。高校合理运用“公平理论”规划激励措施非常必要。高校要充分发挥公平理论的优势和特点，重视公平和激励的统一，建立科学合理的公平激励机制，尽可能地提高工作效率和员工的幸福感，从而促进形成优秀人才队伍。

（三）合理运用“期望理论”

近年来，随着高校竞争的加剧，各个学校纷纷寻找适合自己的激励措施。期望理论作为组织行为学中较为重要的理论之一，也被越来越多的高校运用。相对于传统奖金和惩罚方式，期望理论更能够激发学生的内在动力，提高学习效果。高校应采取以下规划和措施：一是明确目标和期望值。期望理论的核心是“期望值”，高校应明确学生的学习目标和期望值。聘请专业辅导员等专业人才，针对不同的学生制定合适的学习计划，制定明确的短期和长期目标。通过对学生期望值的明确，提高他们的学习动力和自我效能感。二是提高学生自主性。期望理论强调“自主性”，在高校环境下，要提高学生的自主学习能力和创新能力，让他们成为学习和生活的主人。高校可以通过发起课外活动、开展科研项目等形式，提高学生的主动性和参与度。鼓励学生在报告和演讲、组织校园社团等方面勇敢尝试新的事物。三是完善薪酬制度。虽然期望理论关注的是个体认知机制，但高校也可以借鉴它来完善薪酬制度。高校可以根据不同的学生表现，给予他们不同的薪酬和奖励。比如，为学习成绩优异的学生提供奖学金或助学金，并为在校园活动中表现出色的学生提供积分和证书等。但是薪酬制度不是为了换取更高的成绩，而是为了鼓励高校学生学习积极性和创新能力的提升。四是推进学生导师制。期望理论中提到的“观察对象”可理解为学生导师制。学生导师制可以让学生在学业和管理等方面更直接地感受导师的期望，同时也让导师更直接地了解学生在学校学习和生活情况。高校应建立优质导师队伍，制定科学严谨的导师制度，建立导师与学生随时交流的平台，让学生在感受期望的基础上积极行动。五是综合考虑学生的人性因素。在学校教育中，必须要重视学生的人性因素，因为学生在学校学习和生活中，可能会受到内部和外部因素的影响，导致个人动力下降。因此高校应在设计激励方法时，结合中国学生特点与文化背景，综合考虑影响学生的内部和外部因素，并及时与学生沟通，准确了解他们的真实需求。

第三节　高校人事管理体系服务模式构建策略

一、树立服务性新理念

（一）以人为本的管理理念

高校是培养人才的重要场所，除了传授专业知识外，更要注重人文素质的培养。建立以人为本的管理理念可以帮助高校更好地实现教育和管理目标。首先，以人为本管理理念能够提高教师和学生的归属感和自豪感。这是由于以人为本管理理念注重关怀、尊重、信任和沟通，能够让人产生共情和互信，并进一步加强对高校的认同感。其次，以人为本管理理念能够培养学生的综合素质和创新能力。针对学生的特点和需求，高校可以通过关注学生个体的发展，如身心健康、社交能力、实践经验等方面，全面提高学生的综合素质和创新能力，以更好地适应时代的需求。此外，以人为本管理理念也能够促进高校的内部合作和员工和谐。以人为本原则强调平等、互相帮助和团队协作，可以促进员工之间的合作与和谐，从而提高工作效率和整体绩效。总之，建立以人为本的管理理念对高校的教育和管理是必不可少的。只有充分关注人的需求和个性，才能够实现学生与员工的全面发展和高校的可持续发展。

（二）动态管理和服务理念

高校作为培养未来人才的重要场所，必须树立动态管理和服务理念，以适应快速变化的社会发展和学生需求的多样化。首先，动态管理意味着高校必须时刻关注社会、行业和科技的最新发展趋势，及时调整教学体系、课程设置和研究方向，确保教学内容与时俱进，与实践需求紧密结合。其次，动态服务要求高校要依据不同阶段学生的特点和变化，提供相应的服务支持。比如对一年级的新生，需要提供入学教育、学业辅导、心理指导等服务；对研究生，需要提供加强科研支撑、实践能力提升等服务。此外，动态管理和服务也需要加强高校和社会之间的联系，建立校企合作模式，为学生提供更多的机会和平台，学习与实践相结合，更好地实现自身价值和社会价值的双赢。在动态管理和服务理念下，高校还需不断强化教师队伍建设，及时培养引入具有前瞻性、创新性和实践经验丰富的人才，保证学校教学科研水平的提高。高校树立动态管理和服务理念，将不断调整教学管理模式，适应时代变化及学生需求的变化，以创造更好的教育环境与服务模式，让更多的学生获得更好的发展和成长机会。

（三）以使用者为核心的服务理念

随着社会的不断发展，人们对于高校教育的需求和期望也在不断提高，校方必须根据时代变革和用户需求进行改革和转型。在此情况下，高校应树立以使用者为核心的服务理念。首先，以使用者为核心的服务理念能够带给高校积极影响。高校作为服务提供者，应将用户的利益和需求放在首位，为用户提供更好服务。以用户需求为核心的高校服务，不仅能够有效提高用户的学习和使用体验，还能够增强高校的社会声誉，提升高校的核心竞争力。其次，以用户为核心的服务理念可以提高高校的用户满意度。高校的用户多为学生和家长，这些用户对于高校的需求和期望是多方面的。如果高校能够站在用户的角度，重视用户意见和反馈，及时解决用户的问题，那么用户对于高校的满意度就会得到提升。这样的服务理念也能够增强高校教育的品牌价值，增加高校招生人数。再次，以用户为核心的服务理念可以促进高校与用户的有效沟通。高校服务需要及时反馈用户的意见，了解用户的需求和期望，以便进行指导和帮助。这样的服务理念能够使得高校与用户之间的沟通更加顺畅和高效，真正实现服务于人民、服务于市场。以用户为核心的服务理念是高校服务转变的关键。通过树立这样的服务理念，高校能够真正实现贴近用户、符合市场和服务人民的重大愿景，让高校成为用户眼中的优秀教育服务提供者，为教育事业发展注入新动能。

二、确保人事管理供应齐全准确的信息

确保高校人事管理供应齐全准确的信息，需要采取以下措施：一是完善信息收集体系。高校人事管理的信息来源较多，如人员档案、工资记录、考勤记录等，为了确保信息真实可靠，在建立信息收集体系时，要注重细节，规定信息收集的具体内容和流程，确保每一条信息都是真实可靠的。二是加强信息管理和保密。高校人事管理的信息具有一定的机密性和保密性，需要加强信息管理和保密工作，制定

相关保密规定和制度，建立信息安全管理体系。三是科学利用信息技术手段。信息技术在高校人事管理中发挥着重要作用，科学利用信息技术手段，可以提高信息的准确性和效率。应用信息技术手段，如人事信息化平台等，可以实现信息的集中管理和共享，提高信息处理的速度和准确性。四是制定严格的信息审核和审批程序。高校人事管理中的信息在使用前需进行审核和审批，制定严格的信息审核和审批程序，可以确保信息的准确性和合法性。同时，要建立严格的信息使用制度，明确人员使用信息的权限和范围。五是加强培训和管理。高校人事管理人员需要具备一定的信息处理和管理能力，加强培训和管理，提高人员素质和管理水平，进而提高信息处理的准确度和效率。要确保高校人事管理供应齐全准确的信息，需要从信息收集、信息管理、信息技术、信息审核、信息使用等多个方面加强管理，并且建立科学的信息处理体系，加强人员培训和管理，以确保高校人事管理信息能够真实可靠地供应。

三、完善人事管理相关程序

高校人事管理是保障高校教育教学质量、科学研究水平和人才队伍建设的重要基础工作，同时也是维护高校校园稳定和人才引进、留任的重要保障。为了做好高校人事管理工作，需要建立完善的管理程序。一是岗位设置程序。高校人事管理中岗位设置程序是最基础、重要的程序之一。在岗位设置程序中，应明确规定高校各职位的设置标准和程序，包括教授、副教授、讲师、助教等各种教职员工的设置，以及管理、技术、实验、行政等其他职位的设置。在制定岗位设置程序时，应充分考虑高校的战略发展方向和中长期发展规划，根据学科专业发展趋势和人才需求实践，调整和优化各岗位设置，推进高校人才队伍建设和学科建设。二是人才引进程序。高校的教职员工是学校学科建设和教学科研工作的基石，根据高校及学科专业发展的需要，引进优秀人才是完善高校人事管理的关键。在人才引进程序中，需要制定人才招聘、聘任、晋升等具体制度。高校还应充分发挥政策的引导作用，支持用人单位根据招聘需求、学科专业特点和人才岗位设置等因素，优先考虑选择青年才俊，以及具有带头人作用、优秀学历、优秀科研成果的人才等。三是职称评聘程序。对高校内部的教职员工，评聘职称体系和程序是完善人事管理制度的另一重要方面。职称评聘程序应明确规定评聘职称的标准和条件、程序和时间表，确保评聘工作公平、公正、公开。具体来说，高校应依据岗位职责和工作成绩，制定不同职称的评聘标准。评审组成员应具备专业知识和较高的学术水平，评审的过程应严格按照程序进行，确保评审工作的公正性、公开性和客观性。四是工资福利发放程序。高校人事管理中的工资福利发放程序是衡量高校员工福利待遇的重要标志，需要制定具体的工资福利制度和程序。在制定工资福利制度和程序时，应考虑高校资金状况和财务预算，也要考虑到与市场水平进行对比。高校应根据国家和地方工资标准、学科特点和经济实力等因素，制定合理的工资福利制度，包括薪资体系、奖金制度、补贴和津贴、社会保险、年度报酬等方面，为员工提供全方位的福利待遇。五是教职工管理程序。教职工管理程序是高校人事管理中的重要组成部分，也是管理高校教职工队伍的基础。教职工管理程序应明确规定教职工入职后的培训和教育、人际关系处理、纪律处分、流动和调动等方面的事宜。为提高教职工管理效能和减少管理问题的发生，应同时建立各类教职工人事档案资料的管理制度和程序，记录各个教职工的所有信息，包含个人信息、工作历程、培训资料等，便于信息管理和掌握。

四、构建满足个性需求的人事管理体系

（一）开放式的教师引进体系

高校构建开放式的教师引进体系，是建设高水平教育的重要途径。这种体系旨在吸引各领域的优秀人才，促进学科交叉融合，提升高校的教育教学水平和科研实力。以下是对高校构建开放式教师引进体系的思考。首先，高校应加强与社会各领域合作，拓宽引进渠道。高校应加强与企业、政府、研究所的合作，通过引进授课、短期工作交流或合作研究等方式，吸引各行业的优秀人才加盟高校。在这个过程中，高校应加强与合作伙伴的联系，主动了解对方的人才需求，积极推介高校的优势学科和职位，争取更多的合作机会。其次，针对不同的学科领域，高校应制定不同的引进政策和标准。比如对于一些基础学科领域，高校可以重点引进国内外优秀的青年学者，提供更为宽松的科研经费和课程教学管理支持，帮助他们快速成长以及成为新的科研领军人才。对于应用性学科领域，高校可以更加注重引进企业和实践性领域的专家，设置更加灵活的薪酬和奖励政策，以满足实际的应用需求。再次，高校应加强对引进人才的培训和支持。高校要做好引进人才工作，为人才提供必要的培训和支持。在学科、研究方向以及教育教学方法等方面提供支持，帮助他们快速适应新的工作环境和任务，充分发挥他们的潜力。最后，高校应建立健全评估机制，确保引进人才的质量和效果。高校应制定清晰的评估标准和流程，对引进人才的工作成果进行评估和考核，及时发现问题并加以解决。同时，高校应建立良好的激励机制，鼓励人才发挥更大的能力，为高校贡献更多的价值。

（二）人尽其才的职称评审体系

职称评审是高校人才评价和选拔机制的重要一环，决定着教师的职业生涯及职业发展。因此，高校需要构建一个真正评价人才的职称评审体系，使人才“用在该用

的地方”，从而发挥其最大的价值。首先，职称评审应注重实际业绩，实现学校“以人为本”的理念。这需要将教学、科研和社会服务“三位一体”相结合，避免把过多精力放在任职资格证书等形式上。应评审教师的教学、指导、科研等能力，以及学科建设、团队建设、社会服务等具体实践。其次，应注重创新意识、团队精神等非技能因素。在当今时代，科学技术日新月异，新媒体、智能制造等新业态层出不穷，高校的教学、科研和社会服务等任务也在不断调整和更新。因此，未来的高校教师应具备一定的创新能力、深入洞察社会变迁的敏锐度、勇于尝试的发现精神以及团队合作能力。这种领导型和组织型的“软技能”要得到优先考虑。最后，职称评审体系应与高校的人才培养理念相匹配。高校培养人才的目标是把学生培养成为具有深刻思想和解决问题能力、具有伦理规范和道德修养的“有用之才”，而评定教师的职业标准也应以此为基础，更加注重教师的教育思想、教育观念、学术见解和实践经验等。这将有助于选拔那些善于思考、具有灵敏教育感受力，并带领学生不断进步、跃升研究领域先锋的教师。高校构建人尽其才的职称评审体系，不仅仅是为了解决教师个人的晋升、生计等问题，而是为了更好地服务于学校的整体发展，培养更加符合社会需求的人才。

（三）释放个性的考核评价体系

高校的考核评价体系对于学生的成长和发展具有非常重要的影响。一个科学合理的考核评价体系，能够有效地引导学生发掘自身潜力，释放个性，发挥所长。首先，高校应注重发掘学生的个性特点，制定个性化的评价标准。不同的学生具有不同的爱好、特长和潜能，如果只是一味地追求学科知识的掌握程度，难以评价学生的全面发展水平。因此，高校可以根据学生的个性特点，制定个性化的评价标准，以量化的方式对学生进行评价，鼓励学生将自己的个性特点发挥到极致。其次，高校应采用多元化的评价方式，鼓励学生在多方面展现自己的能力。传统的考试评价只是围绕学科知识，难以全面体现学生的能力。高校可以采用多元化的评价方式，包括课外活动、社会实践、科研竞赛、实习实训等，使学生在多方面展现自己的能力，从而体现综合素质。另外，高校也应借鉴国外的经验，采用小组协作的方式进行评价，让学生在实践中体现自己的个性。小组协作的方式，能够更好地发挥学生之间的协作能力，让学生在实践中实现自我超越。最后，高校也应注重对学生的心理健康进行评估。学生的心理健康是学习和生活的基础，高校应在评价中重视学生的心理健康情况，采取有效措施进行干预和支持，让学生在健康快乐的环境中成长和发展。综上所述，高校构建释放个性的考核评价体系是非常重要的。这种评价体系能够鼓励学生发掘自身潜力，释放自身个性，发挥所长，在未来的职业生涯中获得更好发展。

第四节　高校人事管理体系风险防控策略

一、细化招聘管理

（一）明确招聘岗位及岗位职责

高校人事管理体系是一个完整而有序的机制，为了保证高校教学科研及管理的顺畅运行，需要明确招聘岗位及岗位职责。首先，明确招聘岗位及岗位职责。高校人事管理体系明确招聘岗位及岗位职责有以下几点：（1）招聘岗位的明确。高校人事管理体系对招聘岗位的需求进行详尽的调研和分析，明确岗位职责、薪资福利等方面的要求。只有明确了招聘岗位的需求，才能更好地配备人才，提高高校各个部门的绩效和效率。（2）岗位职责的详细阐述。高校人事管理体系在每个招聘岗位上列出了详细的职责和要求，以帮助应聘者了解岗位的性质和需求。这种方式不仅能够吸引到意愿清晰、足够匹配的人才，还能在以后工作中保持协调。（3）薪资福利的公示。高校人事管理体系在招聘人才时对薪资等方面的福利进行了公示，同时明确了一些其他工作条件，比如工作时间、假期安排等，从而吸引到具有经验、能力，同时又愿意承担责任的人才。（4）岗位职责的盘点。高校人事管理体系定期进行岗位职责的盘点，以了解员工工作的真实情况，进而分析和调整各个岗位的职业发展路线，并根据实际需要，放大或缩小某一岗位的影响力。（5）岗位职责的调整。高校人事管理体系在招聘岗位时也考虑岗位职责的调整，以帮助各个人才更好地适应工作，并为公司的整体发展做出一定的贡献。在招聘工作中，对于岗位职责的公示和维护非常重要，这可以帮助高校明确各部门的职责，避免由于人员配备不当而导致的管理混乱，从而提高高校的行政管理效率。因此，高校人事管理体系明确招聘岗位及岗位职责，有助于优化招聘流程和管控高校人才队伍，真正实现高校管理和教育教学的有效运作。

（二）明确录用条件

高校招聘管理中明确录用条件是非常重要的，能够确保招聘过程的公正性和透明度，同时也能够提高录用的质量和效率。第一，高校招聘应明确职位要求。这包括职位的资格、工作经验、学历、专业背景等要求。这些要求应在招聘公告中明确列出，以便应聘者清楚地了解自己是否符合职位要求，从而提高应聘者的自我认知和招聘效率。第二，高校招聘应明确选拔标准。招聘过程中，应制定明确的选拔标准，比如面试、笔试、考核等，以确保选拔过程的公正性和透明度。选拔标准应与职位要求相吻合，并且在面试前向应聘者公开，以使应聘者了解面试的具体流程和要求。第三，高校招聘应明确录用条件。这包括工资待遇、福利待遇、工作时间、工作地点等条件。这些条件应在录用通知书中明确列出，使应聘者了解自己的工作环境和待遇，从而做出明智的选择。第四，高校招聘应明确合同期限。在录用过程中，应明确合同期限，以便应聘者了解工作时间和工作期限，从而做出明智的选择。合同期限应与职位要求相吻合，并且在录用通知书中明确列出。第五，高校招聘应明确录用程序。在录用过程中，应明确录用程序，并且公开透明。录用程序应包括申请、面试、笔试、考核、录用通知等环节，以确保录用过程的公正性和透明度。高校招聘管理中明确录用条件非常重要，可以确保招聘过程的公正性和透明度，提高录用的质量和效率。

（三）严格招聘审查

高校招聘是一个非常重要的环节，它关系到学校的教学质量、师资力量和发展前景。因此，在高校招聘管理中，应进行严格的招聘审查。首先，高校应建立完善的招聘流程和标准。招聘流程包括招聘计划的制定、招聘岗位的发布、应聘者的筛选和面试、录用和入职等环节，招聘标准应明确岗位要求、学历要求、工作经验要求等条件，以确保每个应聘者都有公平的机会参与招聘。其次，高校应加强对应聘者的资格审查。在招聘过程中，应严格审核每个应聘者提交的简历和其他材料，确保真实性和合法性。同时，还应对应聘者的学历、工作经验、职业资格证书等进行核实，以避免出现虚假信息。再次，高校应制定严格的招聘标准。招聘岗位应与学校的发展需要相适应，应聘者的岗位要求也应与其学历、专业、工作经验等条件相匹配。此外，高校还应对应聘者的综合素质进行评估，包括思想政治素质、工作能力、沟通能力等方面。最后，高校应建立健全的招聘监督机制。招聘过程中应有专门的监督人员负责监督和审核每个环节，确保招聘程序的公开、公正和透明。同时，还应建立投诉处理机制，对于出现的投诉和举报及时进行调查和处理。综上所述，高校招聘管理中严格招聘审查是非常重要的，只有这样才能保证高校教学、科研和管理的水平和质量，为学校的长远发展打下坚实的基础。

二、规范合同管理

（一）规范聘用合同签订时间

高校合同管理中，规范聘用合同签订时间，具有重要的意义。规范聘用合同签订时间可以避免出现拖延签订合同的情况，保障教师的合法权益，也可以提高高校管理效率，保障教学质量和稳定性。规范聘用合同签订时间要做到以下几点：一是提前安排时间。高校应提前安排好聘用流程和时间表，明确各项时间节点和工作内容，确保在规定时间内完成聘用合同签订。二是合同签订前的准备。在合同签订前，高校需要进行一系列准备工作，如审核招聘计划、岗位要求和应聘者资格等。这些工作需要提前进行，以便在签订合同时更加顺利。三是签订合同的时间节点。高校应规定好合同签订的时间节点，通知教师提前准备必要的材料，如身份证、学历证书、职业资格证书等。同时，高校应明确合同签订的地点和具体流程，以便教师在签订合同时顺利完成。四是签订合同后的跟踪和管理。高校应建立健全的合同管理制度，对已签订的合同进行跟踪和管理，确保教师的合法权益得到保障。同时，高校也应对合同签订过程中存在的问题进行总结和分析，不断完善合同管理制度，提高管理效率和质量。规范聘用合同签订时间具有重要的意义，应建立健全相应的制度和流程，确保合同签订工作顺利进行，保障教师的合法权益，提高高校管理效率和稳定性。

（二）规范约定聘用试用期及合同期限

高校合同管理是高校管理的重要组成部分，合同的规范约定是保障合同双方权益的重要基础。在高校合同管理中，约定聘用试用期及合同期限是非常必要的，一是规范聘用试用期。聘用试用期是考察人才工作能力、工作态度、工作业绩等情况，确定是否与用人单位签订劳动合同的一个重要期间。在高校中，聘用试用期的规范约定，可以在很大程度上保障双方的利益，避免因试用期问题引起的争议和纠纷。在约定聘用试用期时，应明确试用期的时间长度、试用期工资、试用期内的工作内容和工作标准等方面问题，确保试用期的执行符合法律法规和双方的意愿。这样可以使用人单位更好地了解员工的工作表现和能力，为正式签订合同做好准备。二是规范合同期限。高校合同期限的约定，直接关系到用人单位和员工的长期利益。合同期限的规范约定，可以使用人单位和员工更好地规划未来的工作和生活，避免因合同期限问题造成不必要的损失。在约定合同期限时，应根据用人单位和员工的实际情况，合理地确定合同期限的长度。同时，在合同期限到期前，应及时通知员工是否续签合同，以使员工做出相应的安排。三是保障双方权益。在高校合同管理中，约定聘用试用期及合同期限，不仅可以规范双方的行为，还可以保障双方的权益。在约定试用期和合同期限时，应充分考虑双方的实际情况，特别是员工的生活和工作需要。同时，双方应在合同中明确约定工作内容、工作时间、工作地点、工资待遇、福利待遇、保险等方面问题，确保双方的权益得到保障。这样可以有效地避免因合同问题引起的争议和纠纷，维护双方的长期利益。

（三）规范聘用合同签订次数

高校合同管理中规范聘用合同签订次数是一项非常重要的管理措施。这项规定是为了保护高校员工的权益，防止一些不正当的行为发生，同时也是为了维护高校的稳定发展。首先，规范聘用合同签订次数可以有效地保护高校员工的合法权益。在过去，有些高校可能采用“用人即签”等不规范的聘用方式，导致员工的劳动权益无法得到保障。而现在，规范聘用合同签订次数就可以减少这种情况的发生，确保员工合法权益得到充分保护。其次，规范聘用合同签订次数也可以防止不正当的行为发生。有些高校可能会利用聘用合同签订次数不规范的情况，进行一些不正当的行为，比如利用聘用合同威胁员工、强制员工签订不利于自己的合同等行为。而规范聘用合同签订次数就可以有效地遏制这种行为的发生，使高校的管理更加规范、公正。最后，规范聘用合同签订次数也是为了维护高校的稳定发展。高校作为一个重要的学术机构，其稳定发展对于整个社会都具有非常重要的意义。在这个过程中，员工的稳定性也是非常关键的。规范聘用合同签订次数可以确保员工的稳定性，使得高校的稳定发展更加有保障。综上所述，规范聘用合同签订次数在高校合同管理中具有非常重要的意义。它可以保护员工的权益、防止不正当的行为、维护高校的稳定发展，是一项必不可少的管理措施。

三、强化纪律管理

（一）劳动规章制度的制定程序力求民主规范

随着高校规模的不断扩大，纪律管理工作也变得越来越重要。在高校纪律管理中，制定劳动规章制度是一项至关重要的工作。这项工作的民主规范不仅可以确保制度的合理性和有效性，还可以增强师生的参与感和责任感，促进高校纪律管理工作的顺利开展。首先，制定劳动规章制度应遵循民主程序。这意味着规章制度的制定过程应充分听取师生的意见和建议，采取多种形式广泛征求意见，如召开座谈会、发放调查问卷、组织代表讨论等。只有在广泛听取各方意见的基础上，才能制定出符合实际、广泛认可的规章制度。其次，制定劳动规章制度应考虑实际情况。高校的规章制度应以校园内实际情况为依据，具有可操作性和可执行性。在制定规章制度时，应充分调查研究，了解学生和教师的实际情况和需求，考虑日常工作和学习的方方面面，合理和科学地制定规章制度。再次，制定劳动规章制度应注重宣传和普及。在规章制度制定完成后，应及时将制度向师生宣传，让他们了解制度的内容和意义。同时，应加强对制度的普及和培训，让师生正确理解和执行规章制度，确保规章制度的有效落实。复次，制定劳动规章制度应注重监督和执行。规章制度的制定只是第一步，更重要的是规章制度的执行和监督。高校应建立健全的监督机制，加强对规章制度执行情况的监督与检查，及时发现和解决问题，确保规章制度的有效执行。最后，制定劳动规章制度应注重持续改进。高校纪律管理工作是一个不断改进和完善的过程，规章制度的制定也需要不断改进和完善。在规章制度的实施过程中，应及时总结经验，发现问题，加以改进和完善。

（二）违纪处分注重证据保全

高校是一个学习、教育的场所，其中纪律管理必须严格执行，以维护校园稳定和学生学习环境。在高校纪律管理中，违纪处分是必不可少的一环，它不仅是一种教育方式，更是一种维护校园秩序的手段。然而，在违纪处分时，应注重证据保全，下面进行详细阐述。首先，注重证据保全是保障学生合法权益的重要手段。学生在校园内享有一定的权利，如言论自由、人身安全等。如果学生受到错误处分，其权益将受到侵害，而证据保全可以保证学生在违纪处分时获得公正的对待。如果没有证据，仅凭口供或者简单的猜测进行处分，可能导致误判，伤害学生的利益。其次，注重证据保全可以避免不必要的纠纷。如果在违纪处分时没有充足的证据，那么容易引发学生的不满，甚至引起纠纷。如果有充分的证据，可以避免这种情况的发生，保证处分的合法性和公正性。同时，也可以避免学生因为不满而对学校的管理产生负面评价，影响学校的形象和声誉。最后，注重证据保全是保障高校纪律管理工作顺利开展的基础。在高校的日常管理中，往往需要依靠某些证据才能做出准确的判断和决策。如果没有证据，就不能做出准确的判断，而这种情况可能会对高校的纪律管理工作产生不良影响。因此，注重证据保全是纪律管理工作的基础，也是纪律管理顺利开展的前提条件。

（三）规章制度与时俱进进行调整

随着时代的不断发展，高校纪律管理的规章制度也需要不断地与时俱进，进行调整和改革。这是因为，高校纪律管理的目的是为了维护校园秩序，保障师生的安全和权益，而这些目标的实现需要不断地适应社会发展的变化和新的挑战。高校纪律管理与时俱进调整规章制度，是因为社会环境的变化。随着社会的不断发展，人们的思想观念也在发生变化，传统的规章制度可能已经无法适应当今社会的需要。比如，过去对于学生的纪律管理主要是以惩罚为主，而现在更注重引导和提高学生的自我管理能力，这就需要不断地更新和完善规章制度。高校纪律管理与时俱进调整规章制度，是因为教育方式的变化。现在的高校教育已经不再是传统的灌输式教育，而是更加注重学生的自主学习和创新能力。因此，对于学生的纪律管理也需要更加灵活和开放，让学生在自主学习的过程中更加自由地发挥创造力。高校纪律管理与时俱进调整规章制度，是因为科技的进步。随着科技的不断发展，高校纪律管理也要更加注重信息化和智能化。比如，可以利用人脸识别等技术加强校园安全的监管，或者通过在线平台提高学生的自我管理能力。

四、提高人事管理部门工作人员的工作能力和风险意识

（一）强化主体意识、防线意识

高校人事管理部门工作人员是高校中非常重要的一支力量，他们的工作直接关系到高校的管理和发展。因此，提高高校人事管理部门工作人员的主体意识、防线意识是非常必要的。一是加强法律意识。高校人事管理部门工作人员需要具备较强的法律意识，了解国家法律法规、相关政策和制度，掌握劳动法、人事管理法等相关法律知识。只有这样，才能够做好人事管理工作，维护高校的正常秩序。二是提高工作效率。高校人事管理部门工作人员需要具备积极的工作态度和良好的工作习惯，将工作效率提升到最高点。他们需要掌握一定的时间管理技巧，合理分配工作任务，做到高效率、高质量地完成工作任务。三是加强沟通能力。高校人事管理部门工作人员需要具备良好的沟通能力，与各部门之间、上下级之间建立良好的沟通渠道，及时掌握相关信息，做出正确的决策。同时，还需要加强团队协作，共同完成工作任务。四是注重防范风险。高校人事管理部门工作人员需要注重防范风险，避免因工作失误或疏忽导致的损失。他们需要加强风险意识，制定相应的防范措施和应急预案，及时排除安全隐患，降低风险发生的可能性。五是不断学习与提高。高校人事管理部门工作人员需要不断学习与提高，了解最新的人事管理理论和实践，掌握最新的管理方法和技能，以更好地适应高校发展的需求，做好人事管理工作。

（二）加强培训，提高工作能力

高校人事管理部门作为学校的重要职能部门，承担着高校人事管理工作的重要责任。为了更好地完成这一重要任务，需要对该部门工作人员进行培训，提高他们的工作能力。以下是对加强高校人事管理部门工作人员培训工作的建议。首先，加强对人事管理政策法规的培训。高校人事管理工作需要遵守一系列政策法规，如公务员法、劳动法、社保法等。要求人事管理部门的工作人员熟悉这些法规，并能够准确地运用到实际工作中。同时，由于这些法规经常调整更新，因此需要不断更新培训内容，让工作人员时刻保持敏感性。其次，加强对招聘流程的培训。高校人事管理部门的招聘工作是重要部分，有必要对招聘流程进行深入培训，包括招聘需求分析、岗位描述、招聘渠道的选择等方面。此外，还需要对面试技巧、背景调查等方面进行培训，提高工作人员的招聘能力。再次，加强对绩效管理的培训。高校人事

管理部门需要对员工绩效进行考核、评估和管理，这就需要对绩效管理的相关知识进行培训，如绩效指标的制定、绩效评估方法的选择等。同时，还要培训工作人员如何与员工进行沟通和反馈，提高员工的绩效。复次，加强对员工关系管理的培训。高校人事管理部门需要处理员工关系问题，如员工投诉、纠纷处理等。因此，有必要对员工关系管理的相关知识进行培训，如员工权益保护、合理化建议处理等。此外，还需要培训工作人员如何与员工建立良好的沟通和信任关系，促进员工满意度的提高。最后，加强对信息化技术的培训。随着信息化技术的快速发展，高校人事管理部门需要掌握一定的信息化技术，如人事管理系统、电子档案管理等。因此，需要对工作人员进行信息技术相关培训，提高他们的信息化技术应用能力和工作效率。

（三）刻苦钻研，提高政策制定能力

高校人事管理部门作为高校管理的重要部门，其工作涉及高校教师的招聘、评定、晋升、薪酬等关键环节，对于保障高校师资队伍建设和教学科研质量的提高具有至关重要的作用。为了更好地开展工作，提高政策制定能力是必不可少的一项工作。首先，高校人事管理部门工作人员要刻苦钻研相关政策法规。高校人事管理的政策制定需要基于国家相关法律法规和高校内部的管理规定，对于这些政策法规的理解和掌握是非常必要的。因此，工作人员要学习相关法律法规，深入了解相关政策的实施细节，不断提升自己的专业素养，为制定出更加合理、科学的政策提供支持。其次，高校人事管理部门工作人员应密切关注国内外高校人事管理的发展趋势，及时吸收借鉴先进经验。高校人事管理的政策制定需要紧密跟随时代的步伐，关注国内外高校人事管理的发展趋势，及时吸收借鉴先进经验。比如，一些国外高校采取的双轨制、绩效工资制度等，都值得我们进行借鉴和思考，以期提高我国高校人事管理的水平。最后，高校人事管理部门工作人员还应加强与各相关部门的沟通协调，形成协同合作的良好氛围。高校人事管理的政策制定需要多方面参与，需要与招生、财务、教务等相关部门进行有效的沟通协调，形成协同合作的良好氛围，以期制定出更加完善、贴近实际的政策。

（四）以人为本，提高政策执行能力

高校人事管理工作涉及学校所有员工的招聘、培训、薪酬、绩效评估等方面，这对于整个学校的发展至关重要。因此，提高高校人事管理部门工作人员的政策执行能力显得尤为必要。首先，要明确“以人为本”的理念。高校人事管理部门的工作重心应是关注学校员工的福利、职业发展和个人成长，为员工提供良好的工作环境和人性化服务。只有真正做到“以人为本”，才能更好地服务于学校和员工。其次，加强政策学习和培训。随着时代的变迁，相关法规政策也在不断更新和完善。高校

人事管理部门的工作人员要时刻关注政策变化，及时学习和掌握最新的政策知识和操作技能。同时，也要不断提高自身的素质，增强综合能力和执行力。再次，建立健全的制度和流程。高校人事管理部门的工作需要遵循一定的程序和流程，以确保工作的顺畅和规范。因此，建立健全的制度和流程是非常必要的。同时，也要加强对制度的执行和监督，确保制度不仅仅存在于纸面上，更能落实到实际工作中。复次，注重沟通和协作。高校人事管理部门的工作需要与各部门和员工进行有效的沟通和协作。只有通过良好的沟通和协作，才能更好地实现工作目标和提高政策执行能力。因此，要加强沟通技巧和协作能力的培训，建立和谐的工作关系，共同推动工作的顺利开展。最后，加强数据管理和信息化建设。随着信息技术的发展，高校人事管理部门的工作也需要走向信息化。建立健全的数据管理系统，能够更好地管理员工信息和工作数据，提高工作效率和准确性。同时，也需要加强对信息技术的学习和应用，提高工作人员的信息化水平。

第五节　高校人事管理体系效率提升策略

一、方法论层面

（一）一切从实际出发

高校人事管理体系是高校内部最重要的管理体系之一，它直接关系到高校的人才引进、培养和使用情况。为了保证高校人事管理体系的有效性和高效性，需要遵循一切从实际出发的原则，不断提升管理效率。首先，高校人事管理体系应注重实际情况，针对不同的高校特点和需求，制定相应的管理政策和措施。比如，一些综合性大学需要引进大量的高水平人才，此时应采取更加灵活的管理措施，如开展海外招聘、加强校企合作等，以满足高校的实际需求。其次，高校人事管理体系应注重实效，通过制定科学合理的人才评价标准和考核制度，提高人才选拔和使用效率。比如，高校可以采用多元化的评价方式，包括学术成果、教学效果、社会影响等多个方面，以综合衡量人才的综合素质和能力。再次，高校人事管理体系应注重实践，通过加强实践教学和校企合作，提高人才培养的实践能力和实际应用能力。比如，高校可以与企业合作，提供实习、实训等实践机会，让学生接触到真实的工作环境和实际工作中的问题，从而更好地适应未来的职业发展。复次，高校人事管理体系应注重人性化，通过关注员工的个人发展和生活需求，提高员工的积极性和工作效率，比如高校可以提供员工培训和职业发展机会，让员工在工作中不断提升专业技能和管理能力。同时，也要关注员工的生活需求，提供良好的工作环境和福利待遇，增强员工的工作满意度和归属感。最后，高校人事管理体系应注重创新，通过引入先进的管理理念和技术手段，不断提升管理效率和人才质量，比如高校可以采用先进的人才信息化管理系统，实现人才信息的快速共享和查询，提高管理效率和信息透明度。同时，也可以引入人工智能等技术手段，提高人才选拔和使用的科学性和准确性。

（二）以人为出发点

高校人事管理体系是一个重要的管理体系，它的作用在于提升高校的管理效率和人力资源的利用效率。在当今社会，高校的竞争日益激烈，如何有效地利用人力资源，提高管理效率已成为高校管理的重要问题之一。因此，高校人事管理体系的建设和完善至关重要。高校人事管理体系的核心是以人为出发点，注重人力资源的开发和利用。在高校人事管理体系中，人力资源是最重要的资产，因此，高校必须注重人力资源的开发和利用。通过加强员工的培训和技能提升，提高员工的综合素质和能力，从而提高人力资源的利用效率和管理效率。高校人事管理体系还注重员工的激励和奖励机制。高校是一个充满竞争的环境，员工的激励和奖励机制对于提高员工的积极性和工作效率至关重要。高校可以通过建立合理的激励和奖励机制，激发员工的工作热情和创造性，从而提高高校的管理效率和人力资源利用效率。高校人事管理体系还注重员工的福利保障。员工的福利保障是高校人事管理体系的重要组成部分。高校可以通过提供合理的薪酬待遇、医疗保险和退休金等福利保障，提高员工的生活质量和工作积极性，从而提高高校的管理效率和人力资源利用效率。

（三）为高校功能发挥提供服务

高校人事管理体系是指高校为了优化管理，提高效率，为学校发展提供支持而建立的一套完整的管理体系。该管理体系通过为高校功能发挥提供服务，使得高校更加顺畅地运转。首先，高校人事管理体系可以为高校招聘、选拔和培养人才提供服务。高校是人才密集型的机构，优秀的师资力量是保证高校教育质量的关键。因此，高校人事管理体系需要通过制定科学合理的人才招聘计划、选拔标准和培养方案，来吸引、挖掘和培养优秀人才，提升高校教学和科研水平，为高校的发展提供强有力的支持。其次，高校人事管理体系可以为高校师生提供全方位的服务。高校作为学术研究和教育培养的主要场所，需要为师生提供一系列的服务，如住宿、食品、医疗保健等。高校人事管理体系需制定细致的服务标准和流程，以保证服务的质量和效率，为师生提供更好的生活保障和学习环境。再次，高校人事管理体系可以为高校制定规范的工作流程和管理制度提供服务。高校是一个庞大的组织体系，通过制定规范的工作流程和管理制度以保证各项工作顺利进行。高校人事管理体系可以通过建立科学的管理制度和规范的工作流程，提高高校的管理效率，使得高校的各项工作更加有序、高效。复次，高校人事管理体系可以为高校师生提供有效的培训和学习机会。高校师生需要不断更新知识和技能，以适应不断变化的社会和科技发展。高校人事管理体系可以通过制定科学的培训和学习计划，为师生提供有效的培训和学习机会，提高他们的专业水平和能力素质，为高校的发展提供强有力的支持。最后，高校人事管理体系可以为建立科学的激励机制提供服务。高校人才是高校发展的关键，需要通过建立科学的激励机制激发他们的工作热情和创造力。高校人事管理体系可以通过制定合理的薪酬、奖励和晋升机制，为高校师生提供充分的激励，提高他们的工作积极性和创造力，为高校发展提供强有力的支持。

二、操作原则层面

（一）突出人才战略地位

高校人才是高等教育事业的核心。高校在人才引进、培养、管理等方面肩负着重要的责任和使命。为了提升高校人事管理的效率，应遵循突出人才战略地位的原则。首先，高校要明确人才的重要性，将人才战略置于高校发展的首位。高校应积极主动地拓展国内外的人才资源，吸引和留住一批高素质、高水平的人才。同时，高校应建立健全的人才培养体系，注重人才的能力培养和综合素质提升，努力打造一支高水平的人才队伍。其次，高校应落实科学的人事制度和管理机制，使其更加透明、公正、规范。高校应建立健全的人才评价和激励机制，将激励措施与学术成果、教学质量、技术创新等紧密结合起来，鼓励教师持续改进学术能力和教学水平。此外，高校还应加强对人才的培养和管理，为人才提供更好的发展平台和机会，有效地激发人才的创造性和创新能力。最后，高校应积极推进信息化建设，借助现代科技手段提高人事管理的效率。高校可以建立一套完整的人才管理信息系统，实现教师信息、工资福利、绩效评估等方面的集成化管理，方便高校对人才的管理和服务，提高管理效率和人才工作质量。

（二）实现人的生命价值

高校人事管理是高校日常运行中的一个重要环节，是保障高校正常运转的基础。在提升高校人事管理效率的同时，也需要遵循实现人的生命价值原则。这个原则是在人的生命价值最高的基础上，尊重个体的选择、尊重个体的权利，从而实现个体价值。在高校人事管理中，实现人的生命价值原则，对于提升高校人事管理效率具有重要意义。首先，实现人的生命价值，需要注重个体的尊重和关怀。高校作为教育机构，应注重对于教师和学生的关怀，关注他们的生命发展、学习成长和职业发展等方面的需求，为教师和学生提供更好的成长和发展机会，从而提升他们的生命价值。这不仅能够激发教师和学生的积极性和创造力，也能够提高高校人事管理的效率。其次，实现人的生命价值，需要注重人的自主选择和权利。高校人事管理应尊重个体的自主选择和权利，为教师和学生提供更多的选择机会，比如对于教师而言，可以提供更多的教学和科研课题，让教师自主选择和决策；对于学生而言，可以提供更多的选修课程和学术研究机会，让学生自主选择和决策。这样不仅能够提高教师和学生的积极性和工作效率，也能够提升高校人事管理的效率。最后，实现人的生命价值，需要注重人的价值实现和发展。高校人事管理应注重个体的价值实现和发展，为教师和学生提供更好的发展机会和平台。通过提供更好的科研条件和环境、提供更好的教学资源、提供更好的职业发展机会，促进教师和学生更好发展，实现个体价值。这不仅能够激发教师和学生的工作热情和创造力，也能够提高高校的人事管理效率。

（三）注重价值引领

高校作为教育机构，人事管理的效率对于教育事业的发展和高校的整体发展具有重要意义。然而，当前高校人事管理中存在的问题较为突出，比如人事分配不公、考核制度不完善等。为了提升高校人事管理的效率，注重价值引领原则是非常重要的。首先，注重价值引领原则可以帮助高校建立起科学、合理的人事管理体系。在制定人事管理制度时，要始终坚持以人为本、公开透明、公正公平、激励鼓励、服务为本等价值观念，确保人事管理的科学性和合理性，比如可以制定完善的人事管理细则，明确各类人员的职责和权利，在工作中有一个明确的方向和目标。其次，注重价值引领原则可以提高高校人事管理的效率。在人事管理过程中，要注意制定科学的考核制度，建立合理的激励机制，这样可以激发教师的工作热情和积极性，提高工作效率，比如可以制定合理的薪酬制度，通过薪酬激励激发教师的工作热情和创造力，从而提高教学质量和学校的整体发展。最后，注重价值引领原则可以提高高校的凝聚力和团队合作精神。在人事管理过程中，要注重培养团队合作精神和凝聚力，建立良好的工作氛围和文化，让员工之间相互信任和支持，从而形成良好的工作氛围和团队合作精神。

三、机制设计方向

（一）构建与个人需求层次相协调的动态服务机制

高校人事管理是一个庞大的系统工程，其管理范畴涉及人员招聘、薪酬管理、绩效考核、职称晋升、人才培养等多个方面。为了提升高校人事管理效率，需要构建一个与个人需求层次相协调的动态服务机制。首先，建立一个完善的人事管理信息系统，将招聘、薪酬、绩效、培养等关键数据纳入其中，实现信息的共享和交流。这样，管理者可以在系统中实时了解各项数据的变化情况，以更好地制定管理策略。其次，建立一个动态服务机制，根据不同员工的需求，提供个性化的服务，比如对于新员工，可以提供入职培训、岗位适应和职业发展等方面的指导和帮助；对于已有员工，可以提供绩效考核、职称晋升和培训发展等方面的服务。这样，能够更好地满足员工的需求，提升其工作积极性和创造力。此外，还需要加强对员工的关怀和沟通，建立良好的员工关系。通过组织员工活动、开展员工意见调查和建议征集，建立良好的员工沟通机制，增强员工的归属感和认同感。这样，能够更好地促进员工的发展和职业生涯规划。最后，建立一个绩效考核和激励机制，根据员工的表现和贡献，给予相应的激励和奖励。这样，能够更好地促进员工的工作积极性和创造力，提升工作效率和质量。

（二）“人人参与”的人事管理互动机制

高校人事管理是一项极其重要的任务，它直接关系到高校的管理水平和教学质量。人事管理涉及很多方面，比如招聘、薪酬、晋升、考核等，需要一种高效的互动机制以提升管理效率，而“人人参与”就是一种非常好的选择。首先，建立“人人参与”机制需要构建一个开放的平台，让所有的教职员工都可以参与到人事管理中。这个平台可以是一个网站、一个App或者一个微信公众号，通过这个平台，每个人都可以了解到高校的人事政策、流程、标准等，也可以在这个平台上提交自己的意见和建议，参与到决策中。其次，为了确保“人人参与”机制的顺利运行，需要建立一支专业的人力资源团队，这个团队不仅需要具备丰富的人事管理经验，还需要具备较高的沟通、协调和解决问题的能力，以保证人事管理的公正性和合理性。再次，建立“人人参与”机制需要给予教职员工足够的参与权利和话语权。在这个机制下，每个教职员工都可以通过平台提交自己的申请，表达自己的想法和意见，同时也可以对同事进行评价和反馈，这样不仅可以提高教职员工的参与度，也可以有效地改善人际关系，提高工作效率。最后，为了保证“人人参与”机制的有效运行，需要建立一个完善的监督机制。这个机制可以由人力资源团队来负责，也可以由教职员工组成一个监督委员会来负责。监督委员会需要定期对人事管理的流程和结果进行评估和反馈，及时发现和解决问题，确保人事管理的公正性和透明度。

（三）创造性人才的培育和激励机制

高校人才管理是高校发展的重要保障之一，而创造性人才的培养和激励机制是高校人才管理的关键环节。构建创造性人才的培育和激励机制能够提升高校人事管理效率，一是强化人才培养。高校要想构建创造性人才培育机制，就必须加强人才培养工作。高校应注重学科交叉和跨学科培养，以培养出具有多学科背景的创造性人才。同时，高校还应加强实践教学，让学生在实践中锻炼创新能力，提高创造性思维水平。此外，高校应注重培养学生的团队合作精神，促进他们在团队中发挥自己的优势，积极创新。二是优化激励机制。高校应设计一套完善的激励机制，以激励创造性人才，比如高校可以通过设置奖学金、奖励等方式，对创造性人才进行激励。此外，高校还应注重人才的晋升机制，让优秀的人才得到更好的发展机会。同时，高校还应注重人才的福利待遇，为人才提供更好的工作和生活条件。三是加强人才引进。高校应加强人才引进工作，引进具有创新能力和创造性思维的人才。高校可以通过提供更好的职业发展机会、更好的薪资待遇等方式，吸引更多的创造性人才加入高校。同时，高校还应注重人才的培养和激励工作，为人才提供更好的发展环境和机会。四是加强人才管理。高校应加强人才管理工作，为人才提供更好的工作和生活环境。高校可以通过提供更好的工作条件、更好的生活条件等方式，提高人才的工作积极性和创造性。同时，高校还应注重人才的培养和激励，鼓励人才在工作中发挥自己的优势，促进创新。

第六节　高校人事管理体系向人力资源管理转型策略

一、树立“教师为本”的人力资源管理理念

（一）动力机制

教师是教育事业中最关键的人力资源，他们承担着培养未来人才的重要任务。因此，“教师为本”人力资源管理理念是教育事业中不可或缺的一环。而要夯实这一理念，需要构建相应的动力机制。首先，建立以教育质量为导向的绩效评估体系。通过对教师的教育质量进行评估，对优秀的教师予以表彰，同时对教育质量不佳的教师进行指导和培训。这样可以激励教师不断提高教育教学水平。其次，制定公正合理的薪酬体系。通过将教师的薪酬与其教育质量和绩效挂钩，促使教师在工作中更加努力，从而提高教育教学质量。同时，要建立公正合理的晋升机制，让优秀的教师有更好的发展机会。再次，提供良好的工作环境和发展机会。教师需要具备创新精神和探索精神，因此，学校要为教师提供良好的工作环境和发展机会，包括提

供必要的教学设备、科研经费和相应的培训机会等。最后，建立教师交流合作平台。教育事业需要团队合作，教师间相互协作，相互学习。因此，建立教师交流合作平台，让教师之间可以分享经验和资源，相互学习和提高。

（二）压力机制

随着教育事业的发展，教师资源已经成为教育事业发展的关键因素之一。而在教师资源管理中，“教师为本”的理念已经成为教育领域的共识。如何夯实“教师为本”人力资源管理理念，建立有效的压力机制，让教师在工作中充分发挥自身的能力和潜力，已经成为教育领域需要面对的重要问题。首先，压力机制应从学校内部开始建立。学校管理者需要制定出适合本校的教师管理制度，明确教师的工作职责和管理责任，将教师与学校的发展紧密结合，使教师在工作中获得成就感，从而提高教学质量。同时，在学校内部建立一套完善的考核机制，鼓励教师在教学、科研、社会服务等方面积极投入，实现个人价值的最大化。其次，压力机制应从教育部门和政府层面出发。教育部门和政府应制定相应的政策和法规，明确教师的权利和义务，保障教师的合法权益，从而为教师提供更好的工作环境和更好的工资待遇。同时，对于那些表现出色的教师，政府应给予更多的奖励，激励他们的工作积极性，提高教师队伍整体素质。最后，压力机制应从社会层面出发。社会应加强对教育的关注和支持，增强教育的社会认同感和社会责任感。同时，社会应加强对教育行业的监督和管理，严厉打击那些违规操作、不良行为的教师，维护教育行业的公正和公平。

（三）约束机制

“教师为本”是一种旨在提高教育质量和实现可持续发展的人力资源管理理念。这种理念的核心是将教师作为教育发展的重要资源，为他们提供必要的支持和发展机会，以促进教师职业成长，并促进教育改革和发展。然而，要夯实“教师为本”这一理念，需要建立一些约束机制确保其实施的有效性和可持续性。一是制定明确的政策。政策制定者要制定一系列清晰的政策，以确保“教师为本”理念得到充分实施。这些政策可以包括教师培训和发展计划、教育经费的分配和管理、教师评估和激励机制等。二是建立有效的监督机制。监督机制可以确保教育资源的合理分配和使用。教育部门可以建立一个监督机构，定期对教师的教学质量、培训和发展情况进行评估，以确保教师的培训和发展计划得到充分实现。三是建立激励机制。建立激励机制可以激励教师积极投入到教育工作中，比如政府可以制定一些激励政策，如提高教师薪水、提供奖学金、提供职业发展机会等，以激励教师的积极性和创造性。四是加强教师专业化。教育部门可以制定一些教师培训和发展计划，以提高教师的专业能力和素质，比如可以开展一些教师培训课程，如教育技术、课程设计、教学评估等，以提高教师的专业能力和素质。五是建立合适的沟通机制。建立合适的沟通机制可以加强教师与政府部门、学校管理者之间的沟通和合作。政府部门可以与教师协会、学校管理者、家长等建立联系，以确保教育工作的顺利进行。

二、优化高校人力资源结构，建立合理的人才培训机制

（一）提高高校研究生尤其博士研究生质量

高校研究生是高校人力资源的重要组成部分，而博士研究生更是高校人才培养的精英。提高高校研究生尤其博士研究生的质量，对于优化高校人力资源结构具有重要意义。首先，提高高校研究生的质量可以增强高校的科研实力。高质量的研究生会在科研项目中发挥更大的作用，提升高校的科研成果和影响力。同时，高质量的研究生也有更多的出国交流和留学的机会，可以扩大高校的国际影响力。其次，提高高校研究生的质量可以促进高校教育水平的提高。高质量的研究生在教学中发挥着更大的作用，能够提升教师队伍的整体素质和教学质量。此外，高质量的研究生也能够为高校提供更多的科研成果，丰富高校的教学内容和教学资源。最后，提高高校研究生的质量可以优化高校的人力资源结构。高质量的研究生具有更高的就业竞争力和更广阔的职业发展空间，能够为高校扩大人才储备和优化人才结构。此外，高质量的研究生也能够为高校带来更多的产学研合作和创新创业机会，促进高校的转型升级和跨学科交叉发展。

（二）营造良好的高校学术氛围

高校作为教育机构，其学术氛围的好坏直接影响着人才培养质量和学术成果的产出。因此，营造良好的高校学术氛围对于优化高校人力资源结构具有至关重要的作用。首先，良好的高校学术氛围可以促进学术交流与合作。在一个积极向上、充满活力的学术环境中，学者可以自由地进行学术讨论、交流和合作，从而提升研究水平和学术成果。这种合作与交流不仅可以促进高校内部人才的交流，还可以吸引国内外优秀的学者来到高校进行学术交流，进一步丰富高校的人力资源结构。其次，良好的高校学术氛围可以激发学者的学术热情和创造力。在一个充满学术研究氛围的高校中，学者容易激发学术热情，更容易产生创新性的研究思路和方法。这种学术热情和创造力的激发不仅可以提高高校人才的学术成就，还有助于吸引更多的优秀人才加入高校，进一步优化高校的人力资源结构。最后，良好的高校学术氛围可以提高高校的声誉和竞争力。在一个学术环境良好的高校中，学者的学术成果和荣誉可以反映出高校的学术水平和竞争力。这种声誉和竞争力的提高不仅可以吸

引更多的优秀人才加入高校，还可以为高校带来更多的资金和资源，进一步优化高校的人力资源结构。

（三）建立人力资源培训制度

随着高校人才市场的竞争日趋激烈，人力资源管理变得越来越重要。一个优秀的人力资源培训制度不仅可以优化高校的人力资源结构，还可以提高员工的绩效和生产力，有助于高校实现长期的可持续发展。首先，建立人力资源培训制度可以帮助高校发现和培养人才。高校可以通过不同形式的培训提高员工的技能和知识水平，从而满足高校各个领域的需求，比如对于教师，可以提供教学方法和技能培训；对于行政人员，可以提供管理和领导力培训。通过这些培训，高校可以发现更多的人才，并将他们培养成为更加优秀的员工。其次，建立人力资源培训制度可以帮助高校提高员工的绩效和生产力。通过良好的培训制度，高校员工可以更好地了解工作要求和职责，掌握必要的技能和知识，提高工作效率和生产力。此外，培训还可以提高员工的职业素养和工作态度，使其更加积极主动地工作，从而更好地服务于高校的发展。再次，建立人力资源培训制度可以提高高校的竞争力。随着高校人才市场的竞争日益加剧，优秀的员工已经成为各个高校争夺的重要目标。通过建立人力资源培训制度，高校可以提高员工的绩效和生产力，从而提高高校的竞争力。这将有助于高校吸引更多的优秀人才，为高校的长期发展奠定基础。最后，建立人力资源培训制度可以提高员工的满意度和忠诚度。员工在高校的满意度和忠诚度直接影响高校的稳定性和长期发展。通过提供良好的培训和发展机会，高校可以让员工感受到自己的价值和重要性，从而增强员工的满意度和忠诚度。

三、全面推行聘任制，建立多层次、多样化的用人制度

（一）给予高校评聘自主权

高校作为国家的重要人才培养基地，其人力资源管理一直备受关注。而评聘制度作为高校人力资源管理的重要组成部分，一直是高校管理者和教师关注的焦点。然而，当前存在一些问题，如评聘标准不够科学、评委组成不合理、评聘结果不公正，都对高校的人才引进和人才培养造成一定的影响。因此，给予高校评聘自主权，可以为高校人力资源管理助力。具体来说，可以从以下几个方面入手：一是科学制定评聘标准。高校可以根据自身的实际情况，结合国家的教育政策和发展需求，科学制定评聘标准，确保评聘标准既符合国家要求，又符合高校的特殊需求。同时，可以参考国外先进的评聘标准和方法，不断完善和提高评聘标准的科学性和公正性。二是合理组成评委会。评委会是评聘的核心，评委的专业水平和公正性将

直接影响评聘结果。高校可以根据评聘职位的不同，邀请相关专业领域的专家和学者，组成具有权威性和公正性的评委会。同时，可以加强对评委的培训和考核，提高评委的专业水平和公正性。三是加强评聘结果的监督和公示。高校可以通过公示评聘结果，让教师和社会公众了解评聘的真实情况，促进评聘的公正和透明。同时，可以建立评聘结果的监督机制，对出现的问题进行及时处理和纠正。四是注重评聘的差异化和个性化。高校可以根据不同岗位的特殊需求和教师的个人特点，对评聘进行差异化和个性化的处理，比如对于国际化人才和学科交叉人才，可以采用更加宽松的评聘标准和更加灵活的评委组成方式，以吸引更多优秀人才加入高校。

（二）制定任职标准，规范聘任工作

高校人力资源管理是高校管理工作中至关重要的一环。在高校人才竞争日益激烈的背景下，制定任职标准、规范聘任工作是高校人力资源管理的重要手段之一。制定任职标准是规范高校人才选拔的基础。在这个过程中，需要根据高校实际情况，明确人才的职称、学历、工作经验、科研能力等各项标准，以此评估人才的能力和潜力。这样一来，就可以避免因人而异的情况出现，从而保障选拔的公正性和科学性。规范聘用工作有助于提高高校的人才资源质量。当制定严格的任职标准，高校就可以通过公开招聘、内部选拔等方式寻找符合标准的优秀人才。这样一来，就可以避免因关系、人情等因素而导致的不当聘用，保证高校人才队伍的高质量和高水平。制定任职标准和规范聘用工作也有助于提高高校的管理效率。在这个过程中，需要建立健全的招聘程序和聘用流程，明确各项工作的责任和程序，从而避免因管理不当而导致的招聘流程不清、信息不透明等问题。这样一来，就可以提高高校管理的透明度和效率，为高校的发展提供有力保障。制定任职标准和规范聘用工作还有助于提升高校管理的形象和声誉。在这个过程中，需要强调公平、公正、公开的原则，遵循人才选优、聘用选优的原则，树立高校的良好形象和声誉。这样一来，就可以提高高校的社会认可度和影响力，为高校的发展营造良好的环境和氛围。

（三）实行淘汰制

高校是我国培养人才的重要场所，其人力资源管理的重要性不言而喻。然而，由于高校人才培养的特殊性，传统的人力资源管理方式已经无法适应现代高校的需求，需要实行淘汰制改革助力高校人力资源管理。实行淘汰制可以促进高校人才队伍的升级和优化。在传统的高校人力资源管理中，由于各种历史原因，一些老师或员工已经失去了工作热情和创造力，但他们一直占据着职位，导致新的人才无法进入。实行淘汰制可以让这些老师或员工离开学校，为新的人才腾出空间，为学校注入新鲜血液，提高人才队伍的整体素质。实行淘汰制可以促进高校的创新与发展。

在现代高校中，创新是非常重要的，但一些老师或员工已经失去了创造力，无法为学校带来新的思想和理念，这将影响学校的发展。通过实行淘汰制，学校可以让这些老师或员工离开，让更有创新能力的人才进入，为学校带来更多的新思想和理念，推动学校的发展。实行淘汰制可以提高高校的绩效和效率。在传统的高校人力资源管理中，一些老师或员工已经失去了工作热情和创造力，他们的工作效率也会受到影响。而实行淘汰制可以让学校不断注入新的、有活力的人才，促进工作效率和绩效的提高，提高学校的整体竞争力。实行淘汰制可以促进高校内部的和谐。

（四）聘任与培训相结合

高校的人力资源是高等教育事业的核心资源，也是高校发展的重要保障。如何有效管理高校人力资源，提高教职工的素质和能力，已经成为高校管理者需要面对的一个重要问题。在这种情况下，聘任与培训相结合的方法可以为高校人力资源管理助力，提高高校人力资源的效率和质量。聘任与培训相结合可以有效提高高校人力资源的质量。通过聘任能力强、经验丰富的人才，可以保证高校教职工的素质和能力。同时，通过培训，可以让教职工不断提高专业知识和技能，适应高校发展的需求。这样，高校人力资源的整体素质和能力可以得到有效提高。聘任与培训相结合可以提高高校人力资源的效率。通过聘任人才，高校管理者不必再花费大量时间和精力去寻找合适的教职工。同时，通过培训，可以让教职工更快地适应工作，提高工作效率。这样，高校可以更快地满足学生和社会的需求，提高高校的竞争力和影响力。聘任与培训相结合可以提高高校人力资源的稳定性。通过聘任能力强、经验丰富的人才，可以减少高校教职工的流动率，提高高校人力资源的稳定性。同时，通过培训，可以让教职工更好地适应高校的文化和理念，增强员工的归属感，减少员工的离职率。

结语

随着社会的不断发展和高等教育的普及，高校作为培养人才的重要场所，扮演着越来越重要的角色。高校人事管理作为高等教育中的重要一环，随着时代的变迁也需要不断进行改革和创新。未来，在高校人事管理体系建设上，将出现以下几个趋势：一是信息化。随着数字化时代的到来，信息化已经成为高校人事管理的新趋势。通过建设数字化平台和信息化系统，高校可以更加高效地管理教职员工的晋升晋级、考核评价、薪资待遇等事项。同时，信息化也能够为高校的招聘工作提供更为便捷的渠道，使得优秀人才能够更快地加入高校的行列中。二是灵活性。未来的高校人事管理体系需要更加灵活。在往日，晋升晋级、岗位调整、薪资待遇等事项都是以固定的流程进行的。但是，随着社会的发展，能力和经验将成为衡量职工价值的主要指标之一。未来的高校人事管理需要更多重视职工的能力提升和自主发展，赋予职工更多的选择权和权益，以激励他们更加积极地为高校发展贡献力量。三是多元化。高校的人才队伍需要具备多元化的特点，这也就要求高校人事管理体系也要更加多元化。除了教授、研究员等传统的学术岗位，未来的高校人事管理体系也要注重非学术岗位，如人力资源、信息技术、管理等方面的专业人才，促进高校管理水平的不断提升。四是关注职工福利。未来的高校人事管理体系需要更加重视职工的福利和保障。随着竞争加剧，影响职工留任的因素也越来越多，如薪酬福利、岗位晋升和发展空间等。因此，未来高校人事管理体系需要不断创新，提高职工的福利和保障水平，促进职工团队的稳定和发展。总之，未来的高校人事管理体系需更加注重信息化、灵活性、多元化和关注职工福利等方面的发展。只有不断创新和改进，才能更好地适应时代变革，更好地推动高等教育的发展。

参考文献

［1］志伟.高校人事管理体系重构研究——基于“三支柱”人力资源管理模式［J］.经营与管理，2022（08）：138–144.

［2］刘杨.建设现代产业学院背景下人事管理路向研究［J］.办公室业务，2022（13）：140–142.

［3］侯惠玲，周洁，鱼红丽.优化企业薪酬与人事管理体系构架的方法探讨［J］.中国商论，2022（11）：127–129.

［4］陈子龙.国有企业人事管理体系建设与效果提升［J］.人才资源开发，2022（07）：76–77.

［5］薛玉满.城市三级公立医院“平战结合”人事管理制度体系完善的研究［J］.营销界，2022（07）：92–94.

［6］古兴烜.企业人事管理中绩效考核指标体系构建［J］.人才资源开发，2021（21）：89–90.

［7］杨海燕.“数字人事”体系下师宗县税务局人才管理研究［D］.云南财经大学，2021.

［8］赵赫.企业人事管理中薪酬体系优化策略分析［J］.中国管理信息化，2021，24（10）：146–147.

［9］李军.绩效考核评价体系在企业人事管理中的应用探析［J］.时代经贸，2020（20）：90–91.

［10］李冬馨.牡丹江市C区税务局数字人事管理体系研究［D］.哈尔滨工程大学，2020.

［11］高振妍.对完善薪酬和人事管理体系构架进行探讨［J］.中小企业管理与科技（中旬刊），2020（04）：29–30.

［12］张玉婷，董想.“双高”建设背景下高职院校机构编制管理的研究［J］.劳动保障世界，2020（02）：69.

［13］宁艳阳.四川大学华西医院 用荣耀和收入激发个人活力［J］.中国卫生，2020（01）：58–59.

［14］田静.新形势下高校人事管理制度创新体系建设研究［J］.知识文库，2019（11）：236+230.

[15] 赵文杰. 完善企业薪酬与人事管理体系构架的方法探讨 [J]. 大众投资指南, 2018 (20): 118.
[16] 夏超. 双一流背景下的高校人事管理信息化智慧体系研究 [J]. 电子技术与软件工程, 2018 (15): 168-169.
[17] 赵玉虹. 新升格本科院校教师人事管理体系创新 [J]. 现代企业, 2018 (06): 96-97.
[18] 黄宇博. 以"两学一做"学习教育为指导做好医院人事管理工作 [J]. 决策探索(下), 2018 (02): 70.
[19] 姜月美. 完善企业薪酬与人事管理体系构架的方法探讨 [J]. 企业改革与管理, 2017 (19): 85+102.
[20] 连妍. 基于战略人力资源管理的高校人事管理体系分析 [J]. 现代经济信息, 2017 (17): 69.
[21] 顾莉. 企业人事管理职业培训体系构建 [J]. 低碳世界, 2017 (04): 131-132.
[22] 刘湘. 浅淡医院人事管理 [C] // 中国武汉决策信息研究开发中心, 决策与信息杂志社, 北京大学经济管理学院. "决策论坛——科学决策的理论与方法学术研讨会"论文集(上). "决策论坛——科学决策的理论与方法学术研讨会"论文集(上), 2015: 88.
[23] 龚跃. 试论干部人事管理制度体系的架构内容 [J]. 学理论, 2015 (04): 64-66.
[24] 肖岭, 唐淑娟. 提升服务水平的高校人事管理体系研究 [J]. 人才资源开发, 2015 (02): 235-236.
[25] 志伟. 基于战略人力资源管理视角的高校人事管理体系构建 [J]. 黑龙江高教研究, 2015 (01): 47-49.
[26] 程灿灿. 高校人事管理制度创新与体系构建 [J]. 无锡职业技术学院学报, 2014, 13 (06): 14-16.
[27] 孙振卫. 人事管理部门绩效评价体系研究 [J]. 企业导报, 2014 (02): 99-100.
[28] 张丽琴. 绩效工资体系对事业单位人事管理的影响 [J]. 管理观察, 2013 (33): 66-67.
[29] 张富佳, 马永富. 美军军官人事管理体系探析 [J]. 西安政治学院学报, 2013, 26 (05): 73-74+117.
[30] 郑文超. 着眼部队干部队伍和人才建设需求不断创新军队人事管理教学体系——西安政治学院军队人事管理学专家程达刚教授访谈录 [J]. 西安政治学院学报, 2013, 26 (05): 118-121.
[31] 张长鲁. 整合矿井可视化人事管理体系构建 [J]. 电子制作, 2013 (15): 229.
[32] 刘松. 浅谈国有企业中人事管理体系的构建 [J]. 价值工程, 2011, 30 (34): 113.

［33］江国彬. 基于马克思个性理论的高校人事管理体系研究［D］. 电子科技大学，2011.

［34］杨立正，姜忞，胡兴祥. 探讨高校和谐人事管理机制构建［J］. 经济研究导刊，2010（29）：175–177.

［35］杨林叶，杜远阳. 采用ISO9000管理体系促进高校人事管理工作科学化的研究［J］. 经济与社会发展，2009，7（09）：168–170.

［36］方捷. 基于C/S体系结构的人事管理系统的设计与实现［J］. 电脑知识与技术，2008（31）：774–775+780.

［37］郑新莺. 论高校和谐人事管理体系的构建［J］. 长春工业大学学报（高教研究版），2008（03）：19–22.

［38］施玉波. 基于ISO9000标准的人事管理质量体系建设研究［D］. 山东大学，2008.

［39］杜进军，秦牧欣. 人事管理、人力资源管理及战略人力资源管理区分指标体系构建探析［J］. 商场现代化，2006（23）：305–306.

［40］杨军. 论晚清海关行政管理体系及其运作——以海关人事管理为例［J］. 湖南科技学院学报，2005（12）：40–45.

［41］李伟锋. 知识共享的企业人事管理体系［J］. 合作经济与科技，2005（06）：8–10.

［42］蔡斌，陆文霞. 企业人事管理变革与人才政策体系构建［J］. 山东行政学院山东省经济管理干部学院学报，2004（04）：57–58.

［43］欧丹，王增武. 基于B/S体系结构的人事管理系统［J］. 四川冶金，2003（04）：41–43.

［44］杨庆东，李仲雪. 构建新型人事管理学科体系刻不容缓［J］. 云南行政学院学报，1999（06）：41–43.

［45］郝铁英，吴文延. 试论邓小平人事管理思想体系［J］. 继续工程教育，1995（06）：27–29.

［46］田德举. 逐步建立与现代企业制度相适应的劳动人事管理制度［J］. 经济体制改革，1995（01）：21–23.

［47］王西林.《全国干部、人事管理信息系统指标体系分类与代码》标准简介［J］. 中国标准导报，1994（06）：23–24.

［48］建立与社会主义市场经济体制相配套的人事管理体制［J］. 中国人事，1994（03）：6–7.